汉译人类学名著丛书

尼加拉

——十九世纪巴厘剧场国家

〔美〕克利福德·格尔茨　著
赵丙祥　译

商務印書館
创于1897 The Commercial Press
2018年·北京

Clifford Geertz
NEGARA
The Theatre State in Nineteenth-Century Bali

根据普林斯顿大学出版社 1980 年版译出

汉译人类学名著丛书

总　　序

学术并非都是绷着脸讲大道理，研究也不限于泡图书馆。有这样一种学术研究，研究者对一个地方、一群人感兴趣，怀着浪漫的想象跑到那里生活，在与人亲密接触的过程中获得他们生活的故事，最后又回到自己原先的日常生活，开始有条有理地叙述那里的所见所闻——很遗憾，人类学的这种研究路径在中国还是很冷清。

“屹立于世界民族之林”的现代民族国家都要培育一个号称“社会科学”（广义的社会科学包括人文学科）的专业群体。这个群体在不同的国家和不同的历史时期无论被期望扮演多少不同的角色，都有一个本分，就是把呈现“社会事实”作为职业的基础。社会科学的分工比较细密或者说比较发达的许多国家在过去近一个世纪的时间里发展出一种扎进社区里搜寻社会事实，然后用叙述体加以呈现的精致方法和文体，这就是“民族志”（ethnography）。

“民族志”的基本含义是指对异民族的社会、文化现象的记述，希罗多德对埃及人家庭生活的描述，旅行者、探险家的游记，那些最早与“土著”打交道的商人和布道的传教士以及殖民时代“帝国官员”们关于土著人的报告，都被归入“民族志”这个广义的文体。这些大杂烩的内容可以被归入一个文体，主要基于两大因素：一是它们在风格上的异域情调（exotic）或新异感，二是它们表征着一个有着内在一致的精神（或民族精神）的群体（族群）。

具有专业素养的人类学家逐渐积累了记述异民族文化的技巧,把庞杂而散漫的民族志发展为以专门的方法论为依托的学术研究成果的载体,这就是以马林诺夫斯基为代表的“科学的民族志”。人类学把民族志发展到“科学”的水平,把这种文体与经过人类学专门训练的学人所从事的规范的田野作业捆绑在一起,成为其知识论和可靠资料的基础,因为一切都基于“我”在现场目睹(I witness),“我”对事实的叙述都基于对社会或文化的整体考虑。

民族志是社会文化人类学家所磨砺出来的学术利器,后来也被民族学界、社会学界、民俗学界广泛采用,并且与从业规模比较大的其他社会科学学科结合,发展出宗教人类学、政治人类学、法律人类学、经济人类学、历史人类学、教育人类学……

人类学的民族志及其所依托的田野作业作为一种组合成为学术规范,后来为多个学科所沿用,民族志既是社会科学的经验研究的一种文体,也是一种方法,即一种所谓的定性研究或者“质的研究”。这些学科本来就擅长定性研究,它们引入民族志的定性研究,使它们能够以整体的(holistic)观念去看待对象,并把对象在经验材料的层次整体性地呈现在文章里。民族志是在人类学对于前工业社会(或曰非西方社会、原始社会、传统社会、简单社会)的调查研究中精致起来的,但是多学科的运用使民族志早就成为也能够有效地对西方社会、现代社会进行调查研究的方法和文体。

作为现代社会科学的一个主要的奠基人,涂尔干强调对社会事实的把握是学术的基础。社会科学的使命首先是呈现社会事实,然后以此为据建立理解社会的角度,建立进入“社会”范畴的思想方式,并在这个过程之中不断磨砺有效呈现社会事实并对其加以解释的方法。

民族志依据社会整体观所支持的知识论来观察并呈现社会事实,对整个社会科学、对现代国家和现代世界具有独特的知识贡献。中国古训所讲的“实事求是”通常是文人学士以个人经历叙事明理。“事”所从出的范围是很狭窄的。现代国家需要知道尽可能广泛的社会事实,并且是超越个人随意性的事实。民族志是顺应现代社会的这种知识需要而获得发展机会的。

通过专门训练的学者群体呈现社会各方的"事"，使之作为公共知识，作为公共舆论的根据，这为各种行动者提供了共同感知、共同想象的社会知识。现代社会的人际互动是在极大地超越个人直观经验的时间和空间范围展开的，由专业群体在深入调查后提供广泛的社会事实就成为现代社会良性化运作的一个条件。现代世界不可能都由民族志提供社会事实，但是民族志提供的"事"具有怎样的数量、质量和代表性，对于一个社会具有怎样的"实事求是"的能力会产生至关重要的影响。

社会需要叙事，需要叙事建立起码的对社会事实的共识。在现代国家的公共领域，有事实就出议题，有议题就能够产生共同思想。看到思想的表达，才见到人之成为人；在共同思想中才见到社会。新闻在呈现事实，但是新闻事实在厚度和纵深上远远不够，现代世界还需要社会科学对事实的呈现，尤其是民族志以厚重的方式对事实的呈现，因为民族志擅长在事实里呈现并理解整个社会与文化。这是那些经济比较发达、公共事务管理比较高明的国家的社会科学界比较注重民族志知识生产的事实所给予我们的启示。

在中国现代学术的建构中，民族志的缺失造成了社会科学的知识生产的许多缺陷。学术群体没有一个基本队伍担当起民族志事业，不能提供所关注的社会的基本事实，那么，在每个人脑子里的"社会事实"太不一样并且相互不可知、不可衔接的状态下，学术群体不易形成共同话题，不易形成相互关联而又保持差别和张力的观点，不易磨炼整体的思想智慧和分析技术。没有民族志，没有民族志的思想方法在整个社会科学中的扩散，关于社会的学术就难以"说事儿"，难以把"事儿"说得有意思，难以把琐碎的现象勾连起来成为社会图像，难以在社会过程中理解人与文化。

因为民族志不发达，中国的社会科学在总体上不擅长以参与观察为依据的叙事表述。在一个较长的历史时期，中国社会在运作中所需要的对事实的叙述是由文学和艺术及其混合体的广场文艺来代劳的。收租院的故事，《创业史》、《艳阳天》，诉苦会、批斗会，都是提供社会叙事的形式。在这些历史时期，如果知识界能够同时也提供社会科学的民族志叙事，中国社会对自己面临的问题的判断和选择会很不一样。专家作为第三方叙事对于作为大共同体的现代国家在内部维持明智的交往行为是不可缺少的。

民族志在呈现社会事实之外，还是一种发现或建构民族文化的文体。民族志学者以长期生活在一个社区的方式开展调查研究，他在社会中、在现实中、在百姓中、在常人生活中观察文化如何被表现出来。他通过对社会的把握而呈现一种文化，或者说他借助对于一种文化的认识而呈现一个社会。如果民族志写作持续地进行，一个民族、一个社会在文化上的丰富性就有较大的机会被呈现出来，一度被僵化、刻板化、污名化的文化就有较大的机会尽早获得准确、全面、公正的表述，生在其中的人民就有较大的机会由此发现自己的多样性，并容易使自己在生活中主动拥有较多的选择，从而使整个社会拥有各种更多的机会。

中国社会科学界无法回避民族志发育不良的问题。在中国有现代学科之前，西方已经占了现代学术的先机。中国社会科学界不重视民族志，西洋和东洋的学术界却出版了大量关于中国的民族志，描绘了他们眼中的中国社会的图像。这些图像是具有专业素养的学人所绘制的，我们不得不承认它们基于社会事实。然而，我们一方面难以认同它们是关于我们社会的完整图像，另一方面我们又没有生产出足够弥补或者替换它们的社会图像。要超越这个局面中我们杂糅着不服与无奈的心理，就必须发展起自己够水准的民族志，书写出自己所见证的社会图像供大家选择或偏爱、参考或参照。

这个译丛偏重选择作为人类学基石的经典民族志以及与民族志问题密切相联的一些人类学著作，是要以此为借鉴在中国社会科学界推动民族志研究，尽快让我们拥有足够多在学术上够水准、在观念上能表达中国学者的见识和主张的民族志。

我们对原著的选择主要基于民族志著作在写法上的原创性和学科史上的代表性，再就是考虑民族志文本的精致程度。概括地说，这个“汉译人类学名著丛书”的入选者或是民族志水准的标志性文本，或是反思民族志并促进民族志发展的人类学代表作。民族志最初的范本是由马林诺夫斯基、米德等人在实地调查大洋上的岛民之后创建的。我们选了米德的代表作。马林诺夫斯基的《西太平洋的航海者》是最重要的开创之作，好在它已经有了中文本。

我们今天向中国社会科学界推荐的民族志，当然不限于大洋上的岛民，不限于非洲部落，也不应该限于人类学。我们纳入了社会学家写美国工厂的民族志。我们原来也列入了保罗·威利斯（Paul Willis）描写英国工人家庭的孩子在中学毕业后成为工人之现象的民族志著作《学会劳动》，后来因为没有获得版权而留下遗憾。我们利用这个覆盖面要传达的是，中国社会科学的实地调查研究要走向全球社会，既要进入调查成本相对比较低的发展中国家，也要深入西洋东洋的主要发达国家，再高的成本，对于我们终究能够得到的收益来说都是值得的。

这个译丛着眼于选择有益于磨砺我们找"事"、说"事"的本事的大作，因为我们认为这种本事的不足是中国社会科学健康发展的软肋。关于民族志，关于人类学，可译可读的书很多；好在有很多中文出版社，好在同行中还有多位热心人。组织此类图书的翻译，既不是从我们开始，也不会止于我们的努力。大家互相拾遗补缺吧。

高丙中

2006年2月4日立春

权力为盛典服务，抑或盛典为权力服务？（代译序）

杨德睿

正如“国之大事，在祀与戎”这句古老的成语所揭示的，仪式与暴力、权力或者权威向来根深蒂固地联结在一起，这一点可以说是一切对政治有起码认识的人类都具备的常识，问题只在于“仪式”和“权力（暴力、权威）”这两方面应该怎么联系在一起以及它们实际上怎么联系在一起——前者是哲学甚至神学的问题，后者是经验科学的问题。

包括人类学、历史学在内的经验科学，尤其是在挣脱了哲学、神学的意识形态钳制而得到自主空间之后的现代经验科学，绝大多数都倾向于以暴力为尊、为本，认为仪式只是一种为了掩饰暴力，将直接的暴力转化为间接的威慑力（权力），给暴力加上合法性和道德冠冕（权威）的工具罢了。套用前述成语的修辞来说，就是以“戎”为君主而以“祀”为臣下，或者套用当代流行的阿甘本式的修辞，就是能够生杀予夺、宰制一切物质性资源的“主权”是根本，而“仪式”只是它的外衣（Hansen & Stepputat 2006）。然而，《尼加拉》这本书却斗胆反抗这种主流思路，毫不遮掩地斥责近四百年来心胸狭隘、目光短浅的西方政治思想以为政治就只是支配和宰制，看不到思想观念的力量！相反，它主张信仰、观念、意义有其自在自主的界域和自己的力量，足以与物质性的权力分庭抗礼，有时甚至能居于后者之上，19世纪的巴厘岛国家尼加拉就是论据——它证明了世上至少曾经有过一个国家是以信仰观念的仪式展演为主君、为根本，而物理性的权力则是臣下、是被前者所形塑、制约的。

格尔茨是如何建构起这套充满奇思妙想的论证的呢？

首先，他勾勒出了19世纪巴厘岛国家的两套根本的构造神话：一是关于“示范性的中枢”的神话，意即朝廷与首都一方面是作为超自然秩序之摹本的小宇宙，另一方面又是政治权力（也就是国家）的物质化体现；其次是一套将王权合法化的征服神话，内容主旨是爪哇的满者伯夷（Majapahit）王国于14世纪征服巴厘岛，从此开启了统治巴厘岛五百年的君王和贵族世系。巴厘岛的盛典就是这两套构造神话的戏剧性展演，它具有给实际上不断裂解的巴厘岛政治体赋予一种理念上的、抽象的、统一的效果。

其次，格尔茨解析了巴厘岛政治体系何以趋向不断裂解。依据格尔茨的描述，尼加拉的贵族阶层是由占全岛人口1/10左右的三个种姓群体构成，这些种姓群体内部权力地位继承的原则相当近似于我国周代的宗法制度，故也同样有支系贵族日趋陵夷的必然趋势（格尔茨称为“地位沉降法则”），于是，为保卫甚至提升自身的地位，巴厘岛的支系贵族们也就和我国春秋时代的贵族们一样卷入了各种合纵连横，并且同样热衷于以礼仪为进行宫廷斗争的场合和手段，如此，这套体制的结果，就是巴厘岛的实际政治是由大大小小无数的贵族之间分散的、局部的权谋操作所支配的，传统的贵族种姓群体看似人多势众，但实则内部地位分化剧烈，根本无力发挥整合机制的功能。

在贵族政治的裂解趋向之外，格尔茨又画出了另一个更重要的断裂轴线——村落与国家间的分离。他认为巴厘岛的国家绝少涉入真正关系到村民日常经济生活的管理，实际负责处理这些事务的是具有“多元集体主义”性格的地方政府，意即地方政府主要是由业务范围涵盖了公众事务各个方面的一群各自独立的自治组织所组成的，最基层的国家官员庄头（perbekel）（约相当于我国的村长）所发挥的功能基本上是适时敦促这些自治组织采取作为和协调它们的行动，还有就是担任特定贵族领主和个别农民之间的联系桥梁，几乎没有什么上级交办任务，也没有什么权力或威势可言。然而，国家和贵族权力的不介入非但没有让地方政府瘫痪，实际上恰恰是保证了村落政治的稳定和效能。作为例证，格尔茨描绘了村落中灌溉事务的处理，国家为此只提供了一套仪式性的框架，实际的工作全是地方上的水利会自行组织的。

在借用灌溉事务的村落自治来嘲讽恩格斯、魏特夫等左派历史唯物主义者的“东方专制主义论”（Wittfogel 1981）（即认为仰赖水利的农业经济必然导致官僚专制帝国）之后，格尔茨又在对外贸易这方面否定了重商主义论对巴厘岛的适用性。他指出与欧洲商人的贸易并没有使尼加拉走向强化国家统合、提高国家对国民经济的管制的道路，因为尼加拉把外贸的角色局限在仅为贵族提供贡赋和“装饰剧场国家的奢侈品”的来源而已，所以虽然外贸将商业精神传遍了整个巴厘岛，但它并没有给国家与村落、农民相分离的传统结构带来什么改变。

在描绘完了现实政治中的裂解与疏隔后，格尔茨在本书的最后两章使尽了他的天才想象力和文采，织锦似地描摹出尼加拉如何利用象征、宫廷建筑和皇家火葬仪式等盛大的仪典，将第一章所说的国家构造的根本神话，尤其是关于“示范性的中枢”的神话，予以高调地展演出来，以图借着强调神圣的统一来为这个在现实政治上不断裂解的国家续命。然而，也正是因为这些象征、仪式对王权加以极度地神圣化，将君王从实权人物转变为“作为整个神圣界的具象化呈现的一个神圣偶像、一个纯粹的法器、一个不具任何人类身份的王权的体现”，使得君王距离掌控现实权力的机关越来越远，越来越玄虚，结果尼加拉始终只能是一个在现实世界中裂解、在神圣宇宙秩序的展演中一统的剧场国家。

可以想见，这本激烈挑战主流政治思想的书甫一面世就引起了各方热议。支持、赞美者自不在少数，尤其是在宗教人类学圈，不论人们是否接受格尔茨的整套论点，依然普遍被他那令人目眩神摇的仪典象征分析和阐释功力所深深折服。同样地，在专研前现代国家政治的历史学、考古学、政治神学研究圈内，本书所打造出的“剧场国家”概念也颇受欢迎，因为它言简意赅地点出了前现代国家政治生活中广泛存在的一个关键层面。但是，笔者个人感觉反对、抨击这本书的声浪还是比较大的。主流政治学圈自不在话下，他们对格尔茨这名玄学鬼发的一通梦呓干脆视而不见。至于广泛的政治人类学圈，大体上是在态度分歧中保持沉默。对当时的正统政治人类学界来说，这本书只能算是有一定人类学味道的历史研究，它可以作为针对当代巴厘岛的政治人类学研究的铺垫，但它本身还算不上是正经的人类学，因为它依据的不是对活生生的案例进行田野调查所得的民族志材料，而是对一个已经消失了50年以上的国家进行的文献考证与少数人朦胧的追忆！

再者，超越小老百姓切身经验范围之外的、抽象的"国家"，本来就不是恰当的人类学研究对象。不过，也有部分人恰恰认为本书的价值就在于它敢于率先挑战传统的"禁区"，把国家纳入人类学的视野之中（Marcus 2008）。此外还有不少采取温和立场的同情者，他们虽然不见得真被本书的中心论点所说服，但是衷心欢迎格尔茨对"心胸狭隘的"、唯物的、眼中只有宰制和支配的西方政治思想的批判，在他们看来，"剧场国家"这一提法尽管可能过于夸张了，但就它大力揭示出古往今来各色国家、各种权威普遍高度倚重象征和仪式的展演这一事实来看，这本书还是很值得推崇的。

以上谈到的那些支持和反对意见，都还只是对这本书的核心论点、创新概念、表达手法等方面下的整体性的、相当抽象的判断，以下我们再来检视东南亚区域研究专家如何具体指出本书的硬伤（Nordholt 1981）。

首先，最严重的问题是格尔茨写这本书所依据的材料。据格尔茨自己的说法（Geertz 1963：VII），他分别在1952—1954年和1957—1958年之间在印尼做过两次长期的田野调查，当时印尼刚独立不久，尼加拉王朝已经悲惨地覆灭了半个世纪左右，荷兰对印尼的殖民统治（1906—1942）、日军对印尼的占领、美军和日军在印尼的鏖战也都已经是明日黄花，在短暂期间内经历了这么多风云剧变的巴厘岛老人，对尼加拉王国的回忆还能保有几分准确度？当然，文献材料可以纠正报告人口述回忆的错误、弥补回忆的不足，但是格尔茨所收集、引用的材料竟然全是1950年代在印尼和荷兰出现的材料，未曾征引过任何荷兰殖民政府档案或在印尼与荷兰收集的早期手稿！

其次，由于未曾认真收集研读史料，格尔茨对尼加拉王朝的具体施政作为的了解非常贫乏，这直接导致了他将尼加拉王国的实质权力空虚化，使"剧场国家"这样的概念得以出现。我们可以从这三个方面看出格尔茨想象的尼加拉是如何脱离现实：第一，最严重的问题就是关于国家和村落之间的断裂以及村落高度自治的想象，这套想象所反映的恐怕多半是荷兰采行的殖民政策（强调村落自治、尽量减少中央政府介入）和意识形态（将尼加拉王朝贬抑为纯粹是巴厘人民的无谓负担），实际历史材料显示的情况是贵族领主在村落政府里发挥相当实质的功能（Hauser-Schäublin 2005），民众相对地也会以抗命、叛离的方式制裁诛求无度的领主；第二，格尔茨将国王的角色片面描绘为“一个神圣偶像、一个纯粹的法器、一个不具任何人类身份的王权的体现”，几乎彻底略去了他们凭什么以及如何从一班贵族领主当中被推举出来成为国王的，而史料明确地显示那些被推举成偶像的、能搞出那种奢华盛典的国王，都是握有实权的人物，绝对不是摆饰！第三，格尔茨以为尼加拉王朝对外贸采取相当消极节制的态度，仅将之当成为贵族提供贡赋和“装饰剧场国家的奢侈品”的来源而已，但历史材料却显示尼加拉的贵族领主们恐怕比欧洲商人还要热衷于外贸，而且其动机绝不仅是为获取“装饰剧场国家的奢侈品”，而是为了掌握财富以作为攫取权力的资本。

最后，格尔茨关于尼加拉王朝的论述严重地前后矛盾（Hauser-Schäublin 2015）。在 1963 年出版的《摊贩与王子》一书中，他明确指出尼加拉王朝的贵族“不仅是汲取贡赋的人，也集中地发挥了关键性的、跨地方性的宗教、政治和经济功能，那些号称能够自给自足的村落其实端赖这些功能方能存在。而且，他们绝非对乡村的社会结构没有什么实质性的影响，事实上他们是决定乡村社会结构最终形式的主要力量之一”（Geertz 1963：101），又说“政治、军事、仪礼、经济、亲属和其他各种纽带都把贵族和平民束缚进了一个单一的结构里，正是这些纽带——以及它们所创造并维系的忠诚——构成了贵族在跨村落、跨地方层面上各种事物的领导权的基础”（Geertz 1963：102），这些关于尼加拉的贵族与平民之间、中央国家与地方政府之间存在高度整合的论断，何以会在 17 年后的书中被彻底地颠覆掉？他并没有在这 17 年间再到巴厘岛做过认真的田野调查，那么是否是读到了什么新发现的文献材料让他产生了天翻地覆的变化呢？格尔茨从未对此做出解释，也从未表示过对之前的错误论断有任何后悔、批判之意，这一怪异的缄默，令人不免怀疑后出的《尼加拉》一书是格尔茨任意挥洒其想象力臆构出来的玄幻小说。

由于以上这些硬伤，不管是从人类学、历史学或政治经济学的标准来衡量，这本书都已经失去了被当成经验性的科学知识来研读的资格。但是，我们只要对格尔茨的野心保持一点距离，对他一些极端夸张的论调不要太过较真，好比说不要真的去计较他“权力是为盛典服务的，不是盛典为权力服务的”这句名言的对错，那么我们还是能在欣赏格尔茨华丽精致到令人窒息的文采之余，从这本书里吸收到极能启发灵感的观念。说得具体一点，作为本书核心主题的“剧场国家”这个观念若是被“硬化”成一个模型，我们大概不可能在这个世界里找到任何符合这个模型的实例——连尼加拉王朝也不行，但这并不表示我们就应该把这个观念直接丢进垃圾箱，因为若我们将它“软化”，把它视为一种启示、一种视角，提醒我们去关注分析权力（它可以体现为包括国家在内的一切权威形式）与展演（借由象征和仪式）之间紧密的共生、相生关系（Kingsley & Telle 2016），或者稍微再进一步，去分析特定象征和仪式的展演如何将权力和特定意义（信仰、道德、价值）体系扣连起来，从而对权力起到某种程度的塑造作用，那么“剧场国家”这个观念就会迸发出智慧的光芒。

对于有兴趣深究“剧场国家”这个观念及其相邻观念的读者，笔者建议最佳的攻略路线，还是依据其发表的时间，循序研读格尔茨的相关作品：

1966，《巴厘的人、时间、行为》，收录在格尔茨著，《文化的解释》，纳日碧力戈等译，上海人民出版社 1999，第 415—470 页。

1966，《作为文化体系的宗教》，《文化的解释》，第 101—147 页。

1967，《政治的过去、政治的现在：关于人类学之用于理解新国家的手记》，《文化的解释》，第 377—393 页。

1968，*Islam Observed：Religious Development in Morocco and Indonesia*，University Of Chicago Press.

1972，《深层的游戏：关于巴厘岛斗鸡的记述》，《文化的解释》，第 471—521 页。

1977，《在翻译中发现：论道德想象的社会史》，收录在格尔茨著，《地方知识：阐释人类学论文集》，杨德睿译，商务印书馆 2017，第 57—88 页。

1977，《中枢、帝王与卡里斯玛：对于权力象征的反思》，《地方知识》，第 192—231 页。

参考文献

Geertz，Clifford. (1963) *Peddlers and Princes：Social development and economic change in two Indonesian towns*. Chicago：The University of Chicago Press.

Hansen, T. B. & Stepputat, F. (2006) Sovereignty Revisited, *Annual Review of Anthropology*, Vol. 35(2006), pp. 295—315.

Hauser-Schäublin, Brigitta. (2005) "Temple and King: Resource Management, Rituals and Redistribution in Early Bali", *The Journal of the Royal Anthropological Institute*, Vol. 11, No. 4(Dec., 2005), pp. 747—771.

Hauser-Schäublin, Brigata. (2015) "From Homo Politicus to Immobilized Icon: Clifford Geertz and Shifts in Anthropological Paradigms", *Bijdragen tot de Taal-, Land-en Volkenkunde*, Vol. 171, No. 2/3(2015), pp. 220—248.

Kingsley, J. J. & Telle, K. (2016) "Introduction: Performing the State", *Bijdragen tot de Taal-, Land-en Volkenkunde*, Vol. 172, No. 2/3, Special Section: Performing the State (2016), pp. 171—178.

Marcus, Anthony. (2008) "Interrogating the neo-pluralist orthodoxy in American anthropology", *Dialectical Anthropology*, Vol. 32, No. 1/2(March-June 2008), pp. 59—86.

Nordholt, H. G. C. Schulte. (1981) "Negara: A Theatre State?" *Bijdragen tot de Taal-, Land-en Volkenkunde*, Deel 137, 4de Afl. (1981), pp. 470—476.

Wittfogel, Karl August. (1981[1957]) *Oriental Despotism: a Comparative Study of Total Power*, Vintage Books.

谨以此书呈于吾师：

罗利斯顿·塔迪

乔治·R.盖格

塔尔科特·帕森斯

目　录

地 图 目 录

图

序

我愿把这项研究献给几种读者。我也怀着一种确能达到此种目标的希望，采取了这样的写作方式，希望读者可以以几种方式阅读本书。

我有意没有采取专著的通行注释法，而是分成正文和注释两个部分写作，所以读者看不到通常的数字标注，注释内容仅用页码、行数松散地与正文联在一起；这种扩展形式的好处是，我可以在注释中对正文中提出的有关重要议题加以总体的评论，集中检讨涉及这点或那点的相关著作，还可以就某些游离中心叙述很远的问题写成一篇小论文。这样写作的一个好处是，那些对传统国家、政治理论、人类学分析或其他事情感兴趣，但不一定特别关心印尼研究状况的人（学者、学生或普通读者）不用翻阅很多注释，甚至用不着翻阅注释。我的主要观点和支持观点的基本实证材料都在正文里，可以不必去管那些枯燥的旁白、文献和专业的限制了。另一方面，那些对作为立论基础的翔实素材或某些学术观点的进一步发展感兴趣的读者（印度学家、东南亚学家、巴厘专家）将会发现注释的重要性究竟何在，尤其如果我们考虑到，以前从未有人从整体上研究过巴厘的传统国家这个主题——更不用说本书采取的路径了——这还不说，有关的材料又是那么分散，类型那么多变，而质量又是那样参差不齐。大多数读者介于普通人和专家之间，因此，虽然叙述和评论的安排方式多少有些反常，但他们可以很容易地根据自己的目的或多或少地选看注释材料。

本书耗时颇长，才以现在的面貌呈现给读者诸君，这当然要归功于很多人。我在巴厘的主要访谈人都已经在注释里提到了，我的感激之情无以言表。此外，许多人都拨冗阅审读过手稿，尤其要感谢希尔德雷德·格尔兹（她还帮我做了大量资料收集工作）、詹姆士·伯恩、谢利·艾林顿、F. K. 莱曼和彼得·凯利，当然，他们只是所有那些帮助过我的人们的代表，在此无法一一呈列大名，内心实感歉疚。艾米·杰克逊女士的秘书工作十分出色，我要向她表示最大的谢意。我还要感谢普林斯顿大学出版社的威廉·海弗利先生的编辑工作和良好建议。

最后,这项研究受惠于洛克菲勒基金会、芝加哥大学“新兴国家比较研究委员会”和普林斯顿大学发展研究院的资助。

克利福德·格尔茨

1979年8月于普林斯顿大学

导论：巴厘和历史方法

提问你看不出有回答指望的问题，乃是科学上的大罪过，就正像是在政治上下达你认为不会被人服从的命令，或者是在宗教上祈求你认为上帝所不会给你的东西。 3

——R. G. 柯林伍德

1

在今日，若对印度尼西亚作一番鸟瞰，对于它的过去，恐怕只能得到一个相当笼统的印象，即便从那些人类久居的考古场所的地层中掘出、排序的诸般器物，也只不过浓缩了几千年的人类历史。所有那些在三千年间从印度、中国、中东、欧洲逐次分流到群岛上的文化河流，都不难找到见证：在印度教巴厘，在雅加达、三宝垄或泗水（苏腊巴亚）的中国城，在亚齐、望加锡或巴东高原的穆斯林城堡，在明纳哈沙和安汶的加尔文教区，或弗洛雷斯和帝汶的天主教区。各种社会结构的覆盖范围都同样广泛，也同样不难把握：婆罗洲内陆或西里伯斯岛上的马来亚—波利尼西亚式部落制度，巴厘、西爪哇、苏门答腊及西里伯斯部分地区的传统农民村落，中部和东部爪哇河谷平原上的"后传统时代"的农村无产者村落，婆罗洲和西里伯斯海岸拥有市场意识的渔业和走私村落，爪哇内陆和外岛上没落的省垣及小城，雅加达、棉兰、泗水和望加锡的拥挤、混乱和半现代化的都会。各种经济形式、分层制度或亲属组织的分布范围也都同样广泛，如婆罗洲的游耕制，巴厘的种姓制，苏门答腊西部的母系制。然而，在这个由各种文化和社会模式组成的总体格局中，实际上，最终造就了印度尼西亚文明基本特征的一种重要制度（也许是最重要的）已经一去不返，它彻底烟消云散了，但它也正是以这种反常的方式表明了它在历史上曾有过的向心力——这就是尼加拉（negara）， 4

前殖民时代印度尼西亚的古代国家。

尼加拉（又作 *nagara*，*nagari*，*negeri*）系由梵语中借来，它的本义是“城镇”，而当挪用到印尼语中，并与原义相近且可互换时，它生出了“宫殿”、“首府”、“国家”、“王国”等诸多含义，当然，它也是“城镇”。在最广泛的意义上，这个词汇描述的是（古代）文明，描述的是由传统城市、城市孕育的高等文化及集中在城市里的超凡政治权威体系组成的世界。它的对立面是德萨（*desa*，也是梵语借词），在指称上同样灵活多变，它的意思是“乡村”、“郊外”、“村庄”、“地方”，也指“属地”或“辖地”。在最宽泛的意义上，德萨这个词指的是一个在群岛各地由多种形式组成的世界，如乡村聚落、农民、佃农、政治国民、“人民”等[1]。在以对立方式彼此界定的尼加拉和德萨这两极之间，古代政权[2]由此形成，并在一种外来的印度教式宇宙观的总体情境中，最终确立了独特甚至可以说是诡异的形式。

2

印度尼西亚究竟曾有过多少尼加拉已不可详考，不过可以肯定地说多达成百上千[3]。在现存最早的 15 世纪前半叶的梵语碑刻记载的时间之前[4]，大小与运祚长短不一的国家就已经在一条不断壮大的河流中起起落落，钩心斗角，征战杀伐。那些耀眼的名字，如马打蓝、沙伦答腊、室利佛逝、马来由、新柯沙里、谏义里、满者伯夷，以及伊斯兰化后的淡目、万丹、亚齐、望加锡和新马打蓝，无非是一些在从未间断、只是荷兰统治才终结其命运（在群岛某些地区，只是到了本世纪才发生）的国家兴亡过程中较为醒目的角逐者。前殖民时代的印度尼西亚政治历程不但没有确然无疑地展现为单一的“东方专制主义”，恰恰相反，它是一个地方化的、脆弱的、彼此联系松散的小国不断扩散的过程[5]。

然而，要想追溯那一历程——这不惟对任何想理解印度教时期的印度尼西亚文明之政治模式的人是一项根本任务，对想要理解伊斯兰时期、殖民时期及共和国时期之政治模式的人也是如此——却是筚路维艰，这其间的
5 很多难题皆是由人造成的。不仅资料分散、含混，难以令人信服，而且，在很

大程度上掌握在语文学家手中的释读材料的方法,除了少数的例外,在社会学的意义上,也极其不切实际。有人将之比附于古代的、封建的甚至现代的欧洲,有人精心地编织根本无从证实的编年史,更有人先验地臆测“印度尼西亚思想”之实质,如此一来,最终炮制出一幅印度教时期的图画。虽然它并不是没有合理的成分,有时也不排除它含有一点真相,但就它本身而言,无非是将那种自以为是的奇思妙想更加体系化了,个中缘由就在于一个人想要获知对他时下来说仍无法获知之事。

大多数研究印度教时期印度尼西亚的学者都企图写出一种他们没有拥有、大概永远也不会拥有素材的历史,却没想过去写一种他们拥有、至少是有望获得素材的信史。一个伟大文明的历史可以描述为一种大事记(战争、统治和革命),无论是否塑造了这个文明,它们至少标志着其历程中的主要变迁。要么,它也可不以一系列时间、地点与大人物来描述,而是用社会文化历程的几个总体阶段。第一种历史编纂法倾向于将历史作为一系列分段时期,作为总是以其自身某些特定意义为特征的明显的时间单位:它们标志着沙伦答腊的肇兴,爪哇文明的东扩,或满者伯夷的衰亡。而第二种方法则将历史变迁看作相对稳定地延续的社会和文化过程,它很少以急剧断裂的面目出现,而是展现为一个缓慢、又有一定模式的变迁,在这种变迁中,若将过程之全部历程视为一个整体,即可辨识出诸发展阶段。要想指在某个点上,说在此点前后是乾坤倒转,这纵然不说是全无指望吧,也是十分渺茫。这种变迁、过程的观点并不着力于对人们的所作所为加以编年式的琐碎钩沉,而是强调累积活动的形态性或结构性模式。阶段方法将一丛事件依次分布在一个时段中,在其中早晚总会产生基本区别;发展方法将各种组织形式和文化模式依次分布在一个时段中,在其中,基本区别既是前提,又是结果。在这两种方法中,时间都是关键要素。在第一种方法中,时间是串联特定事件的主线;而在第二种方法中,时间则是特定抽象过程得以展开的介质[6]。

这两种历史编纂法都是可行的,也能互为补充。采用编年体撰写的事 6
件之流会坚实地支撑对结构变迁的纲要式勾勒,而从发展史中建构出来的诸阶段——它们本身即是洞察历史的框架,而非历史现实的碎片——可以为有记录的实际事件之流提供可理解的形式。但在印度教时代的印度尼西亚，如果大量事件本就无望复原，那么，无论谁在成串连累的神话和碑刻或古老文物的直观对应物之间怎样皓首穷经，那种重构特定行为的企图，往好里说，只能导致永无休止的（因其本无定论）关于事实假说的争论，往坏里说，只能是不断编造关于古典时代的“故事”；如此一来，虽然它貌似历史，实则不过是投射此中的乡愁凝眸罢了。“卡龙（Krom）撰写的印度—爪哇史，”C. C. 伯戈（Berg）评论道，“只是一种国王及其文治武功的故事，我们只能看到对文化因素作了一些零散的评论。我自己倾向于写一种文化和文明要素的历史，读者将在其中看到，对君王的评论只是偶尔出现。”[7]它正是这样一种只能允许我们如此写作的历史，在其中，古代时期的文件、碑记和经典从生态的、民族的和社会的过程等方面进行解释；然而，撇开像 B. K. 施里克（Schrieke）和 J. G. 范・勒尔（van Leur）所做的一些零散、失败的努力，它至今仍然没有写出来[8]。

3

能否成功地写出后一种历史，端赖我们能不能设计出一种有效描述社会文化进程的恰当模式，它既有概念的精确性，又有经验的可靠性，惟此方可用以解释从考古年代发掘出来的，必然是零散、含混的碎片。有不少办法可以开展这项工作。我们可以参考那些可供比较、已在别处经过深入研究的发展序列——我们可以举出前哥伦比亚美洲或古代近东的研究。我们还可使用大跨度的历史社会学方法，提出理想类型，将相关现象的核心特征成功地剥离出来——当然，这种方法因马克斯・韦伯而知名。或者，我们可以详尽地描述、分析某种当前（或近代）体系的结构及其运作机理，对此有充分理由相信，这个体系和我们打算重构的体系之间至少存在着亲缘上的相似
7 性，如此一来，就可逐步由近及远。在此，我将运用所有这些辅助方法，以此之有余补彼之不足。不过，我在分析时会主要运用第三种方法，即民族志方法，这既是由于我相信它最适合当下的情况，也因我是一个社会人类学家，而不是考古学家或史学家，我对这种分析方法得心应手，也能由此做出些许

贡献。

说得具体一点，我将从我的田野考察和历史文献中建构一幅19世纪巴厘国家组织的翔实图景，然后从中抽出一组宽泛然而又切实的主线，进而在总体上将印度尼西亚（和，在此之外，印式东南亚）的史前及原史材料贯穿起来。

在理解印度尼西亚之印度教阶段，尤其是其中心即爪哇方面，巴厘一向有印尼群岛之"印度"文化的最后避难所之称，它的重大意义一再为人提及。但它也一直在遭人曲解。欲明了近代巴厘在何种方式上有助于阐明印度尼西亚的遥远过去（以及，在何种方式上它不能），廓清一些流行的方法论谬误，实是当务之急。这片地势变幻莫测，不得不如履薄冰，正像爪哇人的譬喻所言，如孑虫潜行水面。

第一个须破除的、以托马斯·莱佛士（Thomas Raffles）为始作俑者的谬误是如下论调：现代巴厘是一座保存原汁原味的前殖民时代原印尼文化的"博物馆"[9]。可是，又有何种理由说，由于它孤立于大部分群岛在伊斯兰化之后的印尼发展主流（这种隔绝状态有时言过其实了），所以自从满者伯夷灭国（约1520年）以来的350年间，巴厘是一成不变的。因而，将14和15世纪的爪哇视为只不过是更精致的19世纪的巴厘，这无论如何都会令人疑窦丛生。无论巴厘研究对印尼历史如何有用，这项研究也不能基于如下假设：由于莫名其妙的好运，这个岛屿保留了一段历史。

其次，必须认识到，若要证实任何特定的社会事实或文化形式，或任何特异的风俗、信仰或制度存在于爪哇（或印式东南亚其他地区），都不能最终将巴厘举为证据，而要以爪哇、柬埔寨或其他地方为质证。巴厘人拥有内婚制父系宗族、水社和发达的巫教，这些事实没法证明早期爪哇也有过同样的风俗。这些事实的用途只在于表明，可能在爪哇（或柬埔寨、泰国、缅甸等） 8
也有望找到此类证据。它们对引出假说是有用的，但在坐实已有的假说方面却于事无补。这是最为根本的一点。但它比人类学重构中的其他方法论公理更易为人忽视，流毒也更甚，不独在印尼，在一般意义上也是如此。

再次，即便充分顾及了巴厘文化的历史独特性，也知晓了以巴厘证爪哇的不合逻辑性，我们还要明白，即使在14世纪（遑论10世纪或7世纪），印度尼西亚在社会、文化尤其是生态方面也远不是同一的:尽管经历了满者伯夷的“征服”,巴厘依然有别于东部爪哇,也更有别于作为一个整体之群岛上的那些印度教地区。因此,即使有谁心满意足地发现,在印度教时代的印度尼西亚别处也存在着特定的巴厘模式——即是说,对声望分层的偏好,他也不能推论说,它也精确地呈现出同样的外在形式。举例来说,那些拥挤在狭窄的南部不规则地带的各个巴厘国家,在规模上肯定要比更辽阔的爪哇岛上的国家小得多,这当然会对它们的组织形态造成显著的影响。此外,由于此岛的地理方位面对南方和诡谲莫测的印度洋,而不是面向北方和风平浪静的爪哇海,这使得它几乎完全处在纷繁复杂的国际贸易经济的边缘位置,而这在印度教时代扮演着至关重要的角色。巴厘拥有宏伟的灌溉工程模式和适宜的气候——也许对所有印度尼西亚传统的水稻种植是最理想的——这使水利灌溉比爪哇其他地方更少技术困难,也更少季节性波动。无须在此一一赘言了。在运用巴厘资料作为阐释印尼内外的印度教文明的一般主线以前,不但要以时间来核准这些资料,也应以地点核准之。

4

那么,近代巴厘民族志对这种解释如何方是行之有效的?首先,虽然巴厘生活在 14 和 19 世纪间已经发生了明显的变化,但这种变化在很大程度
9 上仍是内生的。[10]尤其当我们考虑到,两次革命性事件即伊斯兰化和严酷的荷兰统治迫使其他地区的社会和文化秩序产生了巨变时,在巴厘却没有发生过。因之,虽然此岛的历史决不会比群岛的其他印度教化地区缺少动力,但它更是直向演化的,也更容易测度。19 世纪后半叶的巴厘当然不可能是 14 世纪巴厘的简单翻版,但至少是充分承继了它,而且是它顺理成章的演变结果。其结果是,在爪哇或苏门答腊沿海已经消失殆尽或改头换面的东西,仍在巴厘有所保留。虽然并不存在什么文化化石,但这个坚强的小岛,一如西藏与也门,在文化上依然是十分保守的。

其次,由于不再奢望写作那种关于古典时期的编年体著作,我们也就从制造历史寓言的冲动中解脱出来了。若我们不再试图运用民族志素材去重

构具体事件的相关序列,一个关于国王及其文治武功的故事,那么,去回答本无答案的问题的诱惑也会大大弱化。葛达那哥腊(Kertanagara)是一个普普通通的酒鬼抑或一个嗜爱美酒的圣徒,沙伦答腊(Shailendras)是一个统治苏门答腊的爪哇王朝还是一个统治爪哇的苏门答腊王朝,或爱尔蓝伽(Airlangga)是否曾剖分其国(所有关于印度教时期的编年著作中一直存在的各种争执),就不再厕身分析巴厘政治组织的关键问题之列了。关键问题是如何理解印度尼西亚的印度教国家的独特形式,是古代政体的内在结构。

这一点毋庸置疑,因为,无论巴厘国家自1906年来经历了怎样的变化,无论其环境如何特殊或其文化情境如何歧异,它仍然是曾经广为实行的政府制度的一个例证。因此,基于巴厘素材,他可以把尼加拉模式作为政治秩序的一个突出变体,这个模式可有助于加深我们对印度教时代的印度尼西亚(柬埔寨、泰国、缅甸)发展史的理解。

这种模式本身是抽象的。虽然它是从经验材料中建构出来的,它仍可尝试性地、而非推论性地用于解释其他经验材料。因而,它是一个概念实体,而非一个历史实体。一方面,它是一种较为著名的社会文化制度的一个经过化约的、不必拘泥的、具有理论倾向的表象:19世纪巴厘国家。另一方面,它是一个导引,一种社会学蓝图,引导我们去建构一整套较不知名、却可 10
暂时假定与其类似的制度的、虽不必然具有同一结构甚或结构可能不同的表象:5世纪到15世纪的东南亚古代印度教国家[11]。

11

第一章　政治定义:秩序的源头

典范中心的神话

1891年,一位居住在位于今天的首府登巴萨(见地图1)以北约15公里的巴厘内陆领地上的君王,即明关威[1]十余代中的末代王,发现其京都突遭塔巴南和巴塘两个死敌的联合攻击。他的军队四散溃逃,众王侯要么逃之夭夭,要么马革裹尸,巴塘军由一队武吉族(Bugis)雇佣军打头阵,他们人数不多,但武器精良,此时已直抵城头,而卫国者却只有长矛短刀,他就像一盘象棋残局中的孤王,不剩一兵一卒。他年迈苍苍,羸病不堪,也无力行走,于是,他命仆从用一杆华轿抬着他,从王宫迎向侵略军。武吉枪手们对此巴望良久了,他们射杀了舆夫,于是他无助地在地上踉跄着。巴塘兵(大多是低等首陀罗种姓)上前抓住了他,但他拒绝被当作俘虏对待,他们不再顾及对他应有的尊敬,只好下手杀了他。如此一来,巴厘南部腹地的七个大国[2],塔巴南、巴塘、吉安雅、克伦孔、卡琅噶森、邦利和明关威,就减到了六个。

但赢家的荣耀也如昙花一现。1906年,蓄谋已久的荷兰军队在南方沿海的沙怒集结,攻入了巴塘,国王、他的妻孥及臣下集体自戕。一周后,塔巴南王和太子也沦为阶下囚,但在遭荷兰人囚禁的当天晚上,他们想法毁灭了自己,一个用毒药,一个使刀子。两年后的1908年,这个诡异的仪式在最辉煌的王国克伦孔,传统巴厘名义上的"皇都",再次重演;它的君王和皇族,半是神情迷恍,半是因吸食阿芙蓉而神志不清,再次列队游行到宫外,然
13 后让此时已被搞得大惑不解的荷兰兵不太情愿地开枪射杀。这是旧秩序的彻底覆亡[3]。如同它曾经历过的那样烟消火灭了——湮灭于露天表演之中。

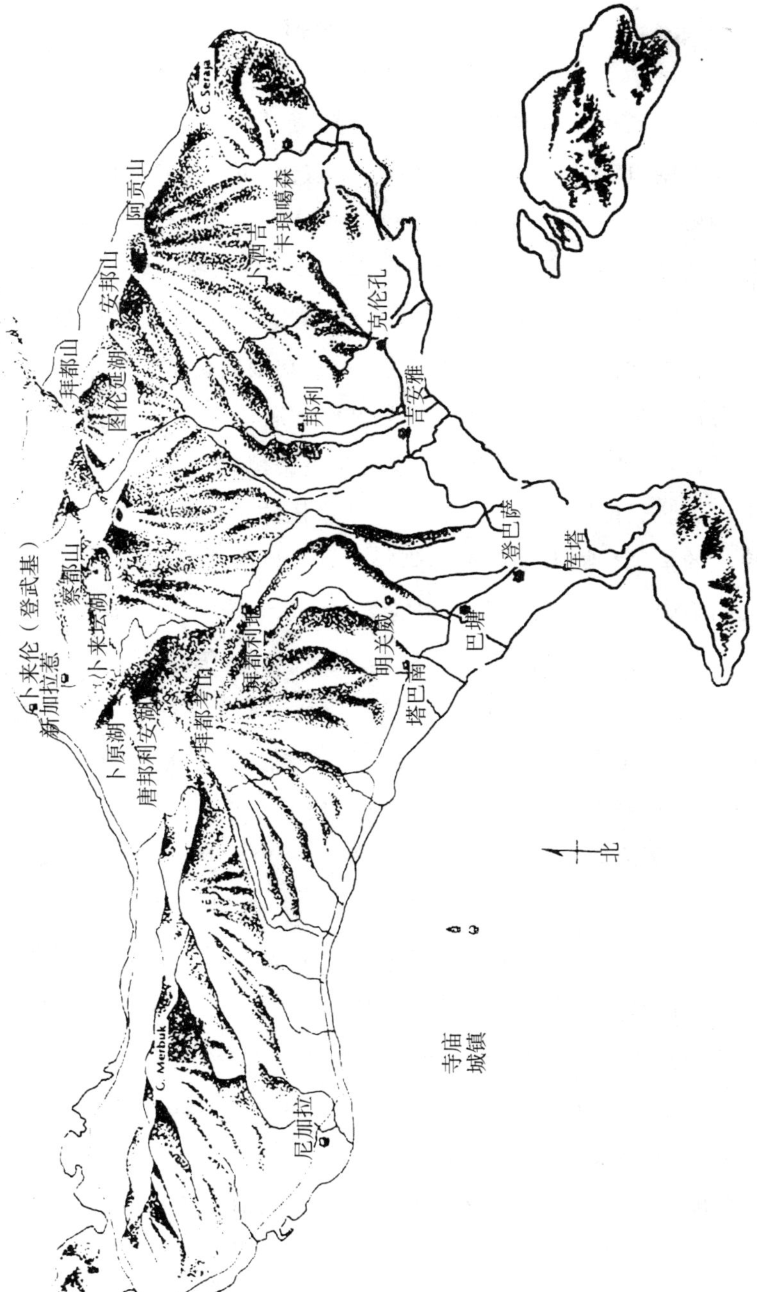
C. Seraya
阿贡山
卡琅噶森
安邦山
克伦孔
拜都山
邦利
吉安雅
卜来伦（登武基）
新加拉惹
卜来坛湖
卜原湖
明关威
巴塘
塔巴南
登巴萨
车塔
北
C. Merbuk
尼加拉
寺庙
城镇

地图1　巴厘

2

巴厘国家的展示性本质在其已知的全部历史中可谓一目了然[4],因为它从未走向专制,也全然无力造就全面的集权化,更不用说,在治国方面,它也没有治国方略,对此它不仅淡漠,而且迟疑。相反,它热衷于壮景、盛典、巴厘文化痴迷症的公共戏剧化:社会不平等与地位炫耀。它是一个剧场国家,国君和王侯是主家,僧正是班主,而农民则是配角、龙套和观众。火葬、锉齿、庙祭、晋香和血祭无不令人叹为观止,每次都动员了成千上万人,耗费了巨大的财富,这不意味着它们要制造出何种政治结果:它们自身就是结果,也是国家不遗余力地追求的。皇家庆典主义是皇室政治的策动力;公众仪式不是用于装点国家的花招,相反,即便在国祚终结之际,国家也仍是表演公众仪式的手段。权力服务于盛典(pomp),而非盛典服务于权力。

在我们眼中,统治的实质和谋术的颠倒关系无疑是十分怪异的,但在此背后隐藏着关于统治权之本质与根基的一般观念,为简化起见,我们可称之为"典范中心论"[5]。这种理论认为,皇室—京都不过是超自然秩序的一个微缩宇宙——"它是世界在更小层次上的一个意象",也是政治秩序的物化载体。它不只是国家的核心、引擎或枢轴,它就是国家。尼加拉的概念表明,在王位和王国之间是可以画等号的,这绝非是一个不经意的隐喻;它表达了其政治主调——也就是说,只需提供文明化实体的一个模型、一个典范、一个无瑕形象,皇室就将它周围的世界营造成了一种至少可作为自身之至美的差可拟似物。皇室的仪式生活,事实上也是皇室本身的总体生活,由此成为了社会秩序追求的范型,而不仅仅是对社会秩序的简单反映[6]。正如僧正宣称的,它反映的是超自然秩序,"印度诸神的永恒世界",在各安其位的前提下,人们应遵照它的样子来过活。

14 最重要的合法化任务——这种政治隐喻和当前权力格局在19世纪巴厘的彼此谐配——是藉由神话完成的,而且是一个十足的殖民神话。据说,在1343年,东爪哇王国满者伯夷的大军在拜京击败了一个猪头人身的神怪"巴厘王"。从这个影响悠久的事件中,巴厘人发现了他们的全部文明甚至他们自身的最终源泉,除了少数例外,他们都自命为爪哇入侵者的后裔,而非原爪哇卫国者的血胤[7]。正如美国或俄国革命的国父神话一样,满者伯夷的征服神话演变为起源传说,支配与臣服的真实关系藉此得到了解释、调整。"'满者伯夷,其为肇始',此前只是一个恶魔横行、坏人当道的乱世,虽然巴厘人实际上对此茫然无知。"[8]

然而,对于随后之事,人们纵非全知,却也知晓甚多[9]。在征服以后,满者伯夷的名相卡渣玛陀随即向一位爪哇婆罗门僧正求助,以平定如今因群龙无首而陷入混乱的邻岛,巴厘。这位僧正有四个半神的孙辈(因其子与一个天神婚配)。卡渣玛陀任命僧侣长孙为卜兰邦安(一个爪哇最东端角上的小国)之王,遣次孙去统治爪哇东北部沿海的岩望国,又将第三个(女孙)下嫁宋巴洼国王,而第四个孙子,即伊陀·德伦·克都·克莱斯奈·凯巴吉孙,卡渣玛陀将巴厘分封给他。1352 年,这位传说中的国王,在一个出身于爪哇上层贵族的王臣的鼎力辅佐下,在距巴厘猪头王陨首处数公里远的三埠郎安建立了皇室和王宫——他的尼加拉。他天生神异,又有从满者伯夷带来的诸般传家圣物,凯巴吉孙很快化乱为治。1380 年,这个传说继续讲道,凯巴吉孙的后任君王发疯了(他将妹妹嫁给了一匹马),被迫禅位于一个弟弟,而这个弟弟却更加荒淫无度,于是,统治集团开始从内瓤里崩坏。出于精神层面的考虑,皇室被迫迁都给给,它正处在克伦孔以南,在巴厘人的心目中,它是最伟大时代的肇始之地。据说,在 17 世纪转折之际,一次大叛 15
乱招致统治阶级整体的彻底崩溃,山河从此破碎如絮。重要王室迁往克伦孔,历史从此处开始,晚近时代的其他重要王室——巴塘、卡琅嘎森、塔巴南等——则散布于广大乡村;虽然它们实际上完全是独立的,却继续承认它享有名义上的精神威望。

且不管这个传说到底包含着多少真实的历史要素(其实除了一些含混的年代、简略的事件和苍白的人物,其历史性要素也所剩无几)[10],它实际上是透过一个虚幻故事的具体形象,传达出巴厘人对其政治发展历程的看法。在巴厘人看来,先在三埠郎安、后在给给建立的爪哇王室(人们坚持认为,王宫是着意要一丝不苟地映照诸典范中心之最著者满者伯夷本身的)不只创造了一个权力中心——它在此前就已经存在了——它还创造了一种文明的标杆。满者伯夷征服在以前(而且目前也)被视为巴厘历史的大分水岭,它区分了兽性野蛮状态下的巴厘和中兴后的巴厘,后者既拥有审美的优雅,又拥有礼仪的荣耀。京都的转换也是文明的转换;正如后来一样,京都的播撒也意味着文明的播撒。尽管两者实际上都是殖民神话,因为他们都是从更开化的异邦海岸来此拓居的,但与美利坚人不同,在想象其政治历程时,巴厘人并未描绘出一幅由最初的多元融成一体的画面,而是一幅由一体不断崩解为多元的画面,不是走向美好社会的必然进步,而是在古典的完美模式看来一个逐渐衰落的过程。

3

在巴厘人眼中,这种衰落同时发生在时间和空间之中。在给给时代(约公元 1400—1700 年),巴厘各地(巴塘、塔巴南、卜兰拜都、卡琅噶森、邦利、坎帕等)的统治者,即那些被认为曾追随国王迁徙的王臣们的后裔,据说就住在星罗棋布于最高君王即凯巴吉孙本人之直系后裔的宫殿周围的次等宫
16 殿中。如此一来,巴厘(但这仅在理论上而非事实)是受命于一个京都的[11],它的内部组织不仅通过空间,也通过庆典、社会分层和行政机构展现了王国的整体结构。在卡琅噶森王发动叛乱后,最高君王向内陆逃到了今天邦利所在之地;那些君王(除了卡琅噶森王,他们仍是忠心不渝的)都各自归国。待平叛后,国王(或其后任)没有重返在精神方面已受怀疑的给给,而在克伦孔开始了全新生活,不过那些曾经毗邻而居的君王都仍然分踞各方。据说,同样的过程——分裂和空间性分离,也继续向父系世系表示名义上的服从——也很快在每个地区和分区蔓延开来,但不一定都必然经由暴力,由此诞生了几十个(大的、小的、很小的和极小的)王室,缀满已知的历史地景中。

最终,在 19 世纪造就了一座宛若杂技幻人肩荷的金字塔,它由众多拥有不同程度的实质自治和实际权力的“王国”组成。巴厘的大王们肩扛着最高君王,他们又站在那些因他们而获致各自地位的小君肩上,恰如他们的地位是从最高君王那儿获得的一样;世系如此这般依次延续下来。然而,整个

构造从一开始就是坐落在庆典和声望之上的，而且正如我们将在下文看到的，谁的实际政治支配和服从越是脆弱，谁就在这个金字塔上攀得越高；正像另一个比喻表明的，这是一座繁复错杂的纸牌屋，一个等级立在一个等级之上，直到高不胜寒的峰巅。作为三埠郎安及给给的直系后继者，并由此也是满者伯夷的直系继承者，克伦孔依然是各典范中心之最著者。但既然秩序的原初意象是经由一连串更小的中心折射的，它们依照它折射满者伯夷的模式再来摹仿它，那么，可想而知，由于它是经过渐趋粗糙的介质播布的，它的意象也随之星光渐黯。

它不只是在地理上沿着“水平”方向黯淡下来，而且作为也是我们可以称之为“地位衰变模式”的文化溶蚀之内在过程的结果，它还经由代际“垂直地”逐级消磨着。

地位衰变模式基于下述观念：人类是从神变来的，不惟在系谱上，在拥有更低的内在价值方面也是如此。其衰变尺度逐世系而变，在历经各种世界性事件和社会事故后，最终沦为纯人类，由此演变为当前的、异常复杂的声望阶序制度[12]。由于其令人目迷的印度教式外在特征，这一制度通常称种姓制，但在巴厘，最好还是称作“名号制”或“名号集团制”。至少在理论上，它赋予巴厘的每个人(或更准确地说，每个家庭)以一个在声望阶序中天 17
生的、确定的和就个体而言不可变更的地位。每个人经由名号获致的地位都反映了其父本世系的神话历史，其世系从其神性祖先的源头渐次下降到目前的更少庄严性的位置[13]。不同世系(即，不同名号)的声望具有质的差异，这是由于衰变速度不同而导致的；它们并非都衰降到同一个层次上。与印度的个人种姓不同，当前等级并非是他本人的行为此前化身的结果，而是由不可逆转的历史造就的[14]。

就巴厘皇家世系而言，这个模式的外在表征十分醒目，同时，在意识层面上又异常明晰。

一如所有人类的世系，世系肇始于神，他的名号当然是“拜塔罗(*Batara*)”。这个名号依次经由拥有“摩布(*Mpu*)”名号的各个半神人物传承到巴厘首任爪哇王的父亲，他是一个冠有“丹姜(*Dangiang*)”名号的婆罗门僧正。然而，克莱斯纳·凯巴吉孙王本人从到巴厘伊始就不复是一个婆罗门，而降到刹帝利的地位,结果,他的名号不再是“丹姜”而是“答伦(*Dalem*)”,所有的给给君王们也都冠有这个名号。这些君王中的前六位在驾崩后都直接飞升极乐世界,没有在凡间留下肉身(*moksa*,尸解),但在第七任君王当国之时,爆发了给给覆国的内战,他死得平淡无奇。此外,他是最后一个称“答伦”的国王。他的后任即克伦孔的立国者,称“提毗阿贡(*Déwa Agung*)”,这是一个更低的名号,所有后来的克伦孔君王们也都拥有这一名号[15]。

这个过程也发生于地区性的“次级”君王身上。他们不是(最初的)婆罗门凯巴吉孙的后裔,而是作为其臣僚的爪哇刹帝利(他们也在转换中降等了)之后裔,因此,他们开始于更加低下的等级并渐次衰降,在不同程度上和出于不同原因,包括他们那最初的“过失”,即离开给给而分别创立了尼加拉。第三级分裂,即那些依次离开地区性国王的宫殿而在附近建立了自己的新宫殿的国王,他们的名号就更低。如此这般,依次类推,直至沦落到乡绅这一最低层次。因而,如果我们将那些并非始终完全一致或可被统一察知的民族志细节暂放一刻,就会浮现出这样一幅总体图景:地位和精神力量的全面衰落,不仅发生于那些从统治阶级之核心移走的边缘世系,而且当边缘世系从其侧近外移时,核心本身亦复如是。通过其发展过程,曾经统合一
18 体的巴厘国家的典范力量在其中心不断削弱,而在边缘也是同样。至少巴厘人大略作如是观。

4

然而,这并不被认为是一种无从避免的朽坏,一种命中注定的从黄金时代的堕落。的确,一些博学智者曾随手援引印度教的“纪”、“劫”体系,将现在视为“末法时代”,也就是新的轮回开始前四个伟大时代中的最后一个也是最没落的时代,但总的来说这在巴厘似乎从未成为一种特别重要的观念[16]。对大多数巴厘人,这一衰落不过是历史碰巧发生的,而不是命中注定的。因此,人们,尤其他们的精神领袖和政治领袖,既不应该妄想倒转时轮(因事件不可变更,这种努力便如镜花水月),也不应该颂扬它(既然它是

从黄金时代堕落而来的末世，这也毫无意义），而应努力抵消它——也就是说，直接、切近并不遗余力地生动重现那种文化范例，给给与满者伯夷的先人们难道不曾在他们的时代里据此指引生活么？正像格雷戈里·白特生指出的，从该词的确切意思来说，巴厘人看待过去的眼光几乎全然是非历史性的。[17]就他们所有的解释性神话创造而言，巴厘人探究过去，与其说是为了现在，不如说是为了今天应以之为准绳的标杆，换言之，是为了那个永恒的模式，现在应以它为模范，只不过，由于意外、疏漏、失于检点或大意等缘故，他们没能成功地追循它。

正是由于试图遵照过去曾经拥有的图景对现在加以几乎纯审美性的校正，王公们才会不遗余力地依靠壮美的庆典戏剧场面来着手实施。从小侯到大王，他们都一直孜孜不倦地在各自的层次上建立一个更加真正典范的中心，一个真实的尼加拉，即便在壮美的程度上它不能与给给比肩或不能接近（连更加雄心勃勃的人都极少怀有这种热望），它也至少能够摹仿，并力所能及地重造文明的华美形象，古代国家曾经体现了这一文明，但后古代国家的堕落却玷污了它。

就此而言，19 世纪巴厘政治可以视为摇摆于两种对抗力量间的张力：典范国家仪式的向心力和国家结构的离心力。一方面，由这个或那个王公领导的公众庆典确实可以拢揽人心。另一方面，政权又具有内在的分散性和分化性特征，这个政体可看作一种由数十个独立、半独立和准独立的统治 19
者组成的分立性社会制度，或者也可以称之为权力体系。

如前所言，第一种因素，即文化因素，来自于呈下降趋势的顶端和呈外向趋势的中心。而正如下面将会看到的，第二种因素，即权力因素，生成于呈上升趋势的底部和呈内向趋势的边缘。由此造成的结果是，典范领导权的雄心范围愈是广大，支撑它的政治结构就愈是脆弱，这是因为它不得不更加倚赖于联盟、诡计、诈术和虚张声势。在完美的展示性国家这个文化理想形象的牵引之下，为了更大、更隆重的典礼，王公们都不遗余力地扩大动员人力与物力的能力；同时，为了举行典礼，就须修造更大、更壮观的庙宇和宫殿。然而，当如此行事之时，他们就是在和政治组织形式的题旨唱对台戏，这些组织的本质不断趋于分化，尤其当面临不断增强的统一压力之际。但是,不管是否真是与这种题旨唱对台戏,他们始终都在与文化妄想症和组织多元主义的悖论作肉搏战,而且并非没有收获一时之功。设若不是现代世界最终遏止了他们,那么毋庸置疑,他们至今仍在与它缠斗不休。

地理与权力制衡

判断南部巴厘地形是完全山地性的还是完全海岸性的,这要看你是站在火山斜坡面向大海,还是站在海岸面朝斜坡。若站在两者之间,你就能够从各个角度环视四方,在上方能看到火山锥,高耸 5,000 或 10,000 英尺,直插云霄,下方则是黑若沥青的拱形火山锥,宛如一口巨镬上满沾烟灰的锅沿。

这幅图景,一个由水稻梯田和遍布棕榈树的自然陆架构成的层级,其规模具体而微:紧密、和谐地叠融一体。从拜都山上的巨大火山湖到这一地区的大致中心、下方约 3,000 英尺的吉安雅仅约 25 公里(见地图 1)。从密集型水稻农业最高种植线(±2,000 英尺)到海岸的距离,从西方(即塔巴南)
20 出发仅约 15 至 20 公里,从中心(即登巴萨)出发仅约 20 至 25 公里,从东方(即克伦孔)出发则仅约 10 至 15 公里[18]。横穿距离,即从塔巴南经登巴萨、吉安雅和克伦孔到达卡琅嘎森,经由荷兰人修建的盘山公路,大约有 60 公里;直线距离约 35 公里。在这个逼仄之地,总计大约 1,350 平方公里的面积上,今天(1971 年)居住着巴厘 210 万人口中的大约 80%,每平方公里约 1.5 万人以上。虽然人口规模肯定不在同一个层次上,但也没有什么理由说,19 世纪,或就此事而言,大部分巴厘历史的聚居类型会判然有别[19]。如果的确曾存在过一个培育殊异文明的温室,这个舒适的小型露天剧场就是它;而若最终绽放出了一朵奇兰,或许我们就全然不应有什么惊奇之感。

整个地区不仅仅呈现为纸盒式的维度,它还被众多深邃的河谷切分,这些河谷顺势而下,直通海边,将整个南部灌溉水系切分成一组细小的、馅饼状的长条。居住区都沿这些长条分布,坐落在众峡谷中间的狭窄突出地之上。如此一来,东西(或横向)交通就比南北交通,即纵向交通要更为不便。即使到了今天,一个生活在这样一条凸地上的人会发现,走下去直到公路,再向东或向西走一两公里,然后翻越附近的突出地带,比横穿这片地势容易得多,驮物时特为尤甚(实情正是如此)。(只能用摩托、脚踏车或马车,此外别无他法。）

公路在19世纪还不存在，横穿不说没有可能，却也异常艰难。例如，在1876年的邦利，要旅行8公里走到克伦孔，得经过至少7道深邃的、无梁可渡的沟壑；若是出口货物，那么，经由卜来伦，走上70公里左右，翻越山梁直到北部，比起经由向东20公里的卡琅噶森，要轻快得多。更远的近海南部，地势没有那么崎岖，延伸开去成为一片狭窄的（虽然不那么平坦的）平原。但一位王公如果想要去拜望邻居，那么，先走到海岸，再乘船沿海岸行驶到一片合适的地方抛锚，然后再走向内陆，比直接陆行便利多了[20]。就国家组织而言，这种地形易于建立一种纷繁复杂、非单一化的地理政治力量场域，而其政治活动当然绝不会是统一的。

2 21

就这幅图景简单地说，为了控制任何一组特定的突出地带，那些海拔较高、上朝山脉的王公和那些海拔较低、下临海洋的王公始终在进行着纵向的争夺，而某些在这些为争夺作为一个整体的灌溉水系之控制权而展开的地方竞争中较为成功的王公还会展开横向的争夺。若再以更复杂的眼光来看就会发现，这两种过程，第一种是初级的、小规模的和持续的；第二种则是次级的、大规模的和散见的，它们不仅是同时发生的，也会相互交叉。地区间竞争的"国际"政治活动与地区内对抗的"国内"政治活动互相叠加，甚而混同在一起；它们并不是在一些封闭国家即微型帝国（imperium）之间发生的，而是通过整个不规则地散布于全境的敌友网络激发出来。随着从这一体系自下而上的逐级过渡，其政治也随之改观，但其本质没有根本的不同。即使边缘地区的政治动荡也会波及其余，而一旦围绕全岛范围的权力平衡发生巨变，哪怕是在最偏狭的情境中也会如影如响。

在社会学意义上，纵向（小规模的）权力斗争比横向斗争更为关键，这对巴厘政治特征有几种意义。首先，也是最显而易见的，这意味着，由于它们全然是地域单位，南部巴厘的领土走向始终是南北向而非东西向的，看起来像细长的皮条。其次，这意味着，高度，也即斜坡上的位置，对王公采取何种相应决策的观念来讲是一个最显著的地理因素。其三，这意味着，每一地区的政治重心都会倾向于选择山地与平地的交汇之处。

在这一上下走向中，政治表现为：下方、面海的王公一直致力于控制（“驯服”也许是一个更确当的词汇）那些上方、面山的王公；同样，上方、面山的王公也始终想要独立于正处下方的王公并削弱其权力。因而，高地王公的短期兴趣始终是如何维持至少是本地的总体分裂状态；而低地王公的兴
22 趣却是如何实现大一统。换言之，地区统一与否——地方性独立或分区性独立——随海拔高度而有所变化。除了一个可能的例外[21]，19 世纪巴厘所有真正强大的王室都在最南部，在某块或几块高地上割据山头；除了巴塘（一个对它多少有些不利的条件是，它一直远远地延伸到低地地带），所有这些强大王室几乎都正好处在 350 英尺海拔线上，恰好在平原开始之处。

由此造成的结果是，一系列倾斜的长条地带逐个排开，平行布列，几乎每一个都是首鼠两端：如果低地王公掌控了大局，就会出现一种虽彼此合理切分、却又异常复杂的政治一统状态；而如果他们无力掌控局势（此乃常态），就会出现一种同样复杂的、近乎无政府的状态。低地王公的权力愈大，他的权力就越不倚赖对农业剩余财富的控制程度。虽说在平原上梯田和人口密度更高，但山地梯田的灌溉条件更佳，产量也更高。大体说来，在地区富有程度及其最高王公的权力之间没有什么必然的联系；而且正如我们将会看到的，政治组织的本质造成了土地“所有权”与人口“所有权”实际上是彼此分离的，因此，在某一领土内的财富与权力的联系与领土之间的财富与权力的联系比起来也强不到哪里去。毋宁说，在大多数实际情况下，低地王公的疆界取决于它们在交通网络中的战略位置，而这些疆界总是不可避免地处在动荡当中。

在这种地形状况下，平原边缘地带实有控东西交往之战略意义。塔巴南—吉安雅—克伦孔弓形带上的王公们先据要路之津，不仅可先行合纵，再行连横，他们还可凭藉外交或战争手腕，在合纵连横的基础上再建联盟，虽然这种联盟十分脆弱，一般也不长命。一个王室所处斜坡越高，越不可能行合纵之盟；而斜坡越低，越有可能施行合纵。在总体层次上，巴厘政治是几何学性质的——土地几何学——而非算术学性质的。

在保持独立（或半独立：在这一总体体系的任何地方都不可能形成真正的霸权）的缠斗中，高地王公手握一些独门武器。首先，在水利灌溉方面，他们的地理位置更具战略意义，可以切断或威胁切断斜坡下方王公们的水源供应[22]。其次，由于地势更为崎岖不平，当面临外敌压境之时，这种地形可 23
以成为高地王公的天然金汤；事实上，在最高海拔处，的确还有少数实行旱作的农民社会，他们不受制于任何王公[23]。第三点，也是最重要的一点，对于高地叛乱，邻国王公总是会乐观其成，这能帮他削弱低地的敌手[24]。由此一来，不论在哪片领土内，政治局势总是扑朔迷离，戛戛乎其难言，今日向低地首府称臣，实现短暂的统一，没准儿明日又忽生叛心，再次分崩离析。正像巴厘国家组织的其他任何方面一样，这都只能相对而言；在多数时候，每个地区都存在着一个大致相当于中央王朝式的东西。但即便你愿意将它当作一个政权来看待，它也顶多算是一个不稳的联盟，一个暂时的格局，的确有人想要维持现状，但还有同样多的人想要打破它。

如果纵向冲突是冲着并远离平原的边缘地带展开的，横向冲突就会沿这个边缘地带展开。在整个巴厘南部，此时的政治重心就会移向塔巴南-卡琅噶森弓形带的核心（即，吉安雅—克伦孔地带之内及其外围）；政治过程会忽而涌向这一核心地带，转瞬间又从此地消歇，因此，这一地带也会时而分裂，时而统一。

在这种大势之下，至少在19世纪，从未达到很高的大一统局面。一旦有谁觊觎全岛范围的控制权，马上就会在其他低地王公之间引发激烈对抗；与那些心系一地的统一者相比，一个心怀远志的统一者面临的政治问题显然更为复杂。靠近中心的王公们一直梦想着扩张势力，即实现跨区控制，而那些东、西两端的王公们关心的却是怎样独善其身。在任何时代，何种潮流更占上风，端赖于各地王公们能在多大程度上有效控制各自的地域。如果中心公国坐大，则纵向关系更为多样化，此为其大势；而如果边缘公国坐大，纵向关系就会大大减少，此亦是其大势。但是，哪怕地区内部平衡状态出现了些许裂痕并有利于统一者，那么，跨区的平衡状态就会出现更大裂痕，从 24
而抵制这些统一者。

3

简言之,对古代巴厘政治组织的鸟瞰没有显示出一整套遵照等级化阶序原则系统地组织起来的独立国家,而后者的特征是,国与国泾渭分明,跨越划定边界缔结“外交关系”。它也没有展示出由处于绝对专制的、“治水型”或其他类型的暴君统治之下的“单一中央集权国家”实行的全面统治。它所展示的是由高度不同的政治纽带组成的扩大场域,这些纽带在这片地形上的各个点上结聚成范围不等、强弱不同的网结,又以盘根错节的方式再次撒布出去,最终将每件事物紧密地彼此联结在一起。虽然某些地区公国间存在着中间地带,有时还特意划作无具体归属权的公共地带,各方间谍及代表往来穿梭于其间;但是,边陲“不是明确划定的边界,而是共同权益的地带”,更不是将“国”与“国”分割开来的“现代政治地理意义上精确的麦克马洪线”,它是过渡区、政治交错带,各个毗邻的权力体系能够藉此“机动灵活地相互渗透”[25]。

在这个分散的、变幻无常的场域的每一个点上,斗争更是为了人——为了他们的服从、支持以及个人效忠——而不是为了土地。政治权力更是经由人而非财产的方式进行传承,是关于声望的累积,而无关乎开疆拓土。正如饬令、条约中的记载,以及传说或访谈人的记忆所表明的,各公国间的争端最终都无关乎边界问题,而是与双方的地位、应有礼节的细碎问题相关(一场重大战争可能直接起因于,某人在一件鸡毛蒜皮的事情上不慎用了失礼的措辞),与举办国家仪式和进行事实上是同一件事情的战事而动员特定人群甚至是特定人员的权利相关。

孔恩(V. E. Korn)讲过一则南部西里伯斯人的逸闻,本地政局与巴厘政局相去无几[26],这使得此一地点成为对西方传统智慧的绝妙讽刺。出于通常的行政管理考虑,荷兰人打算一劳永逸地给两个小国勘定国界,于是乎,他们将两位当事国王召来,问他们边界究竟在哪。双方都一致同意说,
25 甲国的边界在他仍能看到沼泽之最远处,乙国的边界在他仍能看到大海之最远处。那么,难道他们不是为了能看到沼泽或大海之处的土地才打来打去吗?“尊敬的阁下,”一位白发苍苍的国王答道,“我们打仗有更好的理由,可不是冲着这些不起眼的小山头。”

第二章　政治机体：统治阶级的内部组织 26

继嗣集团和衰变型地位

在传统巴厘南部，作为权力均势之基础的各种制度的复杂性与这种权力均势的复杂性相比起来毫不逊色。最根本之处在于，贵族和农民之间存在着根本的先赋性区别：有些人的名号可以确保他们有先天的特权来获得村落权威，而另外十之八九的人的名号却让他们与特权无缘。前者统称“三贤”（*triwangsa*），共有婆罗门、刹帝利和吠舍三个高等种姓（即，瓦尔纳）。后者是第四个种姓，即首陀罗。前者又称“旺耶罗（*wong jero*）”，或（笼而统之地）“毂中人”，由他们中间产生了巴厘人的领袖。后者又称“旺雅拜（*wong jaba*）”或“局外人”，从其中间产生了追随者。

然而，这种概括是失之于简了，实际状况远不是这么整齐划一的。首先，不是所有拥有“三贤”名号甚至更高名号者都能随时担当实际的重要政治角色。在那些“掌权人”（即，能够控制实际统治工具的人）和那些不“掌权”的人之间存在着深刻的区别：前者接受首陀罗的敬意和服从，后者却仅能接受敬意。伴随人口的自然增长，对权力拥有先天特权的个人数量也越来越多[1]，但他们却不能实际染指权力，而早在19世纪以前，掌握实权的统治阶层就已经在贵族整体内部形成了少数派。不过，即便如此，作为一个“三贤”，一个“毂中人”，也至少意味着他是一个潜在的“拉甲”（*raja*）；每一个上等种姓的人，无论在政治上是如何地微不足道，都能成功地在国家中谋到职位，
因此，通过耍弄手腕、拍马逢迎、投怀报效或仅仅是凭借好运气，他有望进一步 27
从这种职位获取权威，因为他的高贵血统确保了他具备理论上的资格。

不过，即使这幅图画也是不完整的。虽然首陀罗不能成为真正意义上的王公、王子或国王——由于他们与生俱来的缺憾，他们不能成为真正的典范人物——但正像大量例子表明的，他们仍可在全村落层次的政治生活中

担当主角[2]。在另一端上，虽然婆罗门有资格获取巴厘文化中声望最隆的地位（除王位外），即湿婆僧正（*padanda*）地位，但除了少数有着严格限制的例外，他们却在整体上不得接近领导权的具体机构。

用韦伯的术语说，首陀罗能够获致为了确立实际权威而必需的权力，却无可避免地缺少道德资格的装饰品，这也是确立实际权威不可或缺的；婆罗门完全具备此种资格，他们事实上是文化精华的完美载体，却不能获得必要的权力。惟有刹帝利和吠舍可以得陇而望蜀，从而能够获得真正的权威、实质的正当性，并成为整个体系——僧正、平民和较不成功的贵族——的根基和运转的中轴。

2

第二种制度，毫无疑问也是国家组织据以为基础的最富影响力的制度，是各种类型的亲属制度，它们不同寻常，甚或非常独特。上层种姓成员分属于这些大大小小的父系继嗣群[3]，它们可以称为宗族（lineage），但在结构上却全然不同于现代人类学作品中通常描述的那种宗族。

首先，这些群体实行的不是外婚制而是内婚制，最优选的婚姻是与父系平行堂表亲（即，从男性己身而言，他的父亲的兄弟的女儿）。其次，新群从旧群中的生成不是通过旧群的劈分而实现的，而是随着新群在旧群内的出现而实现的。更准确地说，这个过程应称为分蘖（differentiation），而不是分节（segmentation）①，旧瓶尽可装新酒，在总体上，这一过程是通过其内部自身的变化完成的。其三，更大整体的每个分蘖部分都按照诞生次序来明
28 确定级。这也就是说，随着时间的流逝和新分化群体的不断产生，它们的等

① 在此，分节（segmentation）指的是在涂尔干的“环节社会（segmentary society）”分类影响下，梅耶、福忒斯、埃文思-普里查德等人的非洲社会研究中的宗族类型，各个宗族的分支虽然在谱系上可以追溯到同一个（真实的或传说的）祖先，但它们彼此之间的地位和法权都是平等的。Differentiation 则是一个完全不同的模型，一个新的分支在形成后并不独立于它原出的宗族单位，而是分别根据自己的地位与亲疏层层落落地挂在“老枝”上，但又不同于“谱系树”模式，在此酌译作“分蘖”。——译者［本书中的脚注均为译者注。］

级也随之发生变化：一旦新群出现，较老的次群就随之沉降到一个较低的地位上。如此一来，最终产生了一种阶序性的、富有弹性而又具备完整体系的继嗣群结构，政治权威的实际配置就基于这种结构。名号制度要求合法化，亲属制度则赋予它具体的社会形式。

这种制度的基本单位——准宗族（quasi-lineage），巴厘人通常称之为*dadia*（家支）[①][4]——由所有自认源于一个共同祖先之父系后裔的个人组成（以贵族为例，这个或那个声名显赫的满者伯夷移民的后裔）。无论家支规模多小，例如没有政治权力的“三贤”，或多大，例如握有政治实权的世系，每个家支都是一个完全自足的共同体。家支从不会在血统、地域或“种姓”的基础上结成任何一个更大单位。而且正如下文所表明的，即使内部已经高度分化，在最根本上，它们也是不可裂变的：它们从不（无论如何，在理论上）分裂成彼此独立的分支。

在任何地区、亚区或地方，或全巴厘的层次上，都是这种家支在角逐权力，同时，当权力巩固后，它们就进一步在仪式层面上谋求合法权威。无论由20人还是200人组成，它们都是国家组织中不可化约、不可混同的单位。能屈能伸，能盛能衰，能胜能败；但不论怎样，它们既不能劈分，也不能（除非是在非常情况下结成的联盟中）联合。如此一来，家支制度的天生癖向最终走向了政治山头主义。正是这些群体黏合剂（内婚制、不可分性、内部发展之潜能）使之很难在继嗣的框架内实现更大范围的整合，以至于根本没什么可能性可言，同时也将巴厘政体派分成一组大小、势力和结构复杂性都各异的对抗性宗派。

从内部来看，家支也远非简单地模式化，无论作为一个整体的群体获得了怎样的政治权威，它内部的权力配置也不会均衡，其方式既复杂，又简单。一个家支越是强大，它的内部结构就越是分蘖严重。内部结构的分蘖越严重，整合问题也越棘手。对外的政治成功却造成了内部的政治紧张。当一个强大家支开始走下坡路时，它更多地是由内瓤开始败坏，而不是由外来压力造成的。

当家支正在成长时，在它的内部就孕育着同样总体构造的次群体—— 29

① 作者明确表明，dadia 不同于现代人类学作品中通常描述的那种宗族，并称之为“准宗族”，且文中 *dadia* 和 lineage 这两个术语交替出现，因此在此将 *dadia* 和 lineage 分别译为“家支”和“宗族”。若非特殊用法，下文不再注出。

即是说,一组彼此分立的首选内婚制父系亲族,它们组成了雄心勃勃的仪式和政治共同体。不过,虽然每一个单位都是整合的、独立的,这些次群体却不会从父辈家支中分离出来,后者仍对之拥有司法、道德和宗教上的优势。当面临冲突时,会优先顾及更大群体的利益;次群体全体成员被认为源于并附属于家支全体成员的,次群体成员也没有与家支外群体直接打交道的合法权力。此外,在任何家支内部,不是所有成员——在许多情况下,甚至大部分成员——都属于这样一个次级群体。这与分节结构是十分不同的,在分节结构中,每一个个体成员在任一个裂变层次上都只能属于某一个分支,但“次级家支”成员资格与此不同,它不会扩张到整体家支成员资格上去;因此,家支是某个次级群体的成员与留籍成员的集合体。最后,在最大或最重要的家支中,三级分蘖有时也会发生,次群体(三级家支)又依次在次级家支内部形成,它们和次级家支之间的总体关系就如同次级家支和家支之间的关系一样。这样看来,它们的整体结构更像是一整套千层盒,而不是一棵不断分枝增杈的系谱树(见图 1)。

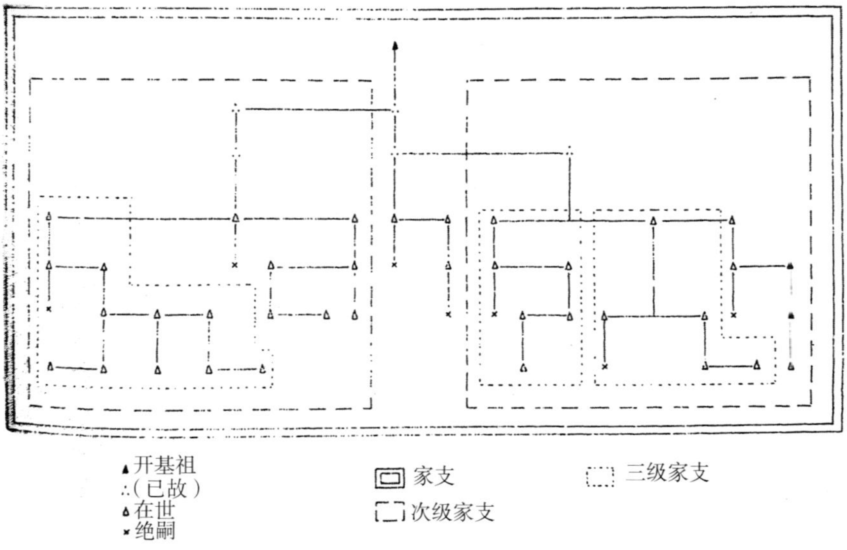

图 1 家支构造模型(女性从略)

30 然而,从理论上讲,虽然小群服从大群,但权威实际上是沿着次群体世系配置的。正如许多家支会在一个地区内角逐权力一样,次级家支——更小、更紧密的网结,每一个都试图成为继嗣群的内在的辉煌中心——也同样在家支之内争权夺利。但是,虽然跨家支竞争不受继嗣机制的羁绊,竞争者之间也谈不到什么关联,但在家支内,这种竞争却十分小心地约束起来。如果说,在更大的政治戏台上,家支可以在任何一个层次上不择手段地行事,却不能兴萧墙之祸,各个次群体在逐鹿时都不准肆意地玩弄政治构争的游戏,不允许各个山头展开激烈的权力之争。一如它所表明的,内部整合总是偶一为之:部分一直威胁着要吞并整体。但如果不能理解次级群体等级的以继嗣为基础的体系,就很难明白此种整合究竟如何存在。

3

家支的内部整合体系堪称总体文化层次上所称的“衰变型地位模式”的对应制度,在此可依照更具体的社会学惯例表达为父系亲属制和长子继承制。

每个高等种姓家支都拥有一个由历代嫡长子组成的大宗[5],它那不曾中断的纯正血统可以上溯到最初的满者伯夷时代之开基祖,其当前的代表则被视为家支的高贵人物。无论在什么时代,高贵的次级家支就是当前大宗的后裔所属的次级家支;高贵的“三级家支”首先是他所属的扩大型“父系家庭”;而他本人则是典范王权的家支候选人。

在任何一代,最高王公总会有众多别子,因此,随着大宗的逐代传承,就会不断产生众多小宗,每个别子都创立一个小宗。从诞生之初,这些小宗也以长子继承制方式逐代传递,从而又形成了众多分立的小宗,但相对于大宗的地位而言,它们的地位却随时日之流逝而逐渐、自动地衰落。因之,在第一代,与大宗相比,这些小宗在诞生之初就已经衰降了一个级别;因此,如果我们给大宗任打一个“地位分值”,比方说,10,由大宗王公诸弟所立小宗的 31
分值就会是 9。而等到下一代,这个过程又会重复发生。大宗的分值将继续是 10,由该代最高王公的幼弟们所立新宗的分值将是 9,而那些在上代所立小宗就会降落到 8,其等级为新近诞生的次级世系和在其内部生成的次级家支所超越。然后依次延续到第三代、第四代,在理论上可至无穷代(见图 2)。

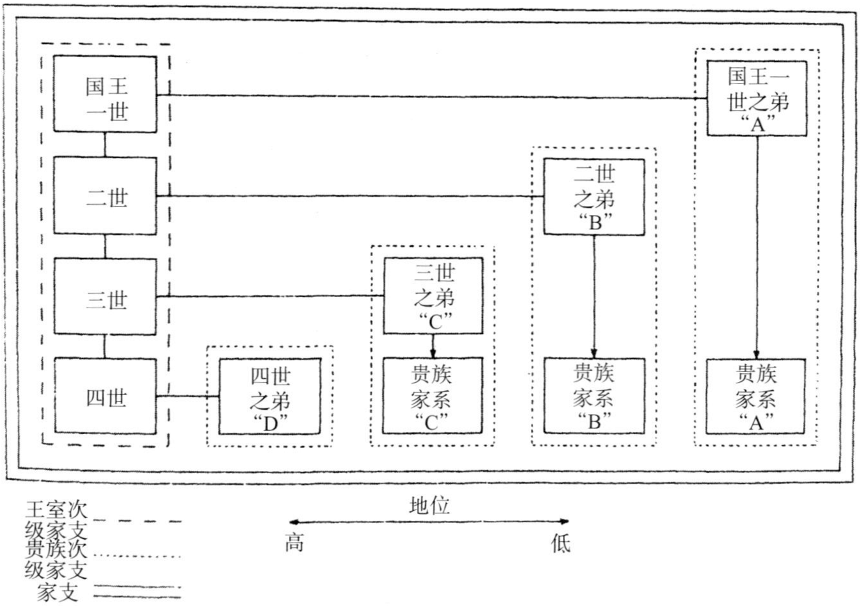

图 2　贵族继嗣：衰变型地位原则

当然，这种描述是十分简要的，是一个理想的模式（一个具体的例子将在下文第三章中展开）。但要旨在于：各世系与在位的最高王公即当前大宗领袖的亲密程度决定着它在统治家支内部的相对地位。次级家支从中生成的世系愈是“古老”，它聚合为一个社会实体的时间就愈往回溯，因此相对于其他同代世系，它的正式地位就越是低下。真正重要的是这一普遍原则，而不是任何自发性系谱分化过程；因为，如同在其他以继嗣为基础的制度中一样，系谱可以而且一直被操纵着用来赋予当前的权力格局以正当性，并调整当前的声望角逐。衰变型地位的观念，等级及其与当前大宗领袖的密
32 切性之间呈正相关关系的观念（这些观念在平民家支中全然不存在，这些家支中也无系谱留存，而次级家支亦未正式定级）从内部塑造了家支，并为它提供了社会结构形式，权威差别也由此得以显示出来。但差别的真正原因，导致差别存在的起因，却与政治的现实运作而非亲属法则具有更大关系[6]。

继嗣群组织（如果应这样称呼它的话）的诸种原则之运作所导致的具体结果是，占据重要政治地位的家支是由一组遵照等级秩序排列的“王族”家

支组成的。每一个家支都拥有一定程度的自身权威，但所有家支都被认为和其他家支具有父系纽带关系，而且尽管它们之间的实际对抗相当强，它们也被看作更大继嗣群体整体中不可分割的部分。

由于等级错落有差，这些家支有的称作“菩犁（*puri*）”，有的则称“耶罗（*jero*）”。大宗家支通常都称“大菩犁”（*puri gdé*）；那些“更近”、“更亲的”王侯家支则称“某家菩犁”，这种称呼本身多少有些随意；而那些（在系谱上）更疏远的家支则称“某家耶罗”。其他大量关于相对地位的符号都在文化层面上明确地表达了这种正式的结构：不同家支的领袖（以及成员）间的微妙的头衔差别；规定着家支应彼此遵循的敬意习俗的各种精微礼节，包括高度发达的差异语言运用；宴会、座次、优先权及婚姻的明确规则；对摆设、建筑物的类型和家支的“宫殿”装饰的诸多具体而微的消费规范，还有居住者的适当服饰的规范；关于仪式权利及义务的繁琐规定，其中最广为人知的就集中于火葬和死亡仪式上。诸如此类的繁文缛节无不达到了令人瞠目的地步。如同总体情况所表明的那样，公共生活的驱动力是地位礼仪。王室文化对仪式主义不遗余力的追求不仅仅是政治秩序的遮羞布，而是它的实质。

因此，从结构上来说，“三贤”家支（更确切地说是吠舍家支或刹帝利家支）本身就是一个国家，或至少是雏形国家。当然，家支的边界并不意味着 33
政治关系本身的边界也是如此，而是标志着那些由父系纽带制度赋予明确形式的政治关系的边界。在家支与家支之间，充满着诡谲、暴力和狡诈的讨价还价；但在家支的内部照样充满了诡谲、暴力、狡诈的讨价还价和家庭效忠的塑造力。父系继嗣、优先内婚制、分支的禁止及次级群体的等级化，共同将家支打造成一个拥有统一权力的团体，事实上也是整个政治世界中的唯一团体。在巴厘的尖角地带和山岭地带上纵横捭阖的单位并不是王公和王室：竞争单位是由这些王公充任象征领袖的家支，是他们那作为文化焦点的王室。

4

不过，说家支是拥有一体权力的群体不意味着它们是铁板一块。正好相反,在它的内部可谓是山头林立,比起家支间的冲突,萧墙之争有时会更激烈,更频繁。

家支首先是由王室家系和贵族家系、菩犁和耶罗组成的以继嗣为基础的联邦式组织,虽然它们不能脱离或大幅度改变正式权威结构,却能够因此为争权夺势而展开争斗。各个王侯家系被当作核心世系王公的名义上的"手"(*manca*)或"仆"(*parekan*),但实际上王侯家系要远比他强大。从法律上来讲,附属家支不能随意直接与其他家族的家支打交道,可事实上,当这种诱惑有可能大于潜在的风险时,他们往往干得不亦乐乎,他们会想尽办法把己方阵营中的竞争对手踩下去,抬高自己的地位。名义上的等级规范当然必须要遵循,但这不意味着大宗之君不能接近高等世系中的低等家支,因为低等家支的威胁显然要更少一些;也不意味着他们在抵制内部的反抗时不能求助于外人,同样也不意味着不能求助于跨亲属关系的权力工具。

地位和权威的核心—边缘式继嗣模式提供了一种颇为便利的框架,在这种框架中,政治权术能够以一种较具秩序化和(通常)更少公开暴力冲突的方式实施。但它既不能削减暴力,也不能将政治化约为单纯的行政管理。与家支间斗争的规则相比,家支内部权诈构争的规则显然要更加明确,也
34 更能得到遵守。但对抗依然热火朝天,野心依然肆无忌惮,妒忌也依然无从偃息。

门客关系

然而,比起名号集团分层和套盒式亲属关系,国家组织更是如此。除了将人群分为可望赢得超村庄权威的"三贤"贵族与无望如此的首陀罗农民的分化制度,以及使贵族各安其位的衰变型地位家族制度以外,还有第三种社会制度,这种制度给予"国族"政治以确定的形式和特点:门客关系(clientship)。虽然也是在由"种姓"和亲属关系营造的大环境中运行的,但门客关系却与它们判然有别:它不是先赋性的,而是合约性的,不是四处皆然,而是随时偶现,不是例定的,而是非正式的,不是一以贯之的,而是不合常规的。借助门客关系,人们可以跨过身份和亲族的固有界限而铸造纽带,并据以重新安排其内部关系。门客关系依托于这些更基本的集群,并且以之为运作

单位。但是,由于无法逃脱门客关系提供的继嗣身份的樊笼,巴厘人的政治组织几乎不可能超越分离性部落主义的层次。

门客关系的第一个实行场合是家支本身。正如在上文中看到的,一个大家支的昌盛与内部分化在其各个组成部分即诸王室家系和王侯家系之间打造出一整套秩序井然的关系。如果说,这个以继嗣为根基的分层阶序是家支间唯一的关系模型,那么,家支也可以说是一种微缩的官僚机构;我们可以说,它的形式直接取决于亲属纽带的先天模式,而政治地位也无非是简单明了地反映了真实的或想象的系谱历史。然而,实际上并非如此,虽说敬意之向量与声望之分级都十分精确地遵循着这个模式,权势的流向却只是大致上与之相符。几个家系会分成几个山头,操弄着投机性的务实政治,在一个高等家系身后总是尾随着一群低等家系,这才是实情。一个族内山头体系就此建造起来,虽然它始终松散地与正式的权威结构保持一致,却有着它自身的独特形式与运作机制。在中心—边缘性等级模式的给定框架内,仍有一确定的场域可供独立地玩弄政治手腕——对此,没有哪个王公会仅仅临渊羡鱼,怯于涉海。

2 35

虽然门客关系在家支内是很重要的,但真正让它大行其道的,是在越出家支的边界之外。我们可以发现有三种这类既跨出亲属集团以外,又(大多)在地区以内的附属关系:(1)强家支和弱家支之间;(2)刹帝利或吠舍"政治"家支和婆罗门"僧正"家支之间;(3)强家支和重要的少数族群(尤其是华商)之间。在此,在理论上,盟会单位不是哪一个家系,而是作为一个整体的家支(或者说,在华人、武吉人、爪哇人等那里,少数族群也是作为一个整体而存在的)。如此一来,门客关系制造了一张纽带之网,不太规则地撒遍整一个地区——与将单个家支笼络起来的网相比,它当然是很脆弱的,但它有时也是十分结实的,足以强加给整个地区以一种确定的政治形式。

当然,强弱家支间的门客纽带大概只有政治的功用,后者是前者在实际统治体系中的摄行人,下文将对此加以描述。在铸造这些纽带的过程中,武装威胁、经济压力、个人交情、行贿打点及赤裸裸的共同利益都各有妙用。不过，它们的主要制度支柱却是王室家系与王侯家系都普遍实行的一夫多妻制婚姻。

虽然族内婚是首选的通婚方式，但名号集团间的越级联姻——即是说，一个低名号的女性嫁给一个高名号的男性——也是允许的。如此一来，在名号集团梯级中的地位越高，至少厕身于统治绅贵之列，那么，从本家女子的角度来说，她的婚事就越可能是内婚型的；而从本家的男子，尤其是王公的角度而言，他娶进族外或越级妻子的机会也就越大[7]。能在多大程度上留住本族女子，又能从外族娶进女子，几乎可以当作一个家支拥有多高地位的量化标准。而那些较低或较弱的家支为了保住在政权中的位置，却不得不将一些本族女子送给较高或强大的家支。这种关系称做“瓦吉（*wargi*）”。即是说，将一个女子嫁给高贵家支，并承认自家相对于高贵家族的从属地位以及对它的效忠，低等家支就成为高贵家支的瓦吉。给妻是一种进贡的形式，一种示敬的行动，也是一种效忠的宣誓（当然，它并非是牢不可破的）[8]。

36 这种瓦吉关系跨越了“三贤”—首陀罗的地位划分，将贵族家支与坐大地方又地处要冲的庶民家支联为一体，并有助于后者攀爬到准贵族的地位。不用说，一个地方强族的地位越是低下，就越心怀热望，甚至会急不可耐地寻求攀附名门望族，建立瓦吉关系。另一方面，高贵家族总在殚精竭虑地盘算如何方能削弱敌手，梦想着有朝一日凌驾众敌之上；因此，如果力所能及的话，他们总会想法抵制高等家支索取本家女子（在有时候，当高贵家支的摄行人到处物色女人时，他们还会把美女藏起来），而对于本家的女性，他们尽可能地实行内婚制，还要想方设法地搞到一些瓦吉。瓦吉关系一经确立，随后又会在联姻中得到巩固，如此一来，高等绅贵家族在身旁笼络了一帮大大小小的、靠姻亲交叉的受庇家族，经由后者之摄行，上层绅贵家族能够确保对全体人群拥有权威。反过来说，这些纽带也远非牢不可破。在婚姻政治中，分分合合是司空见惯的，其用心之阴险，行事之精明，恐怕连哈布斯堡家都要自叹弗如。倘若应允送出女人又食言而肥，索求一个女子却所愿未遂，或是所获女子并非心仪之人，那么，她们总会成为挑衅叛乱和发动征战的口实。但作为内婚制、跨级婚和一夫多妻制的微妙互动的结果，瓦吉制度仍然成功地建立起一套跨集团效忠网络，将各个层次的有纽带关系的强大家支进一步发展成联盟，即使算不上多么稳固的实体，至少也是松散的地区性联邦组织。

3

第二种超家支门客关系，即统治家支与僧正家支的门客关系，却迥然不同；在这种情况下，声望关系与政治关系一点也不重叠，正相反，它们是上下颠倒的。从种姓制度自身来看，更重要的是，从精神价值、宗教知识及巫术效应等巴厘民间观念类型而言，整个婆罗门集团，特别是神圣僧正的等级，是凌驾于其他所有人之上的。不过，与印度的婆罗门很不一样，巴厘的婆罗门（不管是不是僧侣）从未把持过地方上的政治实权，至少是不能直接、公开地把持，连经济权力也不许他们染指。因此，婆罗门—刹帝利（或吠舍）关系 37
始终是很不和谐的，这在下文仍将加以详论。在宗教领域，婆罗门远比王公优越，他们通过掌握经典传统与深奥的仪式知识而保证自己的优越性。但在政治领域，王公远比婆罗门具有优势，他们通过掌握统治工具而保证自己的优越性。谁也不信任谁，又谁也离不开谁。婆罗门需要王公给他们以政治的支持和保护，以保障其特殊地位；王公需要婆罗门的仪礼技能，以上演戏剧国家的仪式狂剧。诚如巴厘古代法典[9]所说，统治者之于僧正，好比航船之于舵手。缺了谁，都不能抵达共同的终点——即，创造一个尼加拉，一个宇宙论基础的典范国家。

王公与僧正的关系有两种正式类型。第一种关系是，像每个巴厘人一样，每个王公都与某个僧正家支结成一种特别的师徒（师瓦-师夏，*siwa-sisia*）纽带，来自僧正家支的僧正担任王侯或王室家支的仪式顾问。如果该王室家支是当地的最高家支，依附于它的僧正家支通常称“白嘉梵陀（*bagawanta*）”或“辅罗喜陀（*purohita*）”，并被视为当地等级最高的婆罗门家支（不过这仅是在纯粹的声望意义上而言的）。实际上，如果一个重要王公想办一场法会，或如通常所称的，从事一次重大“工作”（*karya*），那么，不但他自己的师瓦(或白嘉梵陀),他的家支中那些较低家系的师瓦,有时连附属家支中各家系的师瓦,都会前来打下手。王公和僧正的第二种正式关系是,王公的法庭通常(虽然不必非得如此)由他的婆罗门主持,婆罗门运用从印度律法中学来的知识判案,正确与否倒还在其次[10]。

在承担这些职责时,即担任司仪与王室法官,婆罗门的主要职责是献策,训示,授业。婆罗门为王公提供宗教—审美方面的导引,王公据以安排自己的王室生活;当然,这要看王公是否打算成为一个体现超自然秩序的微观宇宙,一个通过文明形式体现的模范,不过他当然希望如此。

4

如果说,第一种门客关系,即占据统治地位的高等家支和低等家支的门
38 客关系在功能上是政治的,而第二种门客关系,即统治家支和僧正家支的门客关系在功能上是宗教的,那么,第三种门客关系,即统治家族和少数社群间的门客关系几乎完全是经济的[11]。

尽管早在19世纪,巴厘就遍布着小型“早市”,供妇女商贩们出售生活用品,就像到处早就有了走村串巷的手艺人—小贩群体一样,但大宗贸易却把持在非巴厘人的少数民族手中——尤以华人为最,还有穆斯林(武吉人、爪哇人、马来亚人、阿拉伯人),戏剧味道十足的一两个例子是,也有欧洲人。长途贸易和依赖于长途贸易的地方贸易几乎都垄断在移民群体手中。抛开一些无关宏旨的数字不说,一个发达的本土市场阶级从未在巴厘出现,但在印度尼西亚的其他很多地区,却是屡见不鲜的。

这一分裂性世界与商业的全民隔绝状态在不那么封闭的北部更加令人惊讶,在新加拉惹,一个典型的爪哇海港,即使在今天也依然能够看到平静的巴厘王室城镇,它如今是一个政府机关,坐落在一个小小斜坡之上,你可以想象,它是怎样鄙夷地睨视着紧挨着下面小码头的拥挤、混乱、破旧不堪的“爪哇”街(即,穆斯林)和唐人街;不过谁知道这种睨视是否也不无躁动与垂涎之意呢。但即使在南方,虽然远离香料贸易主航线,这一模式依然相当突出;在每一个主要王室城镇,仍然能够看到封闭的华人和“爪哇人”街

区——甘榜支那，甘榜爪哇——这里的居民几乎全是商贩、店主和各色坐地撂摊的手艺人。

19 世纪巴厘贸易的实质与组织将在下文详述，它与国家的运行密切相关。须在此叙及的一点是：在尼加拉内，所有的外来生意都处在华裔商业大鳄的把持下（但零散的丹麦人或英国人不在此列），他们从巴厘王公手中获得贸易经营权，并向王公们进贡财物作为回报。这些华人（如果他们与一个强大的最高王公立约，也能摇身变为地方名流，住在华屋高栋中，引领巴厘上层种姓的生活风尚，娶一大群巴厘女人为妻妾）掌控着大量代理商和次级代理商的活动——遍布于整个乡村的华人、“爪哇人”和地方上的巴厘人。在一体化较低的疆域内，每一个小王公都有他自己的华人。而在一体化程度较高的疆域内，最高王公的华人有时会赢得“苏番陀”（*Subandar*，“商蕃 39
长”）的尊位，他几乎拥有全盘垄断权，从而将所有外商组建成一个以他为中心的严密辛迪加。这些人有时还会成为大地主（尤其是咖啡园和牧场），在成为藩主的幕后智囊后，反过来又大大增强了自己的非正式势力。

由于担负本国之精神事务的是婆罗门僧正，所以在商业事务方面，他们就与华裔商业贵族缔约，但这一点也不缺少传统的根基。在这边，王公以政治支持换来声望；在那边，则换来财富。

联盟

终于，我们来到了国家组织的最后一个层次，尽管它最缺乏实体性，也最不稳定，此外，也是最不见结果的（除非在偶然一现的情况下），但它依然是最引人注目的，因为，在旁观者的眼中，它是最富有戏剧味道的——这在对贵族政治的描述中已可略见端倪，却尚未深入其里。我指的是在各个地方支配家支间达成的跨地区的、交叉的纽带模式——我们可用联盟而非门客关系来称之（这样可以很好地表明，其中的各种关系在实质上是对称的，而非不对称的）。这是方伎幻人的塔巅，动荡纸牌屋的险峰。

毋宁说，最关键的是那个恰好处在巅峰之下的层级，每个人都处心积虑地想要踩在心腹大敌的肩上以抬高自己：在 19 世纪的巴厘，巅峰总是遥不可及。所有的联盟早晚（而事实上总会赶早不赶晚）都会无疾而终，所有一统全岛的雄图最终都落个虎头蛇尾,所有“同心同德”和“桃园之义”的盟誓也都不会有下梢[12]。荷兰人在1849年后从新加拉惹侵入巴厘,但即使在大兵压境之日,对实在的政治一统的诉求却始终只见开花,不见结果。

事实上,正是由于吉安雅家支在1899年转而寻求荷兰人的武装支援,才导致整个体系开始坍塌。在本岛的政局中,这个家支可以说是举足轻重,有两个精明过人的首陀罗兄弟为之运筹帷幄(“他们在梦里也能夺下一个村子”,一个年迈的访谈人这样对我说),因此它比其他家支更加同心,虽然未
40 必到断金的地步,但他们在19世纪后半叶成功地夺得了全岛的控制权。随着它日渐坐大,所有毗邻的家支都各怀忌心,转过头来一致对付它。而与此同时,它也遭遇了萧墙之祸,它终于决定求援于外,这个决策是致命的,我这么说,是因为一场地方政治斗争由此被投射到一个更广大的力量体系之中,但对于这个体系,这场地方斗争却是微不足道的,遑论有何影响。巴厘国家是从下往上造好的,它的崩塌却是自上而下的。

2

相比之下,缔造联盟的制度框架更是文化的和象征的,而不是社会的和结构的。首先,有一整套复杂的关乎荣耀与礼节的地位伦理,一种没有坐骑、效忠和浪漫爱情的骑士守则(但非炫耀、夸示和激情),从而将所有的伟人与大人束缚在一种爵士共同体中,礼仪具有法律效力,即便作恶也要循礼。正式的和铺张有度的礼物交换,如祖传宝物、商品、艺术表演,以及不时的妇女交换等[13],也是非常重要的。

其次,也是最为重要的,有一种跨地区的宗教仪典,它在“六神宫”(*Sad Kahyangan*)[14]中举行。从众多宫庙中选出六座作为代表性的庙宇,各地的做法都略有不同,但不争的事实是,六神宫以及在宫中上演的仪式不是为了某地或某派的利益,而是为了作为一个整体的土地和人民的利益,是为了给巴厘文明一体性的全体认同感增添象征质料,典范国家观已经让这种认同感深入到哪怕最偏远的王公心中。卜洒吉大“母庙”掩映在阿贡圣火山的高坡上,它十分直观地表达了巴厘的一体性,巴厘与满者伯夷的血脉相通,

以及微观宇宙国家的理想。虽然它可能在印度教时代之前就已经存在了，开国王凯巴吉孙据说却将它立为祖先圣地；这个散落的、露天的建筑的每个组成部分都一一对应着各个地区的尼加拉；在每年阴历四月，本岛的大君们都要以全社会的名义来此献祭[15]。

其三，在一体化的观念层次而不是在具体的层次上，本岛各大政权要互 41
相签订一系列正式的协议，在 19 世纪还采取了书面方式[16]。至少在维护整体秩序的愿景和诺言而非实质方面，这些协约很难算是象征复合体中的关键要素；而地位伦理和神宫礼仪模式显然有着更为重要的意义。这些协约不具备法律公文那般的效力，也不针对重大政治问题，从而为一个真正的“国际”政体搭建一个结构骨架。与礼节、赠礼和世界祭仪一样，它们完全是仪礼性质的，只不过采取了司法的方式。（订约本身就是一件大事，比如在王室婚礼或锉齿礼上，须在某位立约王公的宗庙中举行，由立约人的“钦命”婆罗门僧正在场监督[17]。）尽管如此，在描画这一层次的政治面貌时，这些协议是最有用的文化因素，它们既详尽，又切实。由于浸染了巴厘人的司法观念，当其他跨区制度以散乱、难以捉摸甚至故意搅浑水的方式来表现时，它们却表现得更加明晰，精确。在这个意义上，它们就像《末日审判书》：虽然从历史角度来看，它们几乎什么也没说，但所言之事又是那么地明白无误。

3

这些协议涉及的问题十分广泛，但在我们的眼光看来，协议大多只关注最高层次的“国际”外交事务中那些细枝末节的方面。比如，如何处置逃往外地的盗贼，允许多少武装人员跨境追捕；华人的奴隶若为巴厘人盗走，以及巴厘人的妻子若为华人拐走，应如何赔偿；某人的妻子若遭人掳走或诱拐应如何补偿；对不同“种姓”尤其是“三贤”的惩罚尺度；偿命金赔付原则；王宫的庙制；出售牛、猪、马和鸡的贸易细则，以及发现上述走失牲畜时的处理原则；沉船打捞权；强制还债问题；对外贸易细则；将某王侯家的奴仆抓到另 42
一家支充任媵妾、舞女等；异地旅人的接待细则；售卖伪劣商品（如，“伪币”）

的惩罚；跨区道路的维修；更常见的是避难者如何引渡——所有诸如此类的事务，以及其他更多的事务都在协议中有着不厌其烦的规定。然而，在总体上，那些重大问题——联合军事行动、物质支持、正面权威冲突的解决、媾和或宣战——却统统不在其中。显而易见，这些问题是个人和宫廷幕后的密谋。在习惯(*adat*)法的惯例基础上，这些协议搭建了一个宽泛的磋商框架，如此一来，跨区联盟的真正事务，全岛范围内的权力交易，就可以大行其道，有章可循。若要理解这一重要机制，透彻地理解政治，我们不能局限于协议本身，风物长宜放眼量。

协议确实干了一件事情，即公开指明了谁才是这场超凡游戏的正式演员，也等于公布了本岛最大、最有全局意义的次级政治群体。克伦孔、卡琅噶森、龙目、邦利、吉安雅、帕雅安、明关威、巴塘、塔巴南、任抹与卜来伦，通常三两成群，在所有协议中是真正的立约方。在这个倒数第二的层次上，它们是名正言顺的尼加拉[18]。(在最终的层次上，所有国家都不过是一统克伦孔的延伸体，这个层次在此也有所体现，虽然有些马马虎虎：克伦孔总是无一例外地名列榜首，其世系的正式优越地位是公认的；既含混地对抗它的领袖地位，也声明尊重它的智慧。)虽然帕雅安在 19 世纪初从视野中消失(它是一个短期扮演过重要角色的高地家支，但很快亡国于低坡敌人之手)，卜来伦在 19 世纪中叶亡国(在荷兰人征服巴厘北部以后)，明关威在 19 世纪末亡国(为塔巴南和巴塘所灭)，但在总体上，这个模式仍在文件中逐次延续下来了。

在创造这个政治模式的过程中，协议只发挥了辅助的作用。它们的功能仅是观念性的，而非因果性的。从社会事实来说，连地区一体化都远未达到，顶多结成了一张杂乱的、地域层级的政治关系之网，而协议无非是在这张网上印了一个总体的分类方案，一种文化原型，经过集合简化(radical
43 simplification)，并假手于法律虚拟，这张网看起来拥有一种比其实际状况更井然的秩序。从这些协议(当然，虽然不太明确，还有全巴厘的神庙体系)中浮现的巴厘政局观认为，七八个各自为界、旗鼓相当的国家追随着一个首席领袖克伦孔主权。虽然众多学者都对此深信不疑，但这既不是前殖民时代之结构现实的真实画面，也不是前殖民时代的真实历程。但是，鉴于思想必定产生后果,不论在巴厘还是别处,它对理解这幅画面仍然是十分重要的。

协议本身告诉了我们一个明白的事实:这幅巴厘政治现实的“国际大家庭”画面在总体上纯粹是一个原型;如果非要指出它与较低层次的政治有何不同,那么,可以说,这一层次的政治无非是更莫测,更暴烈。因为,虽说“正式”尼加拉的王公是公约的名义立约人,他们却不成其为统治者,而只是联邦的首领,甚至不过是这些联邦的代表罢了。在“卜来伦”与“塔巴南”于1734年签立的协议中,卜来伦一方有3个王公,塔巴南一方有6个王公。在后来一个由“巴塘”与“塔巴南”签立的协议中,两方都有38个王公。在一个与“巴塘”签立的公约中,“明关威”一方由33个独立王公组成;在与“巴塘”签立一个公约时,“吉安雅”一方由13个独立王公组成,如此等等。这些联盟根本不是一种在两三个或半打地区专制王公之间达成的协约,实际上是一群分立的、半独立的、激烈对抗的政治人物,经由亲属关系或门客关系的纽带凑到一起,组成一个不稳定的阵营[19]。

而说到克伦孔作为全巴厘名义上的首都、核心尼加拉的显赫地位,倒是正好有个故事,为这一现实作了一个绝妙的注解。据说,吉安雅国王的首陀罗顾问将凯巴吉孙本人之嫡系后裔克伦孔王的稻草像吊在吉安雅的广场上,让每个路人都过去踢它一脚[20]。

4

事实上,这些协议设置出来,只不过是编织托词,由此可以打破联盟,而不是为它打造基础。但通过提出(事实上是重申)根本不是正式的、契约性的协定,而是一些没有多少政治意义的约定俗成的或神圣的社会惯习——走失的牛或在逃的盗贼——它们提供了一套指控的借口,让敌意变得正当,而这绝不是一套实现跨区大一统的机制。各方认可的不过是业已公认的、 44
共同的日常习俗背景,他们都生活于此中,顶多解决一些鸡零狗碎的纠纷。至于那个根本无法达成一致的外交领域本身,他们则交给了佛罗伦萨式密室政治,这才是他们或他们中的某些成员大展身手之地。

在何种程度上，这种在细枝末节上的副歌合唱掩盖了一种围绕实质问题的霍布斯式杂音，范·艾克(R. van Eck)对1800年到1840年间跨区重大冲突的统计(当然也仅是一部分)是一个有力的说明。1800年，克伦孔与吉安雅(即克伦孔和吉安雅的王族，连同他们各自尽可能动员起来的受庇者)联手对抗邦利，卡琅噶森则攻击龙目与卜来伦。至于卜来伦，先是在1804年与任抹交火，稍后又再次进攻卡琅噶森。在巴塘，皇族诸王在1813年生起内讧，最后沦为几股外力的牺牲品；而在1820年以后，吉安雅的自立王不仅与巴塘火拼，还同时与克伦孔、明关威及邦利交火。在邦利，有三兄弟反目成仇，在其中一个兄弟上台后，他先是与卡琅噶森联合攻击克伦孔，又与克伦孔联合攻击卜来伦。塔巴南与巴塘于1808年开战；而明关威则在1813年与克伦孔联手攻击巴塘[21]。

在这种业已制度化的背信弃义的情境中，正像跨区联盟的其他表现形式一样，协议以一种十分负面的、甚至是反常的方式发挥着作用。它们根本不是在创造政治一统局面，恰恰相反，它们提供了无穷无尽的“理由”——一次蓄意的侮辱，一场疏忽的仪礼，一份不足的礼物，或一头充公的奶牛——由此，大一统局面的缺失状态得到了开脱，并可以欣然接受。如此一来，协议维持了一种幻觉：那个完美的大一统体系始终是触手可及的，只不过，仅仅由于这个王公的口是心非，或那个王公的顽冥不化，才最终无法如愿。在巴厘的政治僵局中，它们的作用真的是非同小可：它们让骨子里的动荡状态看起来似乎只是由于最近的秩序崩溃才导致的，而这很快就可修缮如初。

第三章　政治机体:村落与国家 45

村落政体

巴厘统治阶级的散碎状态是由于它的结构弱点——社会制度的分裂效果始终压倒文化制度的整合之力——这又因统治阶级实际上想要依赖的治理机制而变本加厉了。正像统治者与统治者之间的纽带那样,统治阶级与被统治阶级之间的纽带天生也是弥散性的,由此削弱了它们表面上孜孜以求的专制理想。政治精英很少有人能如巴厘人那般匠心独运,靠制造背叛来谋求效忠。

这个事实被两种形象严重地遮蔽了,一是巴厘国家的"东方专制主义"形象(这种形象实际上在魏复古〔Karl A. Wittfogel〕提出治水社会理论以前就产生了),另一种是看似不同,实则与之互补的巴厘村落形象,它是封闭的、自给自足的、完全自治的 *dorpsrepubliek*("村落共同体")[1]。国家——它是独裁、严酷、极端等级化的,而在本质上是臃肿的——被看作高踞于村落社会的"家族共产主义"之上,国家倚赖于村落社会,又时不时地损坏它,却从未真正渗入村落的内部。村落(德萨)是自给自足的,是宇宙论层次上的基本机体单位,它本身具有封闭的特征,在本土原巴厘文化土壤中萌芽长成。国家(尼加拉)是异己力量和外来刺激,它一直试图吞并村落,但除了压制以外,却未能有所作为。虽然王朝、君王、王室和首都如走马灯一般乱纷纷来了又去,却不过是一幕幕辽远的奇景,天性质朴的村民们对如白云苍狗般变幻的主宰者几乎茫然无知,虽然他们一直在遭受盘剥,却也始终如故,在数百年中一如既往地过着日子[2]。多么动人的画面啊,叫人愉悦的罗曼蒂克,无比舒心的平等自在,同样也会令一个刚刚取代了本土贵族的殖民精 46
英深感慰藉;然而,所有这些都不过是一幅虚假的画面。国家创造了村落,正如村落创造了国家。

确切地说,在20世纪前,巴厘根本不曾有过任何城市聚落,这或许能够再清楚不过地表明了这个基本的事实:国家和村落是同步成长的,它们在相互影响的持续过程中是彼此锁定的,它们互相塑造[3]。一个强大家支中的那些最重要的贵族家系都会集中在某处战略要冲,遵照隐喻性蓝本环绕于其核心世系国王(他们的典范中心)的宫殿四围。那些被认为从高贵地位上衰降最远的次级和三级贵族家系,通常都散居在更偏远一些的村落中;而在这些地方,他们的"家系"与"宫殿"也是对首都家系和王宫的降等模仿物,因此在地方生活中,它们也被视为当地的"楷模"。即便是坐落在贵族家系的高垣大墙外的诸首都本身,也如同村落那般有着精密的布局,在这种体系中,何为首府,何为外围,往往既不明晰,也不固定。巴厘的大传统即"印度教"(如果应如此称呼的话)不是由高度分化的城市社会体系支撑起来的。毋宁说,它是由诸多高度分层的典范支配家系承载的,它们散布全境,各为当地之中心。在巴厘的传统时代,绅贵与农民的关系绝不能简单比附为城市与乡村的关系,但可视为两种迥然相异而又精密交织的政体:一种政体专注于地区的和跨地区的展示性表演这种政治事务,另一种政体专注于从事工具性质的地方政治事务。但这决不是说,一个集权化城市精英集团的极权式雄心在与众多自我封闭的农村共同体的自由主义痼痈相对抗,而是在剧场国家的演剧制度与地方治理制度之间展开的一个精细的、复杂的和异常微妙的调适过程。

2

我们已就剧场国家组织说过不少,下面还会有更多讨论。但在目前,若要正确地理解最高层次的巴厘政治机制,至少应当先行大致了解地方治理的形式。

47 然而,在此,关于村落社会的共同体想象是一只拦路虎。因为与之相伴产生了一种历史学说(更确切地说,是一种伪历史学说),它认为,巴厘村落是由其原始组织形式逐渐衰落(人们想当然地认为,那些今天处在更边缘地带的村落即是其代表)到当下的杂乱状态的,这要归咎于统治阶级对村落自身事务的干涉。尽管农民共同体拥有天生的自主性，但（据说）正是由于君王们的盘剥才最终“割裂”了村落中的“自然”纽带。在国家权力的步步侵蚀下，村落的原初一体性遭到了严重的损害，至少在中心地带是这样的。其他方面亦复如是[4]。

这个学说的目的无非是想在汹涌的民族志资料洪流中拯救“村落共同体”这个概念，要对它加以系统的批评，我们就不得不考虑事实、方法与概念等诸多民族史问题，但这就与当下的语境无关了。在这里，我要澄清的是，如果我提出一种“传统巴厘村落”的观点，完全不同于那种侵蚀—解体论的假设，这不是由于我有意忽略它，或对其影响视而不见。我只是以一种截然不同的方式来阅读证据，无论是历史证据，还是民族志证据。在我看来，那些数世纪以来人烟稠密的中心地带村落压根就不是什么特殊环境造成的扭曲的、奇特的结果，毋宁说，那些散布在中心地带周边的偏远村落才是它的产物。“原初的”，“古代的”，或“前印度的”巴厘共同体究竟是什么样子，我一无所知。然而，其他人也不会比我知道更多，而将村落社会的发展主流视为在其边缘打转的漩涡造成的错乱后果，在我看来，同样也是一种奇谈怪论。

3

地方政治形式在三个主要领域中扮演着十分醒目的角色：(1)地方公共生活如何安排；(2)水利灌溉设施如何管理；(3)民间仪式如何组织。有三种独立的（虽然它们不是互无关联）机构分别执行这些任务：庄社（班家，*banjar*）、水社（苏巴，*subak*）和庙会（婆麻善，*pemaksan*）。在它们周围，丛聚着各种非政治的专职组织——亲属集团、志愿团体，等等——至少于某些时 48
候，它们在各种情境中扮演着政治辅助角色。其结果是产生了一种拼合式政治秩序，就像锁子甲一般，由多个相互重叠、彼此锁定而又界限分明的法人团体组成，最终在整个巴厘乡村范围内形成了不可割裂的连续体；这个秩序正是各种涉及广泛领域的治理职能所依赖的基础。恰如尼加拉一样，巴厘的德萨更确切地说并不是指某个有着明确边界的实体，它指的是由按照不同方式组建、关注重心不同，也遵照不同方式彼此关联的社会群体组成的扩大场域——我曾在别处以“多元化集体主义”来称之[5]。

庄社（*banjar*）始于公共生活，用正式的术语说，它是一个居住单位。这不是说，它一直是严格的地域性的；因为几个庄社的成员有可能会共居于同一个定居点内，而在少数情况下，庄社效忠也会跨越定居地的边界。不过，一般来说，每个庄社的成员都共同生活在某核心家系丛中，散住在一块狭窄的突出地上，虽然一个居住区只包括一个自然村的情况并不常见。无论如何，庄社决不仅是一个简单的居住单位：它是一个十分稳固的公共团体，负责管理地方公共生活中一个十分宽广而又严重分野的领域。凡它拥有管辖权之处，它即近于全权主义；而在其无管辖权之处，它即没有丝毫权力可言[6]。

虽则其司法管辖领域是明确界定的（经常不厌其详地出现于所谓 *awig-awig banjar* 即“村规”的文字规约中），而且不管到哪个庄社那里都是完全一样的，但要想用一个词来概括它的本质，却令人挠头。若说庄社是巴厘最基层的市民共同体，也许相去不远。但我们必须澄清，“市民性（civility）”这个说法不意味着“世俗性（secularity）”（因为，正像这个仪式化社会中的任何事物一样，庄社当然也深涉宗教当中），也不意味着“城市性（urbanity）”。它指的是“公德（public virtue）”，巴厘人称之为“如坤（*rukun*）”：在一群邻人间缔造、维持秩序、良好关系及互助。在最广泛的意义上，庄社作为一个政治体的目标是市民性的——为一种健康的公共生活提供法律、物质和道德方面的保障条件。

庄社负责公共设施（道路铺建与维修；村议会房、谷仓、斗鸡场、市场和
49 墓地建造与维修），负责地方安全（巡夜，盗窃的调查、审判及惩罚，暴力事件的镇压），负责平民争端的解决（继承纠纷，各种传统权利与义务的争论，契约纠纷）。它负责管理个人财产的转让（稻田则除外），控制在大多数情况下属集体占有的房基地买卖。它判决结婚与离婚；监督誓约；赋予和撤销庄内各种村民权利；执行禁奢令以维持地位关系的现状；组织各种集体工作活动，既有宗教性的，也有世俗性的，其集体意义远超个人意义。它发起特定的公众宴会，支持特定的公众审美活动，开展特定的净化仪礼。它可以征税和罚金，可以坐拥财产，也可投资于商业投机事业。一言以蔽之，在严格地

说到社会生活的权威管理方面，或许巴厘政府的大量日常事务（正如我们将会看到的，虽则远非全部）都是由庄社来施行的，如此一来，国家可以腾出手来去展演权力，而不是去操纵权力。

这个强大团体的具体表现形式是卡赖麻班家（*krama banjar*）。这个词汇很不好翻译。*Krama* 是一个梵语词，意思是“风俗”、“方法”、“途径”或“风格”。但在这里，它具有“成员”或“公民”的内涵；因此，卡赖麻班家不仅指村庄习惯，也指实际的一群人，他们在任何时候都有责任维护那些风俗——显然，这指的是全体村民[7]。

在大多数村里，在婚后或在头生子出生后，一个男人就成为卡赖麻班家的成员，而当其妻亡故或儿子们全都加入卡赖麻班家后，他本人即行退出。因之，卡赖麻班家是由本村独立核心家庭的男性家长们组成的。按照会规，在村公房中，每三十五天即每个巴厘月都要开一次会，如果事出有因，也可临时开会。在会上，所有重要决策问题都是由集体决定的，当然，这通常都是在经过了进一步的讨论，并根据对实际情况的判断确定了基本的立场之后。卡赖麻班家须推出会首（*klian banjar*），他们更是其摄行人而非统治者。它在既定传统的指引下确定自己的施政模式。在处理所有村庄事务方面，它是最高的实体，如果当事人无可救药地冒犯它的权威（即便是微不足道的冒犯），它甚至可以放逐他。至今，巴厘人仍毫不怀疑地说，离开庄社，无异于就地倒毙。

4

50

尽管庄社的范围与权力是很大的，但巴厘农民生活中最重要的一个方面却是完全不受它管辖的：稻作农业。在这里，另一个公共团体“苏巴（*subak*）”是至高无上的，它通常不太确切地译成“水社（irrigating society）”。在某种意义上，水社是一种农业村庄，而巴厘人有时确实称它为“水庄”（班家耶，*banjar yèh*）。然而，这个团体的成员（卡赖麻苏巴，*krama subak*）却不共居在一个地方，而是共同拥有梯田这份财产，这些梯田由引自遍布巴厘崎岖地貌上的数百个河谷的一条人工渠道引水浇灌。[8]

在结构上,水社与庄社是十分相似的。按时召开定期会员会议;选举正式社首珂利檀苏巴(*klitan subak*);也有特别的、通常是形诸文字的“社约”(*awig-awig subak*),确定基本原则、集体工作义务、公共仪式,诸如此类。与庄社一样,水社可以确定罚金,实施惩罚,排解纠纷,拥有财产并自行决策,不受制于任何外部的或超凡的权威。它们的差别仅在于这些权利与义务的具体内容方面,它们实行的社会领域及它们的目的。庄社将一群邻人间的日常社会互动打造成一种和谐的公民友情模式;而水社则将一班农民的经济资源——土地、劳力、水、技术方法,和十分有限的资金设备——组织为卓有成效的生产机器。

这部机器的主要职能当然是水利控制。水利工程的建造和养护,以及怎样分配用水,是作为一个整体的水社面临的首要问题。在这当中,第一个任务主要依赖严密的组织,以及持续使用人力——即水社成员的劳力。至于第二个任务,则依靠在传统名义下的公议与共识,可想而知,这是最为棘手的。但除这些关乎社员生死的大事外,水社还在特定稻田和水源庙中举
51 行净化仪式表演;对梯田所有权之转让予以合法认定;认可或收回新梯田的拓修;通过控制种植时间来调整耕作周期。正如在庄社中一样,水社的成员绝不仅仅是公民,他们也是拥有个人权利的人,哪怕是共同团体也不能侵犯他们那不可剥夺的个人权利和利益:他可以典卖、租佃或投献给他所希望的任何人;使用他想用的任何耕种技术。然而,也如在庄社中一样,在公共权利与公共利益占据支配地位的生活领域中,它的命令就是法律,而公然的冒犯即是犯罪。

5

最后,德萨体系中第三种具有政治意义的重要制度是庙会(temple congregation),我曾有些随意地以“婆麻善(*pemaksan*)”来称呼它。虽然它在实质上是以宗教事务为中心的,但由于它也是按照严明、琐细的法规组织起来的高度整合的共同体,它也是政府的摄行机构,这是由于在巴厘,宗教与习俗、崇拜形式与社会行为模式都盘根错节地交织在一起。这种联系可

见于巴厘版的关于阿达(*adat*)的一般印尼观念中。[9] *adat* 是一个表示"习俗"的阿拉伯语借词，与印尼群岛的穆斯林地区不同，它绝不意味着与"教规(即侯坤，*hukum*)"相对的"地方惯行"，毋宁说，它是将人与神封闭在内的社会行动整体框架。举凡礼节形式、继承习俗、耕种技术、艺术风格和祈祷仪礼，无一不可用"阿达"称之，因此，它不过是秩序的另一种称呼罢了[10]。

然而，正如巴厘的其他任何事物，阿达也是变化万千的。这些变化相差无几，有时甚至微乎其微：如，庄社法庭的招募，官员的选拔，居住土地的所有权，犯罪及罚金的裁决，葬礼活动，"高等种姓"(即"三贤")在社会事务中扮演的角色，采用哪些技术及畜养哪些牲口，以及数不胜数的仪式技术。若对此作一民族志鸟瞰，在区分巴厘人与爪哇人、小巽他群岛人、西里伯斯人等邻人的总体风俗模式方面，这些了不起眼的差异实在是微不足道的。但在村民的眼中，却可以说是十里不同风，它们标志着婆麻善的边界——对于 52
他们，阿达风俗是始终如一的，直至毫末。因之，婆麻善就其根本来说是一个道德共同体，它与市民共同体(即庄社)与经济共同体(即水社)比肩而立。这两种共同体是以一套治理制度或生产配置为基础的，而婆麻善则是建立在一套以宗教为根基的社会规范、神圣风俗之上的[11]。

一个婆麻善的成员可由任何地方的九个或十个村庄的成员组成，虽则三四个村庄的情况最常见(无论如何，至少今天是这样的)。这些村庄通常毗邻而居(虽然不是全都如此)，而就其空间方面而言，它被称为德萨阿达(*desa adat*)，即"风俗村庄"[12]。"风俗村庄"在其本质上不是一个社会体系，而是有一点神圣空间的意味，基于世界及其万物("化育万物的大地，流经其中的众水，围裹其外的苍穹，在其胞宫中支起的岩石")皆归属众神的巴厘信念[13]。之所以说它有一点神圣空间的意味，是由于它是由一个确定的社会群体婆麻善为它承担人类的责任——它负责保证其成员遵循道德法(阿达风格，系由众神为这一空间制定的)，并向众神本身献祭。正是后一种义务，每个巴厘人心中都怀有的最大动力，促使诞生了这个"风俗村村庄"的主要制度化表现形式："三神宫"(*Kahyangan Tiga*)[14]。

正如前述之"六神宫"，用"宫"的尊号而不用平常的"寺"(*pura*)来称呼这些"庙宇"(虽然也与六神宫一样，私家庙宇也称"某寺")，这表明这些祭祀场所是以一种普通庙宇(谷神庙、家庙、市场庙等)不具备的方式体现了某种特定的整体社会秩序。在这里,以仪式的手段强调的是地方秩序而非超地方秩序,是村落体系而非国家体系。在这两种情况下,庙群都象征、颂扬某种政体:在这边,是“尼加拉”,典范国家的政体;在那边,是“德萨”,混合村落的政体。它们共同标志着巴厘传统政治生活的两极——这是古代政治生活的制度边界[15]。

从名称来看,三神宫包括“开基庙”(又称“脐庙”,*Pura Pusèh*),用以纪念人类在此地的定居;“厉庙”(又称“冥庙”,*Pura Dalem*),用以慰抚那些未
53 经火化因而十分危险的亡灵;以及“大议庙”(*Pura Balai Agang*,其字面意思如此,实则相当误人),用以保障“风俗村庄”地区的土地及妇女的丰产力。当然,与国庙六神宫一样,不止有一组三神宫,而是有几百组:每一组三神宫都负责半打左右的村庄。由是观之,婆麻善这种结社负有支持与“风俗村落”相关的三神宫的义务,并拥有在宫中举办祭仪的特权[16]。

在此,无须赘述在每一座宫庙中举行的实际祭拜形式。修缮宫庙的世俗工作和实际的庆典都十分繁复,也经常举行,对此点到为止即可矣。这就要求婆麻善必须劳师动众,它由此成为在巴厘个人生活中占据显著地位的社会单位。就像庄社和水社一样,婆麻善也有法人团体的性质,也服务于十分明确的目的,此外,它实质上也是高度自治的。它在政治上的重要性取决于它扮演了仪式团体的角色,正如庄社与水社的政治重要性来自于它们扮演了治理集团和生产集团的角色[17]。

6

村落政体的这三种主要组成部分——班家、苏巴和婆麻善——不是彼此对应的:它们的成员资格互不重合。毋宁说,它们是交叠的。一个水社的成员来自不同的村庄和不同的庙会。而一个庙会的成员又来自几个村庄和几个水社。此外,虽然一个村庄的所有成员大都参加同一个庙会,但他们总是与其他村庄的成员同属这个庙会,并且,他们在会内都是以“婆麻善”而非“班家”的名义组织起来的。总言之,这种三合团体构成了(就我们目前拥有的可信历史资料来看确曾组成了)德萨体系的政治心脏。它是一个核心,所

有其他的、也不重合的“多元化集体主义”元素(如亲属集团、志愿团体等)都是围绕着它聚拢起来的。那些铺天盖地的特权、庆典和华饰,即我们所说的国家,是与这种政治体系,与这种巴厘人称之为 *seka*(*s*)的部分整合的集合体,与这些各司其职的分立团体关联在一起的,而不是与所谓整个“村落共同体”关联在一起[18]。

庄头制 54

德萨与尼加拉之关系的核心摄行制度是庄头制(*perbekel*)。一个庄头是一个国家官员,他可能是“三贤”,也可能是首陀罗,每个村民都经他与某个王公搭上关系。举凡每个占据政治要位的王公手下都有多个庄头,而地位更高的王公会有数十个,每个庄头都负责一定数量的属民。在 19 世纪,全巴厘必定会有数万名这种政治摄行人。庄头蒙授直接权威,在其王公或小王公与由该王公“拥有”的村民之间起着上通下达的作用,他是传统巴厘的管家、摄行者或理家人。

庄头制似乎在全岛内都是一样的。所有其他相关之物,包括许多与它交叉的附属行政机构,变化都十分广泛,也异常复杂。为了更好地说明这一点,我将描述本世纪转折之际塔巴南国的庄头制,它位于巴厘现今的首府登巴萨附近(见地图 1)。虽然塔巴南的庄头制在总体上不一定比该岛其他地方更典型,但在许多方面,它可以十分清晰地展示这种制度,以最直接、可见的形式展现它的根本原则。巴厘传统的国家—村落关系既错综复杂,又无章可循,在此处言之凿凿的例证,换到别处就成了谬误。但是,这种关系可以见之于巴厘人对政治效忠、政治义务及政治目的之实质的看法,各处并无不同。尽管在表面上看来变化千万,尼加拉与德萨的互动过程在根本上却有着确定的形式,它在一整套司法假设的引导下业已生存了数世纪之久,在现代国家中也能看到这种形式,我们称之为“宪法”[19]。

2

在 1891 年到 1906 年间,塔巴南大约有 30 到 35 个在政治上举足轻重的

55 王侯家支。这些家支可以分成三类主要群体：(1)塔巴南"王族"；(2)一个独立(或半独立)的望族，克伦碧县(Krambitan)；(3)两个被从明关威逐出的宗族，一个早在1820年代，另一个则在1891年大势所趋的世变之时。这些家系的大致方位可见地图2和地图3[20]。

塔巴南王族的家系(即家支，在塔巴南实际用拜都笞伦〔*batur dalem*〕称之)都将其父系血缘上溯到满者伯夷征服时期噶押·抹搭麾下的一员战将拜塔罗·哈流·达磨犁(*Batara Hario Damar*)。[21]在荷兰入侵时(在监禁中自杀的那位)执政的最高王公(卡高陀〔*cakorda*〕，如果你愿意的话，也可称他是"国王")，据族谱研究家所言，是拜塔罗·哈流·达磨犁单线嫡传的第十八世孙。这位十八世卡高陀在1903年加冕登基。与他一起自杀的儿子，即太子，应是十九世，但在他死后，这一支嫡系随之烟消云散。其他每个家系都被视为某位曾经在位的国王之嫡亲兄弟或堂兄弟的直系后裔；据前述之衰变型地位模式(见图1及第2章的"继嗣集团和衰变型地位")，他在位的时间越是靠前，他们的等级越是低下[22]。

至于克伦碧县的各个家系，他们自陈(别人也认可)是传自塔巴南的大宗(好比塔巴南世系自认与巴塘的王室世系有关系，从而也与克伦孔有关系一样)，并在塔巴南的全局中有着举足轻重的地位。但从意图和目的来说，他们是一个独立的家支，奉大菩犁克伦碧县王(Puri Gdé Krambitan)为最高君王。

在四个前明关威家系中，有三个家系是在19世纪20年代析分开的——麻伽、不来由和核心家系沛里安——它们都与同一个家支有关；1891年的析分结果，即喀巴-喀巴，是坐落于巴塘卡帕拉村的一个家支的一个分支，由巴塘与塔巴南在分赃时将它从其世系中瓜分出来[23]。

除了继续面向东方的喀巴-喀巴以外，所有这些独立的、半独立的世系和次级世系都通过前述赠妻(瓦吉)关系而与塔巴南本身相关联。有基于此，我们将专门分析塔巴南王族本身，并将势力较小又有同样构造的克伦碧县和各沛里安家支视为半依附、半自治的受庇者。尽管喀巴-喀巴违背了正式的"和平协议"，但在1891—1906年期间，它基本上不附属于塔巴南，而是从属于巴塘，故此可以完全忽略[24]。

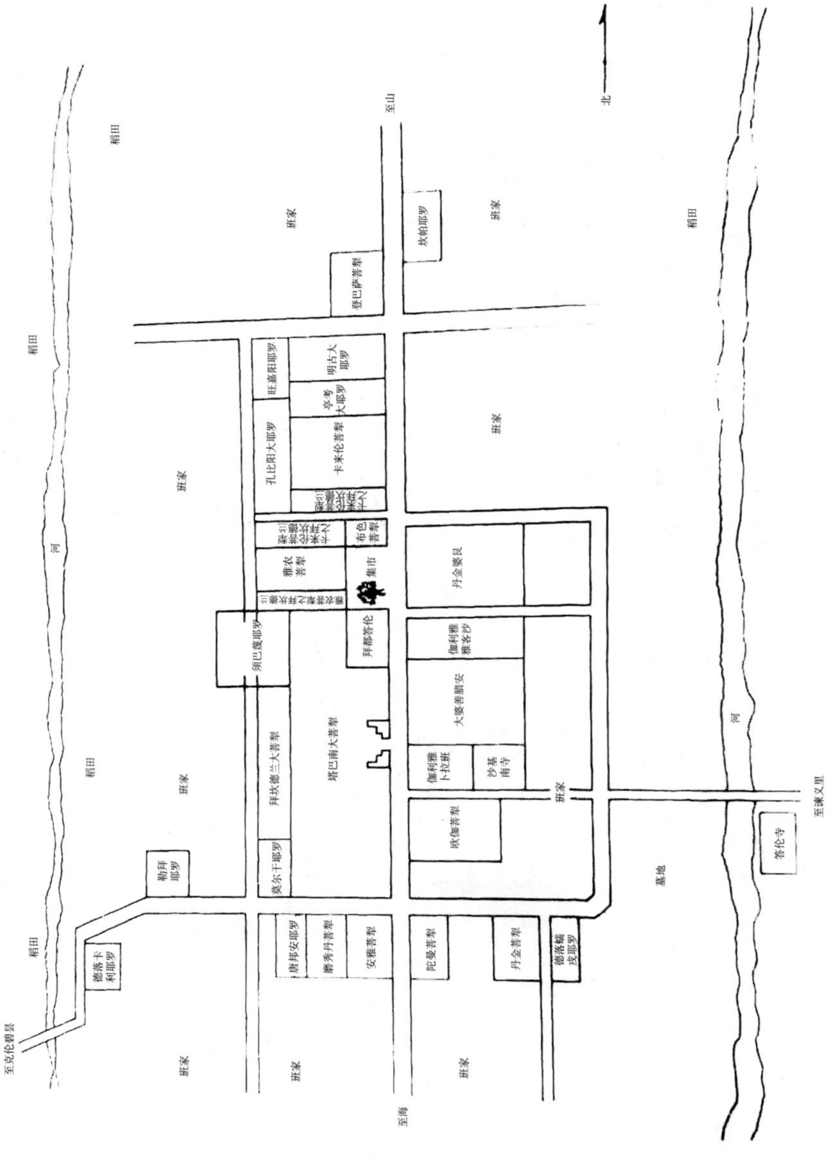

地图 2　首都的塔巴南王室家族系和联盟家支(约 1900 年)

占据统治地位的家支（33个）
大菩犁（Puri Gdé）—塔巴南核心世系的王室家支（1个）
菩犁（Puri）—属于王室次级家族的家支，即，由在位国王或主要联盟世系的兄弟们或父亲的兄弟们所建（分别有10个、2个）
大耶罗（Jero Gdé）—由在位国王的祖父或曾祖父的兄弟们或由联盟世系分支所建家支（分别有4个和2个）
耶罗（Jero）—由早期在位国王们的兄弟们形成的家支（14个）
领袖僧正家支（4个）
伽利雅巴色甘（Griya Pasekan）—大菩犁的僧正（bagawanta）
伽利雅岩拜（Griya Jamb é）—“次级国王”菩犁卡来伦（Puri Kaléran）的僧正
伽利雅雅客沙（Griya Jaksa）—钦命法官
伽利雅卜拉班（Griya Beraban）—无专门职能，但在地方上很重要
拥有重要政治地位的首陀罗家支（4个）
丹金婆艮（Dangin Peken）—大菩犁的“秘书令”
马康金（Malkangin）—“次级国王”菩犁克莱伦（Puri Kaleran）的“秘书令”
大克巴彦·旺嘉扬Kebayan Wangayu Gd é——担负与拜都考山相联的地区性仪式责任的家支
步步安（Pupuan）—半独立的高地家支
其他重要家支
三山耶罗（Jero Samsam）—和克伦孔相联的刹帝利家支，与塔巴南保持松散的联盟关系
钟新客“耶罗”（“Jero” Singkeh Cong）—华商巨头
其他
拜坎德兰Pekandelan—主要家支的永久依附者的居住区
大婆善腊安（Pesangrahan Gdé）—塔巴南王室为来访王室或王侯成员所建馆驿
拜都答伦（Batur Dalem）—王室核心世系庙宇
布色寺（Pura Puseh）—村落“开基庙”
答伦寺（Pura Dalem）—村落“厉庙”
沙基南寺（Pura Sakenan）——座王室公共庙宇
拜都考山（Mt.Batu Kau）—地区圣山
卜来坛湖（Lake Bratan）—地区神圣水源
水稻种植区的大致界限-----
宫门
圣榕树

地图 3　塔巴南王室家系和乡村地区的联盟家系（约 1900 年）

3 56

我们最好还是将塔巴南王族视为(而巴厘人也将其视为)一组同心圆,这个嵌套结构中的嫡系与旁系是依据与诸中心之中心的假定距离而确定其伟大程度的(大菩犁,Puri gdé;gdé,意思是“伟大的”,“大的”);事实上,大菩犁通常仅指“答伦”,即“毂中”之义(见图3,该图为相关系谱的简图)[25]。

首先,有9个初级家系即“菩犁”,它们都源自大菩犁,中间经由第十七位大菩犁王公的诸弟所立家系,他在攫取“王权”(Cakord-ship)时将他们贬黜出答伦范围以外(即丹金、磨秀丹、登巴萨和陀曼),到那位卡高陀之父在登基时由其诸弟所立家系(即卡来伦、谏义里、瓯伽、雅农和安雅)。其次,在这个初级家系核心的外围,又依次集结了4个次等家系,即“大耶罗”,系由在位国王的祖父及曾祖的诸弟所立。最后,还有14个三级家系即“耶罗”(如我在上文提及的,这个词的意思也是“毂中”或“局内”),但它们的开基祖被认为在该世系更早的历史戏台上就已先后“游离(*jaba*)了答伦”,因此与之相离弥远。

如此一来,产生了一种四级结构,它是衰降型地位模式的产物,从身处峰巅或中心的大菩犁或答伦,经由诸菩犁及大耶罗,直至底层或边缘的普通耶罗[26]。但与此同时,作为整体的“宗族”却是一个统一体。哪怕是最偏远村落中最凡俗的贵族家系,最边缘的世系,都能够追溯或自认能够追溯到最内核心即答伦本身;由此,最低级的耶罗也能分有答伦作为典范中心而拥有的权力、声望和神异力量,哪怕微不足道[27]。

至少在原理上如是。考虑到巴厘政治(甚至是政治本身)的实质,要说到它的具体实践情况,以及它实际运作时的行政结构,当然会复杂得多,绝不会是整齐划一的。

首先,答伦、菩犁、大耶罗和耶罗之间的世系绝不会如图3画的那样清晰,它们本身各自的确切位置要看由谁来描画。

首批5个家系(即大菩犁、丹金、磨秀丹、登巴萨和陀曼)的成员无疑会将其他所有家系都归为“耶罗”(至少当他们自认有资格这样对待他们时)。60

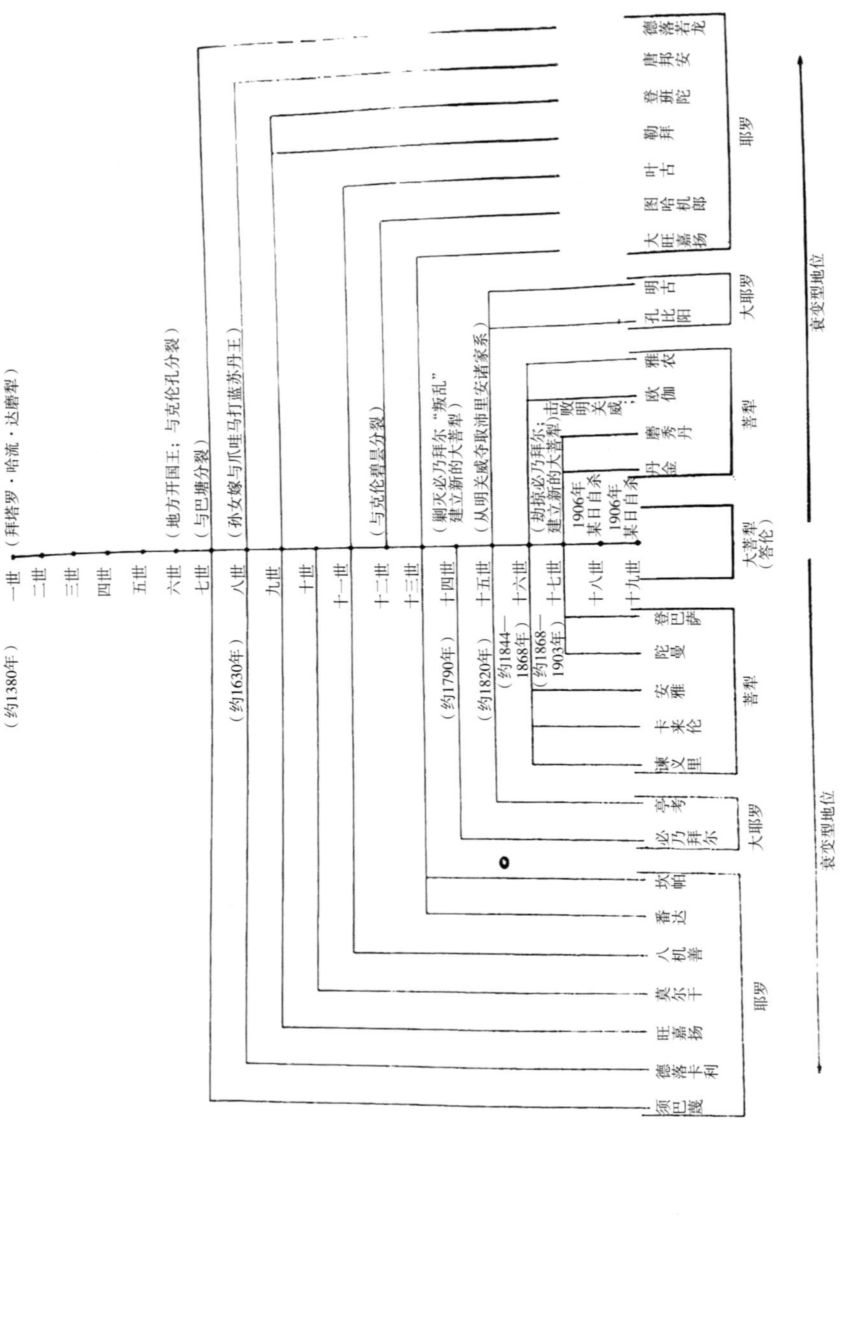
一世（约1380年）（拜塔罗·哈流·达磨梨）
二世
三世
四世
五世
六世（地方开国王；与克伦孔分裂）
七世（与巴塘分裂）
八世（约1630年）（孙女嫁与爪哇马打蓝苏丹王）
九世
十世
十一世
十二世（与克伦碧昙分裂）
十三世
十四世（约1790年）（剿灭必乃拜尔"叛乱"建立新的大菩梨）
十五世（约1820年）（从明关威夺取沛里安诸家系）
十六世（约1844—1868年）（劫掠必乃拜尔；建立新的大菩梨）
十七世（约1868—1903年）击败明关威；
十八世 1906年某日自杀
十九世 1906年某日自杀
德落若龙
唐邦安
登班陀
勒拜
叶古
图哈机郎
大旺嘉扬
耶罗
明古
孔比阳
大耶罗
雅农
欧伽
磨秀丹
丹金
菩梨
大菩梨（客伦）
登巴萨
陀曼
安雅
卡米伦
谏义里
菩梨
亨考
必乃拜尔
大耶罗
坎帕
番达
八机善
莫尔干
旺嘉扬
德落卡利
须巴薨
耶罗
衰变型地位
衰变型地位

图3　塔巴南王族

当然,那些“下方”(或“后面”,“外围”)的家系(即卡来伦、谏义里、瓯伽、雅农和安雅)必定会对此不以为然;但是,正像首批五个家系那样,他们也决不会称明古、孔比阳、亭考、必乃拜尔家系是“大耶罗”,而只会归之为“耶罗”。相反的僭称也照样发生了。国王的诸弟都仍会将自己的家系归为答伦的一个部分,似乎他们从未“游离”:连卡来伦都曾有过此举,至少在低等家支面前如此。(说到平民,他们对整个家族及其内部的所有家支都一律呼为“答伦”:虽然对于“诸答伦之答伦”、大菩犁和其他家支的区别,以及大支和小支的区别,哪怕一个愚笨的农民也是心中如有明镜在。)明古群体的人们自称“菩犁”,外围耶罗家支自称“大耶罗”,而在“局外人”面前,他们甚至敢于自称“菩犁”。诸如此类,在此毋庸多说。

族内等级体系,及其四类家支名字,这样一种模式从未受人质疑,而其背后的衰变型地位原则也从未有人质疑。但要说到谁是哪类,谁应享有多大、何种敬意,却是大可争论的;这也正是巴厘剧场国家的声望政治中会酿成流血事件的争议问题[28]。

第二种给中心—边缘阶序关系之规整性造成了困扰的因素是,正如在全巴厘范围内一样,在塔巴南不只有一个国王,而是有两个,一个“高的”,一个“低的”——它被不怎么确切地称为“双头政府(double government)”[29]。

在本书考察时段内的塔巴南,第二个国王(*pemade*——“随后的”,“低等的”),即副王,是卡来伦家系的领袖。其他家系借助族内庇护关系而依附于另一个领导家系,称“崩加瓦(*punggawa*)”。如此一来,在整个王族内分成了两派。与大菩犁即高等国王结盟成为它的崩加瓦的,是丹金、磨秀丹、登巴萨、陀曼、瓯伽、雅农和安雅等几个菩犁,还有须巴蔑耶罗(Jero Subamia);而与卡来伦即低等国王结盟的,是谏义里菩犁,和明古、孔比阳以及亭考等几个大耶罗[30]。

大菩犁派总共有9个家系,而卡来伦派仅有5个家系,但这个事实不意味着前者更强大。抛开声望暂且不论,真正称得上有实力的(因为规模大,又富裕,而且非常活跃)家系是雅农和须巴蔑一方,而卡来伦和谏义里是另一方;这就是它们的制衡状态,虽然不是完全对等。实际上,我们会看到,为了抢夺家支领导权,嫡传家系与由此前最高国王之诸弟创立或被认为由其 61

创立的最强大家系的阋墙之争是异常激烈的。前者即在位的（1868—1903年）卡高陀维系了他的兄弟们的效忠，也赢得了一个强大的外围家系（须巴蔑）的效忠，以及卡来伦三个家系（瓯伽、雅农、安雅）的效忠。后者即低等国王得到了最强大的一位堂兄弟（他的父亲的兄弟的儿子，谏义里王）的支持，还得到所有在其祖父登基时所立家系（即，他的从堂兄弟）的支持，他们以大耶罗明古王为首，通过向这位次级国王的效忠从而向上效忠于他的次级国王（又称帕帝，*patih*）。（但大耶罗的帕帝是须巴蔑。）不过，令人遗憾的是，这些联合力量形成和维持（直至1906年决定性的分崩离析，当时的情况是，卡来伦支持荷兰人，而大耶罗则与之对抗）的具体政治过程，尤其是由瓯伽、雅农、安雅三者结成的反宗谱结盟、必乃拜尔保持“中立”以及须巴蔑赢得反常地位的个中缘由，至今仍未能充分揭示出来[31]。但可以肯定地说，在这其中必定是盘根错节，处心积虑，见风使舵，并且用心险恶[32]。

最后，塔巴南统治制度的第三种不规则特征（若至少考虑到正当性问题）表现在，那些在这个体系中扮演重要角色的家系，实际上并不一定全都与在位世系有（即使在理论上）宗谱关联——这个意思是说，它们不一定是严格意义上的“贵族”。事实上，有些是首陀罗。尤其是其中的丹金婆艮家系，这个首陀罗家系的规模很大，恰好坐落在塔巴南（见地图2），它的地位称得上是举足轻重，足以厕身于本地的领袖家支之列，它的权势之大堪与卡来伦和大菩犁相匹。人们通常用“国王的右手”来称呼它，它牢牢依附于核心家支即大菩犁，充任它的“秘书令”（*penyarikan*）；正是由于它的地位来自依附关系而非祖先世系，它才会被视为最无可置疑的忠义家系，须巴蔑也是如此，虽然它是一个十分边缘的家系，但因讨得了大菩犁的欢心而蒙恩进入了政治生活的中心[33]。

在较低的层次上，其他的首陀罗家系、非王侯刹帝利家系和吠舍家系（这些家系在宗谱上与该地任何一个大支都没有关联）也在这个体系中扮演着与王室世系本身的三级家支（即耶罗）相当的角色。[34]既然丹金婆艮和须巴蔑（以略微不同的方式）可以充任王室的“大耶罗”，毫不奇怪，也会有25甚至30个稍弱的家系受命充任“耶罗”，虽然它们并不效忠于同一个王室[35]。

4

62

这100个左右的家系——包括支配宗族的各个次生部分，它们等级分明，相互对抗；主要的庇护王室，它们的服从可谓口不应心；还有那些彼此无甚关系、半独立的世系，事到临头就输诚不迭，时机成熟就翻脸无情——组成了19世纪晚期塔巴南的权力金字塔，我们应该记得，这一地区大约有300平方公里，八九万人口。[36] 国家，即尼加拉，就存在于这一动荡不安、瞬息万变又拥有复杂的平衡机制的权力金字塔之中，而非存在于某种集权化的、法老式专制主义之中。

在韦伯所用术语的标准意义上，尼加拉既不是一个官僚制国家，也不是一个封建制国家，更不是一种家产制国家。这也就是说，尼加拉不是一个各司其职、等级完备的行政机构，如儒教中国或罗马帝国。它也不是一种由领地组织、授地制度和骑士伦理支撑的契约法体系，如中世纪的北欧和明治前的日本。它更不是一种以扩张和征战为主的家产庄宅(household *oikos*)，如倭马亚治下的伊斯兰或大流士治下的波斯。我们会看到，这些我们更熟悉的每一种传统政治组织形式都不难在尼加拉中找出某些似曾相识的痕迹，不管是萌芽状态，还是纯属巧合，这足以让学者们误认为它的意义(在爪哇和苏门答腊，柬埔寨和缅甸，以及巴厘皆然)只不过是为上述某种政治类型增添了一个新的例证而已。但是，我们也将看到，它与上述任何一种国家类型都是判然有别的：它是让一队王公们魂牵梦萦的一种关于优先地位的庆典秩序。

如果我们将塔巴南的古代国家视为一个由支配权威的典范中心和衰变型地位意象界定的文化阶序，也就是说，如果从政治正当性的角度来考虑，那么，展现在我们面前的，就是一幅自上而下组织起来的图景——从最高王公或国王，经由各级(彼此关联或无关联的)小王公，直至遭受恣意剥削的最底层村民。但假如我们将它当做一种支配体系、一种命令和服从的结构来考察，那么，就会大相径庭。权力不是从权威的巅峰开始向下流动，也不是从能量中心向外扩散，恰恰相反，权力是被拉向这样一个巅峰，或是被吸进

63 这样一个中心的。命令的权利不是由国王授予王公，王公授予小王公，小王公授予子民，而是由子民出让给小王公，小王公出让给王公，王公再出让给国王。权力不是从顶峰开始分派，而是从底部开始积聚。这并不意味着它是一个民主制度，它当然决不会如此；它也不是自由主义的，它的自由意味只有更淡。毋宁说，它是（彻头彻尾的、无处不在的、根深蒂固的）联盟性质的。

5

简言之，在前殖民时代的塔巴南，存在着四种类别的政治人：巴莱艮（*parekan*），侟乌拉（*kawula*），庄头（*perbekel*）和崩加瓦（*punggawa*）[37]。

巴莱艮是指一个完全仰赖某王公或某婆罗门僧正（这种情况无疑要少得多）过活的男人（更准确地说，是一个家庭）。他家无寸土，住在毗邻其王公家系的“拜坎德兰（*pekandelan*）”区内（见地图 2），他的日常所需都拜王公所赐，有义务随时候命当差。他不算是奴隶，这是由于巴莱艮是不能买卖的（事实上不存在任何形式的奴隶买卖），如果他愿意的话，法律也不禁止他们不再替王公工作，只要他们能觅到活路，衣食和住房能够自给就行。但如果他这么做的话，马上就会变成一个身无长物的奴仆[38]。

侟乌拉是巴厘数量最多的一类人，也许占到巴厘总人口的 90%。侟乌拉是男人，不在支配精英之列，拥有自家的田产，或有薄技在身，有的还兼有二者，他有义务为某位王公履行某种确定的和有着严格限制的役务：他是一个属民。

前文已经说过，庄头管辖着一定数量的侟乌拉，他们直接依附于他；他负责监督他们作为属民而必须履行的义务：他是一个政治工头。

最后，崩加瓦，前面也已经说过，他是某块领土的王公（如果确有一块领土的话），在他下面有一群或多或少的依附庄头，成百或上千个的侟乌拉依附于他。虽然人们通常都不称他是崩加瓦（除非他和克伦孔的关系得到公认），最高王侯（即“国王”）事实上就是诸崩加瓦中的崩加瓦：他拥有更高的声望等级，但不一定拥有更为强大的权力地位。实际上，卡来伦、须巴蔑、谏义里、雅农，或许还有明古的首领们，在 1891—1906 年间“占有”的侟乌拉数量都要远远超过大菩犁[39]。

如果从政治结构的观点来看(稍后我们将接触到更有趣的内容),作为 64
庄头之“家产”的佧乌拉,以及作为崩加瓦之“家产”的庄头,其关键之处在于,他们不是以地域为单位的。也就是说,任何一个庄头治下的佧乌拉属民都不会全部集中在某个村庄中,甚至不会集中在几个毗邻的村庄中,而是散在一些没有关联的村庄里:这里有一些,那里有一些,第三个地方又有一些,等等。

我可以举一个例子,我的一个访谈人曾担任须巴蔑耶罗一个王公治下的庄头,他在塔巴南正北的一个山村中拥有 4 个家院(houseyard,佧乌拉即是依据这种地方单位分派的),在斜坡下方 5 公里远处另一个山村中拥有 7 个,在塔巴南东北马儿贾方向约 15 公里处一个村庄中有 10 个,在西北方向的咖啡园上方一个隐在林中的孤村中有 4 个,在靠近任抹边界处偏西的另一个村庄中有 40 个,在靠近克伦碧昙约半公里处的一个村庄中有 10 个,在塔巴南正南距海约一半路途处的一个村庄中有 2 个,在东南谏义里方向处的一个村庄中约有半打——几乎散布塔巴南的全部势力范围之内。

就像须巴蔑治下的其他庄头(或许 15 个,或许 20 个)的“家产”散布各地一样,崩加瓦的属民同样也不是一个集中的群体。其他每个崩加瓦都是如此,由此可以一直上推到大菩犁,据说,大菩犁的属民遍布任何一个地方:在几乎每个村庄中都有两三个家院,但在每一个村庄中都不会很多[40]。无论是庄头还是崩加瓦,甚至国王本人,都不能够控制某块地域。他们也同样不能控制村落政治单位(村庄、水社、庙会),他们不能以王公的身份来确定自己和这些实体的关系。在古代巴厘,他们控制(或像他们自己所说的,“拥有”)的真正政治资源是:人民[41]。

如果我们从村落一方来看这个问题,这个体系意味着,在超地方的政治义务方面,任何一个庄社(水社和庙会亦然)的人口都是在几个崩加瓦和众多庄头中间分配的。就尼加拉而言,基本的地方政治单位是“拜客兰”(*bekelan*,在德萨体系中这一单位没有任何意义可言),即所有那些“隶属于”同一个庄头的人。人们不是通过继嗣群,而是通过家院加入拜客兰的,因而,即使是亲近的亲属也会经常被分开。事实上,在超地方的政治效忠联 65

盟方面,德萨体系从来不曾形成任何具有重要意义的结构性分割[42]。

在有些情况下,一个村民甚至可能同时效忠于两个庄头,由此也效忠于两个崩加瓦(虽然未必一定如此),而两者所要求的役务并无多大不同。因而,孔恩在其报告中说,在向克伦碧县的崩加瓦投献的1500个家院中,大约有700个家院同时向塔巴南的崩加瓦投献,在这两种情况下,都经由正当的庄头[43]。对塔巴南王公,他们承担正常的义务(下文即将描述这一方面),而对克伦碧县王公,他们只需不时到该王公菩犁的外墙外面做些活计。其余800个家院则以正常的方式只投献于克伦碧县。

从农民的观点看来,他对国家的义务只是他(或更确切地说,是其家院的成员)通过庄头与他的王公之间的事情,而无关乎他所属的德萨集团和全能国家机构,若真有后一种情况,他所属的地方群体就将会变成国家的一个合作部件。尼加拉和德萨遵循不同的线路组织起来,也服从于不同的目的。它们之所以能够彼此关联,既不是通过某种共同的结构,也不依靠某种共同的目标,而只不过依赖于一个简单的事实,即,每个人既属于尼加拉,也属于德萨[44]。

6

现在,让我们来谈谈佧乌拉对王公所负的具体义务,我们发现,这些义务最令人惊奇之处是,它们的范围又专又窄。不是全方位的效忠,即向一位全权王公的全面服从,人们给拉甲的回报其实是十分有限的,仅仅是他作为拉甲应该得到的东西。只有两种义务,而那两种义务又是相似的文化当量:仪式役务和军事支持。尽管这两项义务也很繁重,但除此而外,佧乌拉不再受任何束缚。他不是一个佃户、一个农奴、一个奴仆或者一个奴隶,退一步说,他甚至不是我曾经用以称呼他的那种“属民”。在永不落幕的政治戏剧中,他是搭台工、龙套、捧场客。

正如佧乌拉本身一样,政府的职能也是如此:它们不是集权的,而是分散的;不是通过一个阶序式的执行机构体系向上集中,而是通过这些各自为政的机构四下分散,每个机构都是高度独立、自主的,也是遵照不同的原则

各自组织起来的。巴厘权力体系的联邦式本质并不取决于当政者的一己之 66
志和文化雄图，尽管王图已足够强大；也不能归咎于它那臃肿的社会组织的脆弱，尽管其已病入膏肓。它深深地渗入了政府的骨髓：这些人不得不倚赖的行政机构。

7

说到这种隔离状态，即王公和村民间其他类型的有重要社会意义的关系与政治关系本身（崩加瓦-庄头-佧乌拉）的隔离，有一个特别引人注目的例子，就是古代巴厘时期地主-佃户纽带的自主性。西方封建主义最终会产生一组封地（domain），这些封地也是自治领（dominion）；但尼加拉却绝非如此，对土地的控制和对人民的控制分别表现在不同的制度中。

在塔巴南，除了个别情况，稻田都归私人所有。绝大多数田主都是农民、村居的佧乌拉。但王公们也拥有这些田产，他们和无地的拜客兰仆人们的大部分生活必需品都来自这些田产。绝大部分田产，它们既是王公的，也是平民的，都被分割成数量不等的小地块，分散在各处，每块平均半英亩到2.5英亩或3英亩。用法律术语来说，王公和村民对这些田产所拥有的产权正好是同一种。租佃的形式也没有什么差别。唯一的差别在于，王公一般都经由大量水社之手而拥有更大数量的田产。（但也不总是如此。19世纪晚期，塔巴南至少有两个最大的田产拥有者都是首陀罗佧乌拉，堪与最富豪的王公相为匹敌。）[45]

虽然在大多数情况下，王公的田产总是超过平民的田产，但在王公群体中，田产数量却并不均等。在塔巴南，大地主家系大概要数雅农、卡来伦、谏义里和克伦碧昙。其他的崩加瓦家系，虽然都家产不菲，但总的来说田产数量要少得多。因此，在政治权力和农业财富之间充其量只有部分的相关性。不惟在塔巴南，巴厘的总体状况也是如此。巴厘岛上的最大势力之一，即卡琅噶森的东南王国，只有极少的稻田；而明关威的古老家系喀吧-喀吧则拥
有数量惊人的地产，但它似乎从未能够将土地转化成与之相当的武力。这 67
当然不是说，在巴厘，人们在农业财富上的级差根本不影响他们的政治权

力。但这既非它的要义，也非它的实质[46]。

佃户耕种王公的田地，就像村居佃户租种村居地主的田地，二者并无不同。正像田地散布成星星点点的小块一样，佃户也散居各处，从而任何王公也就拥有同样多的散地和散户。王公选择佃户，主要是考虑到他们住在田地附近（通常，这些佃户自己的田地也在同一个水社内，因而他们和王公都是同一个水社的成员），也因为他们有着令人满意的农耕品行：田间技术、勤劳、诚实。一旦承佃，永久承佃，儿子们通常都会承继父亲的永佃权，只要他们的表现令人满意就行，不管田地如何易主。

就我个人所见，一个王公通常不会刻意选择他自己的佧乌拉作为佃户。但另一方面，他们也不会刻意避开这些佧乌拉。租佃标准和属民标准是不同的，显然，没有什么理由想象二者有密切的关系。由此带来的结果是，不是其地主的佧乌拉的佃户数量越多，地主的不是其佃户的佧乌拉数量也就越多。事实上，由于地块很小，在这段人口尚未饱和的时期内又没有太多既长于经营又缺田少地的农场主，因此，许多佃户会向不止一个王公承租田地，也许还要租种一两个村民的田地[47]。

简言之，在政治权威结构、田地占有结构和田地租佃分布之间，并不存在一致的对应性（但不排除这里或那里会出现偶然的重叠）[48]。

8

贵族地主应得的水稻作物分成由被称为西答汗（*sedahan*）的官员——“收租管家”，“收税人”——在收获季节出面替他征收[49]。

大多数王公都有几个这样的税官，通常都从本家支中地位较低的成员或通过庄头或其他效忠方式从依附于他们的家支成员中选出。（在少数情
68 况下，某人既可能是一个税官，又是一个庄头。但这种情况极其少见，会尽可能避免。）通常，还有一个大税官（*sedahan gde*）统管着一个王公或王侯家系的所有税官。此人是该王侯家系的成员，全盘负责该王公的收租和收税工作：监察众税官、保存账目、储存粮食，等等。但他也像一个普通税官那样，亲自负责一定数量的现场收租，他与他们平起平坐，而不是一个真正的

头头。如果要交租的稻田是相对集中的,分布在一个或通常是多个相邻的水社内,大税官的责任就会再次以同样方式分散,在该王公拥有地产的每个地方,他都亲自监管一两块田地[50]。

正如上面所提及的,收税(*pajeg*)也是大税官和普通税官的职责。它也是在其自身的基础上组织起来,既不与庄头权威支配体系相对应,也不与田地租佃体系相对应[51]。

在大多数情况下,税区(*bukti pajeg*)都在一个单一水社内形成。在一个既定税区内的收税权"属于"一个王公,他的收税官在收获时节或稍后收取实物税(即,去壳稻米)。税不被看作是一种土地税,而是一种水税,所以,不是按照土地规模而是按照佃农所用的灌溉用水量来收取的。最后,虽然今人可能会有所怀疑,但"属于"一个王公的税区确实并不集中,而是分散在全境。从财政观点看,正如从所有权和政治观点来看那样,巴厘乡村恰似一个棋盘[52]。由此导致的一个更奇妙的结果是,它使得一个人既可能是某个王公的佧乌拉,又是另一个王公的租地佃户,也向第三个王公交税[53]。

在孔恩看来,一个正常的国家应该拥有正常的主权,这是不言而喻之事,所以他称巴厘王国的"痼疾"(de groote kwaal)在于"缺少一个统治全境的强大政府"[54],而如今这种"痼疾"所赖以长成的根基正在越来越清晰地进入我们的视野。在整个领土之上,根本不曾存在过一个大一统政府,无论强大还是羸弱。只有一张由各种众所公认的特定主张(claims)织成的盘根错节的网。

水利灌溉的政治学

然而,还有一个纷争不休的关键问题,据"亚细亚生产方式"学说所言, 69
水利农业、王公与水利组织及控制的关系造就了权力的内在集权化效果。就这种类型的组织和管理而言,它也的确由收税官构成;因此现在的问题就落到税官身上,或更准确地说,大税官在水社的内部机制运作中所扮演的角色上面。他,还有他背后的王公,是整个体系的行政中轴吗——是它的幕后、推手、监工,一种稻田"拉甲"吗?抑或,是否他,还有他背后的王公,只是次要的角色——作为收租人和征税人,偶尔行使某些辅助职能如协作、仲裁、调解等，而这些职能只是水社成员委托给他的，最终卓有成效地控制着农业决策的本是这些成员？

在我看来，对这些问题只需简短作答：撇开一些无关宏旨的例外不谈，第二种观点是正确的；第一种观点，除了偶见的例外，是不正确的。但若欲明了何以如此，尼加拉在灌溉水利中究竟扮演何种角色，以及，何种角色它从不扮演，还必须进一步在总体上考察巴厘农业的社会生态学，尤其是水社（苏巴）的社会组织和技术组织。[55]

2

在技术上，塔巴南的水社是完全自足的，它不能依赖那些不由其直接控制的设施。不存在任何一种由国家占有、掌管的水利工程，这些水利工程也不是任何一种超水社的自主团体的财产，也不归它们掌管。任何田主都要依赖水社的全部设施（水坝、引水渠、堤岸、分水闸、地下渠、高架渠、水库等）才能获得水源供应，这些设施是由一个独立的法人团体独力或合作建造、拥有、管理、维修的，他是这个团体中拥有全权资格的成员，而若从法律方面来说，他也是与其他成员完全平等的。无论从马克思主义角度看待巴厘时能够得出其他什么结论，但在基本的生产手段方面，绝不存在异化的问题。其结果也根本不是原始共产主义，但它同样也不是原始的国家资本主义——“全面的恐惧—全面的服从—全面的孤独”。[56]

作为一个生产单位，一个水社可以定义为（巴厘人也将其定义为）：从同
70 一条主渠（*telabah gdé*）引水浇灌的所有稻作梯田（*tebih*）。这条作为水社共同财产的水渠引自一条土石坝（*ém pela*）。如果水社规模很大，这条坝也会全部归水社所有。不过，在通常的情况下，它归几个水社共有，每个水社都曾为建坝出过力（可能已过去很久了），而每个水社都有一条主渠流经。在这种情况下，渠坝日常维修在几个水社间轮值，水量分成（也就是说，干渠的相对规模）也根据惯例确定[57]。

由于在（不管是独自还是共同拥有的）水坝与梯田之间纵铺着一道绵长的坡地（有时长达 10 或 15 公里），因此，在许多巧夺天工的高架渠和水道的

辅助下,主渠都会纵贯众多彼此交错的“外国”地域,或流经地上,或穿行地下,或环流过境。在小水社中,这条主渠会直接流向梯田,但在绝大多数情况下,当主渠抵达梯田之前,就会插入一个分水闸(*temuku aya*),将主渠分成两条支渠(也叫 *telabah*)。越往下流,这些支渠就会通过二级分水闸(也叫 *temuku*)再分成两股或三股水流,在许多情况下这个过程会再重复一次。经过这种初级的、进田之前的水量分配,一个水口最终分成了一打独立的水垄口。每个垄口都浇灌着一块该水社的独立地块,这些地块叫作“腾培田”(*tèm pèk*)。全境范围的、干渠水量在进田之前的分流能够达到怎样的程度,而水社内部划分成腾培田的程度又有多大,首先要看主渠的规模有多大,其次要看该地区的地貌如何,在某种程度上,还要考虑到纯粹的历史偶然因素。

在图 4 中,我们提供了一个典型的水社在进田前的水利工程的大致形貌[58]。

当渠水引到腾培田后,它会再次分成两股、三股、四股,在极偶然的情况下甚至分成六股。这段水渠因此也确定了主要的次级腾培单位,通常叫作“客考兰”(*kecoran*)。客考兰由少则半打、多则 70 甚或 80 块小梯田组成,因此,在客考兰内部也会依次使用更小的分水闸,只要分出来的支水够用,水闸甚至有可能分到第十级;它们将水分到终端小渠。这些小渠由此也确定了水社的基本单位,“丹乃”(*tenah*)。在任何一个水社内,一个丹乃在理 72
论上正好代表着水社全部水量的同样分成,要么整体如此,要么局部如此;总体网状布局即是为了促成这种平均分成[59]。

图 5 即以模型形式表明了水社的网状布局,水社的进田前结构在图 4 中已经勾勒出来了[60]。

然而,这种图示仅代表一个局外人对该体系的观察,而不代表一个当地人的观察。对于水社的成员,他们并不是将它看作一个由一定数量的(比方说,240 个)部分组成的整体,然后逐级向下分配,直到丹乃,恰恰相反,他们的眼光是从丹乃开始的,丹乃是最易实际感知的,然后再逐级向上。假定丹乃内部的梯田布局是令人满意的,其成员首先会关心地看到,最切近的(即客考兰内部的)划分是合理的;然后,在客考兰层次或腾培内部的层次上的

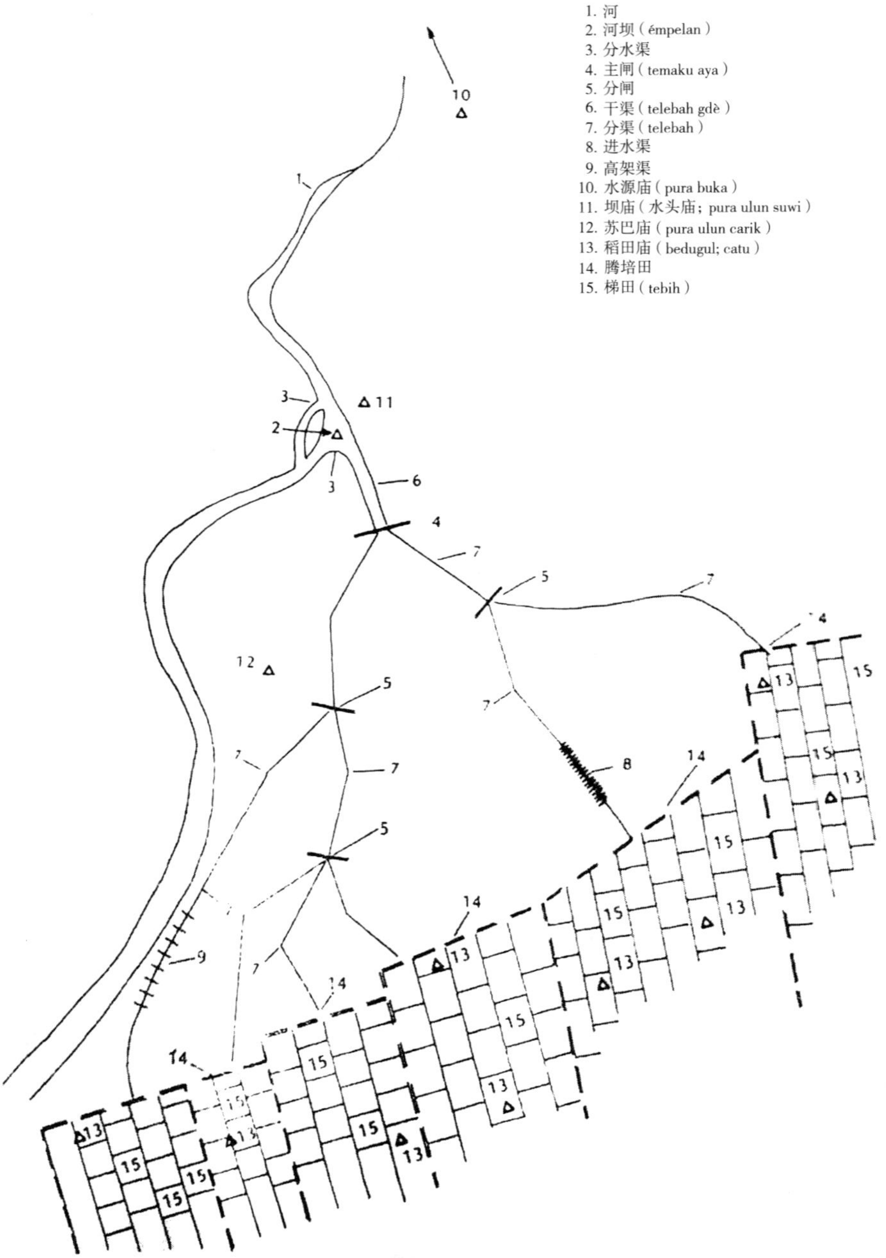

图 4　塔巴南“典型的”水社的初级水利工程规划图

划分也是合理的;而最后,在作为一个整体的水社层次上——就是说,在干渠分水闸的层次上——也是合理的。

人类学家至少会发现,图5和亲属关系分节表在形式上是非常相似的,这绝非偶然。它们的组织原则是相同的,虽然其原理和运用的领域是截然不同的:在这个体系的每一个层次上,从最基本的层次到最综合的层次,都存在着一种由分水闸与水渠确定的基本单位间的互补性对立。这整个体系是一座由各级结构性对等单位共同逐级建造起来的用水权金字塔。

3

水社的社会组织、政治组织和宗教组织,还有总体上的稻作农业组织,与这种水利技术模式颇为相似。水社作为一个法人团体的结构是由作为一个引灌机制的水社的结构所赋予的。

稻作农业的基本任务——犁地、放水、播种、插秧、刈草、灌溉、收割,等 74
等——都是在这个体系的最低层次,即在私人所有的单块梯田或组合梯田层次上(即丹乃,图5中的“最小分片”)组织和进行的[61]。完成这些任务所必需的社会安排,如分成、租地或典地、换工、集体劳动等,也是如此。在这个基本层次上,作为一个法人团体的水社并不扮演活跃的角色;它只是为耕者有其田的个体农民确立了一个置身的情境而已。水社从未作为一个严格意义上的生产组织而行动(这大概是我们可以敢于冒险表达的关于巴厘的少数断言之一)。它调控水利灌溉,为了这个任务,它还会对个体种植者的决策施加重要的制约。但虽有这些制约,实际的耕种过程却从来都与它的权限与兴趣没有关系。水社曾经是、现在仍是一种技术性的、公有的公共设施,它不是一个集体农场。

这种灌溉体系的日常技术工作主要由我们可称之为(依照我们对于环节制度的印象)中间层次的组织完成,即是说,腾培和客考兰这两个层次。在这些层次上形成了巴厘人所称的媞卡耶(*seka yèh*),“水利队”——由水社男性成员组成的群体,水社委派他们集体完成这些日常活计,并计活付酬——支付实物或现金,或减免各种水社税额和贡物[62]。通过在水社内调

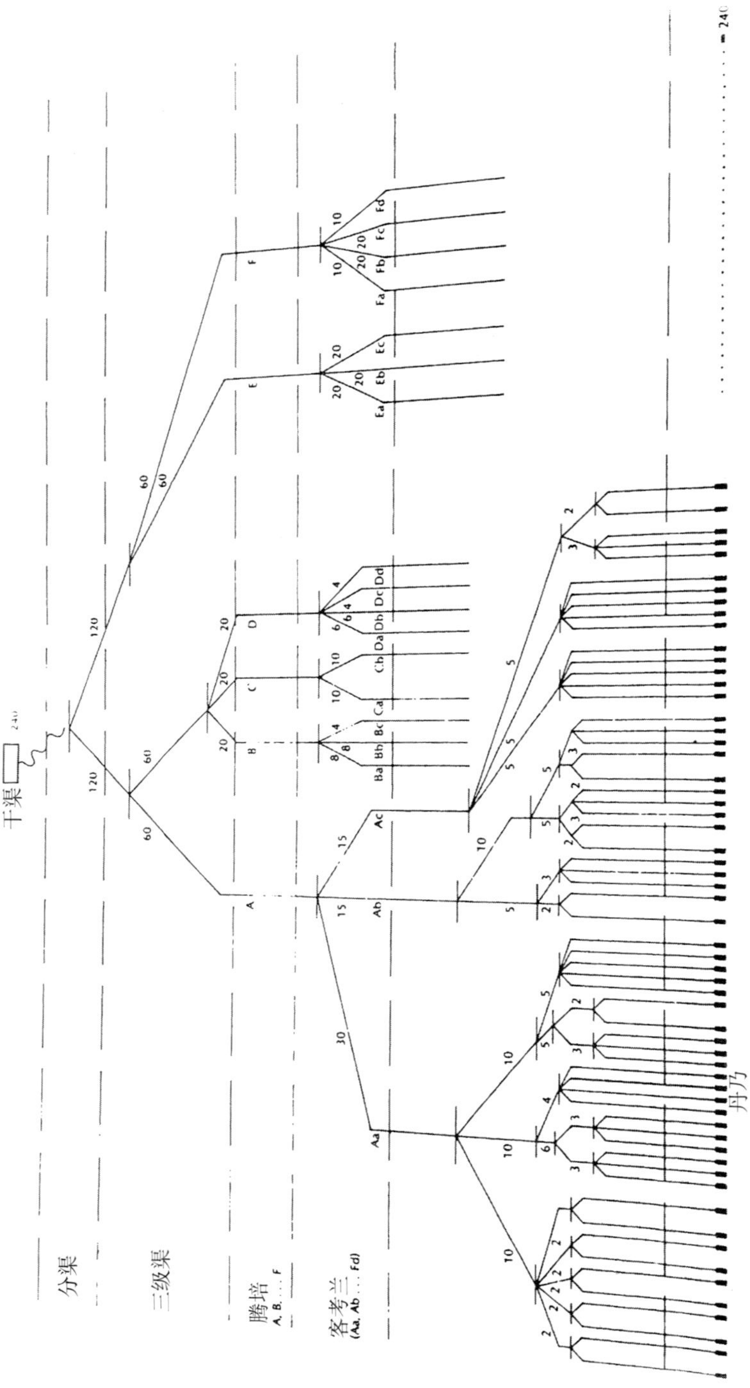
干渠
分渠
三级渠
腾塔
A, B, . . . F
客考兰
(Aa, Ab . . . Fd)
丹乃
240
120
60
30
15
10
20
Aa
Ab
Ac
Ba
Bb
Bc
Ca
Cb
Da
Db
Dc
Dd
Ea
Eb
Ec
Fa
Fb
Fc
Fd

图 5　水社灌溉水网模型

换工作地点，轮换出工，即使保守估计，水利队成员也完成了水社水利控制必需劳动量的90%。水利队队员在自行推选的社首即“客连媞卡”（*klian seka*）的带领下，成为水社的技术心脏[63]。

水社层次的组织主要关注决策事务和（非常）偶然的集体劳力动员事务。前者负责处理诸如制定、征收水社税种；判罚违规金；支付水利队，并在总体上安排水利队的活动；决定梯田数量的增减；重新调整渠网（不过最终变动甚微）；记录、管理土地转让；解决成员间的纠纷；处理与同一水系区内其他水社的“外交关系”。后者则负责修补主坝和进田前渠流系统，这些工作若没有协助的话，单靠水利队是力不能支的[64]。

这个层次上的组织的社会表现形式是卡赖麻苏巴（*krama subak*）—— 75
拥有水社梯田的全体人的集合。与土地数量多寡无关，卡赖麻苏巴的所有成员都拥有平等的法律权利，他们通常每个（巴厘）月召开一次会议，届时全体成员都要出席。正如前面已经提及的，这个团体的首领，因而也是作为一个整体的水社的首领，是（通常经由正式程序）从水社全体成员中选出的客连苏巴（*klian subak*）。因而，以客连苏巴为首的卡赖麻苏巴也就成了苏巴的执行政府。对“水利村庄”的有效统治权就不偏不倚地落实在这一层次上。正如水利队连同其卡利安之为水社的技术心脏一样，卡赖麻苏巴连同其首领乃是水社的政治心脏[65]。

4

在我们讨论的三个层次的组织中，每一种——梯田组织、水社内部组织和水社组织——都与某些特定的仪式活动关联在一起。在梯田层次上，这些活动主要包括在田角举行的小型花祭和食物祭，在某些节气，耕作周期的特定点上，或当人们感到有必要或情势所需时，也包括某些在田中举行的与栽种、收获相关的仪式。这些仪式是“个人的”——它们是为了田主本人的福祉，确保梯田或歉田的丰产。在腾培/客考兰的层次上，它们包括同样的祭仪，由客连媞卡耶（*klian seka yèh*）和水利队代表有关的次级群体在“贝都古”小石坛（*bedugul*）上举行（见图4）[66]。这些祭坛都靠近重要的分水闸

（即是说，那些界定重要的次级水社单位的分水闸），它们是“驿站”或主要水社庙（乌伦嘎里庙）的“缩影”；如同政治重心一样，水社这个层次也是仪式重心的坐落之处[67]。

乌伦嘎里庙，其字面意思是“稻（田）首庙”，通常坐落在图4中的进田前网格侧近——即是说，在这些田地上方——或朝向田地上端的空地上。它是一座庙，一个普喇（pura），而不仅仅是一座祭坛，因为它有一个一（巴厘）年一度的节日，诸神在此降临受飨——还配备一个专职的庙祝（婆莽古，*pemangku*）。无须在此描述仪式细节，简言之，从这个体系的底部到顶部，
76 从梯田层次到将在下文描述的水系流域层次，最根本的因素——稻母/稻婚祭仪的各种版本——都是基本相同的，仅在精致程度、方式或表演和最根本的社会指涉的范围等方面有所不同。在这里，我们所说的范围是指作为一个整体的水社。乌伦嘎里庙祭给整个水社祈福，由庙祝以水社的名义主持，当然也得力于全体成员的襄助。由此，乌伦嘎里庙可以说是最出乎其类的水社庙。它是水社道德一体性的表现，也是其物质目标的象征[68]。

不过，水社层次的组织还有其他两种密切相关的庙宇。前文提及的与庄社宗教生活有关的庙宇是巴来阿贡庙（Pura Balai Agung），即“村庙”，它不仅保障水浇地和非水浇地（即园圃、椰林和水社外的其他地块）的丰产，也保障“风俗村落”地区内女性的丰产。因此，从水社观点来看，巴来阿贡庙象征着水社，即灌溉农业内部的普遍联系，也象征着村庄，即日常社会、政治和经济生活的普遍联系。它及其祭礼构成了架通“湿性”村庄和“干性”村庄即班家的桥梁，从而也将水社置入了前文所述巴厘整体的“复合的”、“多元的”或“重叠、交错的”村庄体系之中。[69] 其次，还有“水头”庙，即乌伦喜威庙（Pura Ulun Suwi），它坐落在水社主坝上面或其附近（见图4）。它是众水神驻跸之所；我们马上就会看到，正是在这里，“开秧节”仪式将单个水社关锁进整个流域的生态系统当中[70]。

因此，这三种水社庙，就像三种村庙一样（巴来阿贡庙同时属于两边），象征并（更重要的是）**调整**着相关社会单位不同方面的活动。乌伦嘎里庙（Pura Ulun Carik）象征着作为一组稻田，一个耕作单位的水社。乌伦喜威庙则象征着作为一个更大的、地区性生态系统之一部分的水社。而巴来阿

贡庙则象征着(从水社来看)水社作为全局性地方社会—政治—司法—经济体系的一个组成部分,也就是说,它是在最广泛的、最一般的、“非尼加拉”的意义上的“德萨”的组成部分——它是一个道德社区。

然而,我们在此对于这些关于庙宇类型及各层次的仪式活动的所有讨论都没有花费太多的民族学细节,这是因为那些庙宇(以及祭坛、梯田)中的 77
活动都将作水社呈现为一个协作机制的整体。保证了巴厘灌溉系统运行良好,并赋予它以形式和秩序的,绝不是控制着大型水利工程、役使大批苦力的高度集权化政治机构,即追求“全权”的“亚细亚暴君”治下的“水利官僚制”。它是在社会上逐层分级、空间上散布四方、行政上非集权化且道德上实行强制的仪式义务团体。在超水社即水系流域(巴厘人通常称之为“柯西答罕”,*kesedahan*)层次上(在这个层次上协作问题达到极致),这个事实变得尤为明朗,在理解巴厘国家方面也尤为重要。

为了更好地说明塔巴南诸水社间的关系是如何在“地表”上展现的,我在图6—10中绘制了5个位于不同海拔处的区域,从拥有大型的、密集的水社的海岸地带,到拥有小型的、分散的水社的稻区上方边缘地带[71]。

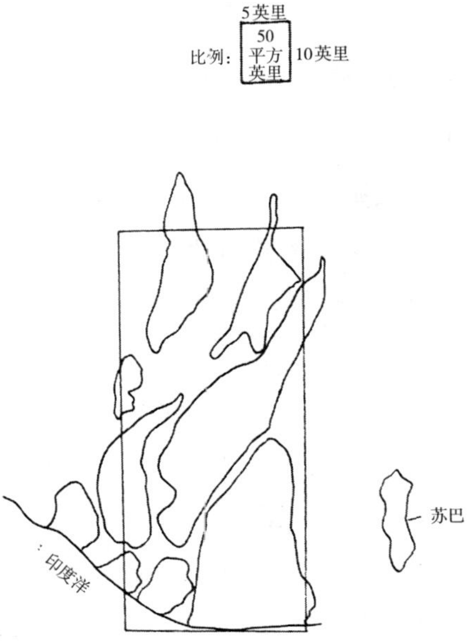

图6　最低低地水社(简化)

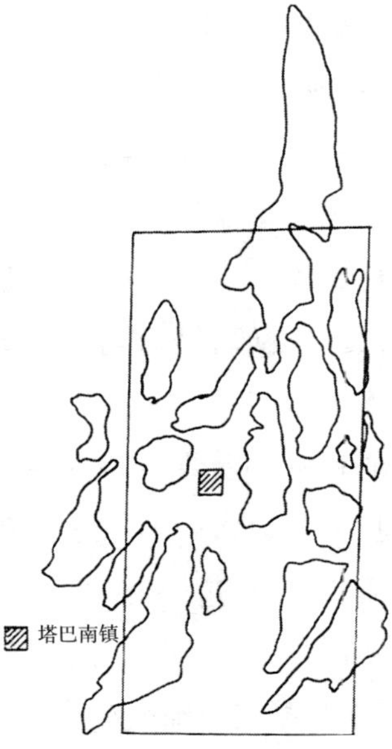

图7　中—低地水社(简化)

图 8　高—低地（或低—高地）水社（简化）

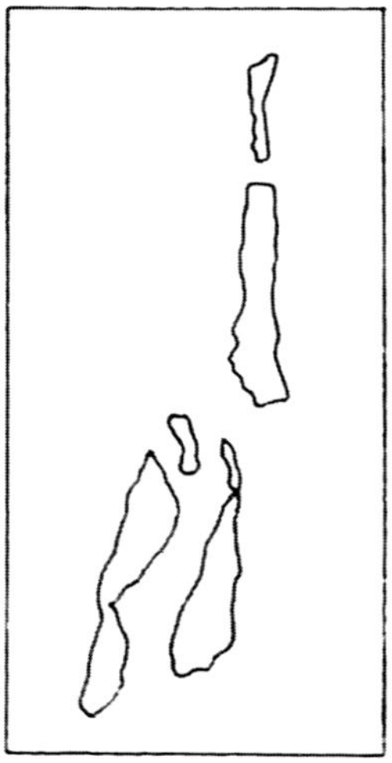

图 9　中—高地水社（简化）

图 10　最高高地水社（简化）

5

与刚刚讨论过的水社及次级水社层次的组织相比，水系流域（kesedahan）层次的水利组织在几个重要方面都是迥然不同的。首先，在这个层次上，不存在诸如水利队或水社委员会之类的法团。只有前文所述税官及大税官这些收租人和征税人，他们各自效忠于不同的王公，他们的辖区也是不规则地散布于各处的。其次，至少是部分地由于这种分散状态的原因，在这个层次上没有真正有机的单位，笼统地说，只因各水社须从同一个水系中分水，才有必要展开最低限度的协作。其三，撇开后文所述的特例不谈，在这个层次上也没有什么确定的、组织完备的、可重复的技术任务[72]。如果90%的巴厘水利劳动都是由水利队负责的，那么，作为一个团体的水社成员会承担其余的9%，只有1%的零散工作是由一群水社来共同完成的[73]。

简言之，在这个最高层次上，是一群国家财政官员（普通税官和大税官）
80 和一套精致的、地区性的、大体上自主的仪式体系，一种高度传统化的稻田崇拜，而只是以象征性的也十分次要的方式，这些官员才成其为正式的领导者。

在19世纪的塔巴南(虽然有所变化,今天依然如故),这种稻田祭仪包括九个主要的各有名目的阶段,这些阶段按照总体上确定的顺序前后衔接,一旦第一个阶段发动,就随着水稻生长的生态节律顺次展开。这种祭仪在塔巴南境内都是一致的(即是说,在结构上具有一致性,而仪式细节则随地而异);它折射到体系的所有层次上,从梯田到超水社层次。这九个阶段是:(1)放水;(2)开田;(3)下种;(4)净水;(5)飨神,在这种每月一次的祈礼中,每个田主都要从苏巴庙(乌伦嘎里庙)中将圣水取回自家田中,还要举行各种花祭和献食祭(严格地说,这道仪式不能算是一个独立的阶段,因为在整个耕作周期中,每35天都要重复一次);(6)萌蘖(插秧后百天左右);(7)稻黄(成熟在望);(8)刈熟;(9)归仓。[74]

如此一来,同一水系流域内不同水社的"放水日"——在这一天,水从坝中放入水社干渠——就前后错开了,水社在山—海斜坡梯度上所处的位置越高,其放水日也越早。因而,在这个体系顶端的那些水社在十二月启动仪式周期和种植序列,而那些在底部的滨海水社则开始于四月;那些中间的水社在时间上也同样处于这二者之间。其结果是,在任何一段时间,沿着斜坡下行,不难看到,整个水系流域的耕作序列呈现出一个逐级递进的过程。[75]当一个高地水社正在放水预备犁地时,一个低地水社正忙着清理田地;当一个低地水社放水时,高地水社已经开始插秧;当一个低地水社庆祝稻黄,也预示着大约一个月后的刈熟时,一个高地水社已经收谷归仓了。以这样的方式,嵌入仪式周期中的时间进程也展示在地表上:除了将耕作程序逐一植入每个水社以外,它也以这种方式将这些分立的序列前后交贯起来,从而为整个地区提供了一个总体序列[76]。

这个体系的主要生态效应(虽然它也像美国城市法或英国普通法一样, 81
以一种不自觉的、随境而迁的方式向前演化了),它的主要生态目标,是平抑对水这种基本资源的种植年度需求,不让它肆意波动,如果没有这个体系,后一种结果是必不可免的。简单地说,在周期之初,梯田层级的水稻生长需要最大的水量投入,周期越往后,供水量也同步递减,直到最后,还要把所有稻田中的水全部排空,在干田中收获;如果同一水系区域内(更糟的是,沿着同一条河流)各个水社的周期都同时进行,必然会造成在早期阶段的水源供应求远远大于供,而在后期阶段则会供远远大于求;再简单一点说,尤其是因为大量可资利用的天然水数量在一年内不会大幅度改变,特别是在半年的水稻生长期内。的确,因为水是水社生态系统的关键制约因素,如果水社周期不循序而进的话,巴厘的水稻种植根本无法企及其19世纪的水平[77]。

一旦在本地的“全巴厘”庙中举行“全塔巴南”放水仪式,整个周期即宣告开始,这座庙坐落于在地理和精神上俯视塔巴南的拜都考圣山(Batu Kau)的林地一侧上方。在来自大菩犁的大税官们(即高等家支的高等收税官)的象征性领导下,一场典礼——参加者包括所有收税官,本地所有水社社首、庙祝,和不畏山路困顿的虔诚社员,当然还有从天界受邀君临的男女诸神——在此开始举行,目的是为了确保在即将到来的季节中整个领土上的全部梯田拥有充足、“灵验”的水流。这个“千端之首”当然也受历法决定,整个地区的周期从它开始发动起来;每个水社的放水庙(乌伦喜威庙)也随之依照自身的节律开始举行仪式。收税官们,作为一个松散的、非法团性的(的确,其内部纷争四起)群体,在祝颂之后,开始发动本地的用水序列。然而,一经发动,这个体系就基于它自身的节律自行运转,并实行自己的、地方化的、独立的、如出一辙的祝颂礼。[78]

82 总言之,如果透过一位巴厘神灵的眼睛来看这个体系(也就是说,从诸神所居的阿贡火山上方某处看),会看到一组结构相似(暂不论某些成分变异,可以说完全是相同的)的仪式序列自发形成于全境的不同地区,以及从水系流域到私人梯田的各个组织层次上。

虽则这些序列都遵照大体相同的节奏和阶段运行,但它们却不会正好处于同一个阶段上。在超水社层次上,它们前后延宕,从水系顶端依次到达底部。在水社自身和它之下的层次上,它们却是一致的:当水社庙祝在社庙中祝颂水稻萌蘖时,水利队成员也在腾培和客考兰祭坛上祝颂,而每个田主也在自家田中祝颂。最终的图景将揭示出,一组以地方阶段为基准的农业周期锁定在一个总体的地区周期当中。对于全塔巴南,有一个在拜都考寺中的周期,它是典范的、国家合法化的、纯庆典性质的,由于它高居于水稻生长线之上,它和任何一个水社、任何耕作周期都没有关联[79]。而在每个水社内,在其所有层次上,都会在某个时间节点上复制这个"典范中心"的祝颂周期,由此与一个特定的耕作周期紧密相联起来。以这种方式,一个复杂的生态秩序既反映在一个同样复杂的仪式秩序之中,也由后者形塑而成,而这个仪式秩序既生成于那个生态秩序,又反过来叠加在它之上[80]。公元2世纪《礼记》中的高论,"仪式消除混乱,犹如堤坝遏止水患"①[81],用之于巴厘是再合适不过了。

6

但显然不该用"先定和谐"的眼光来看待水社间的关系,尤其是事实上它们远不那么和谐。若从神的眼睛来看,整个耕作周期看起来更是一个宏大的、有仪式节律的过程,在整个地区内一波接一波地折射着。然而,在一个农民的眼中,这个旋律越是宏大,越是浑若天成,它也越不清晰,反倒不如地方扰动那样清楚。

这个仪式体系提供了一个总体的协作框架,藉此,各个水社无须强行推行那种集权国家的强制权力就能调配各种工作,但它本身却不能解决各种 83
不可避免地从那个框架中生出的日常调整问题。正如一个水社中的农民不得不与邻人协调自己的活动一样,不管是通过个人途径,还是水社的治理机制,既然置身于众多水社之中,每个水社也不得不与四边近邻协调活动。确实,正是由于这种地区内部协调机制十分发达,也富有成效(除了有些特殊情况),地区协作才能藉由仪式体系的代理而得以完成,事实上,超凡政治权威给它的强化是微不足道的。无论如何,因水社体系的特定结构而产生的大部分政治张力都能够在水社间私下的、逐例的、临时的协商中而消于无形,而无须升级到这个体系中更高的、也容易失控的层次上[82]。

在此,与前文所述国家间的条约一样,这种一对一的调整框架也是一个十分发达的、异常繁琐的惯例总集——这些既定的先例虽然没有超凡的政治实体来加以强制实施,却无疑有着法律般的力量,这无非是由于它们在解

---

① 原文见《礼记·经解》:"夫礼,禁乱之所由生,犹坊止水之所自来也。"

决水社间龃龉时提供了一部法典。

这类“习惯法”可谓数不胜数，其内容也因地而异。它们所涉及的事务包括：允许多少水量随时漫堤（即使在梯田泛滥时，河流也不准改道，修建永久性辅河的原因可见图4）；禁止污染河水；允许修建库坝、地下渠、高架渠、水渠、水库和其他工程的方式和地点；当两个以上水社共用堤坝时如何分水，承担出工义务；水社间入借、出借、典当、租借和出卖河水的法规；从河中引水和排水的法规；捕鱼法规；人畜穿行“外国”土地的权利；纠纷调解程序；违反上述所有法规的罚金；庙庆的日期，诸如此类，可谓不厌其繁。巴厘人极少面对哪种没有相应“法律”的情形，至少也有他们可以合理地援以为例的法规[83]。

84 在处理这些日常事务方面，水社社首和下属依靠上述规则加以统一的安排，有时其他社内重要成员参与进来——大田主，特别是见多识广的长老，有威望、尊位或其他资本的人。有时候，如果有更重要的问题——扩增新田，变更水量分配等——每个水社的全体成员会召开联合会议，公开讨论解决。有时候，一两个税官，如果他平日里讨人喜欢，受人信任，聪明伶俐，也会受邀参加会议，充当中立的调停人，甚至仲裁人。但无论如何，税官绝不是真正意义上的法官，不是有权威做出具有足够约束力和强制力决定的个人。人们向他询问时，他们仅仅是给出建议，是否接受则全视乎当事的两造。无论是直接由水社精英成员引导，还是由全体社员决定，抑或在某个充当中间人或顾问的税官的协助下，这个过程都是通过不可变更的既定风俗相互协商的，巴厘人称之为“如坤（*rukun*）”——这个词含义丰富、难于迻译，它的意思大略如下：“和谐的创造”，“意愿的合一”，“和平的建立”，“统一的达成”[84]。

所有这一切并不是说，水社政治是绝对民主的，或它们必定会得到公平的解决，即使在巴厘人眼里也绝非如此。财富、社会地位、个人权力等权势，当然都在实际决定“何人”于“何时”在“何处”，“如何”得到“何物”的过程中发挥着至关重要的作用，无论在水社内外皆然。但这些众所周知的权势都是在水社内和水社间的司法—政治体系中才生效的，而不是在国家机器之中，除了前述几点（税收、仪式、偶见的调停）和随后述及的一两点外，国家机器与上述权势并没有发生直接的关联。毋宁说，它与之泾渭分明[85]。

还有，更重要的是，描述如坤如何达成并不是说，这些地方调整机制能够完美地处理任何事情，尽管它们本身是那么精致，那么用心地设计出来的。恰恰相反，在所有水社之间或很多水社之间，肉体暴力事件多如牛毛，“水利习惯法”中对由于这种暴力冲突而造成的财产损失和人身伤害有详细的赔偿规定，恰好表明了这一点。农民群体间的激战真是司空见惯，农民们动辄抡起锄头当武器。世仇虽说略少一些，但也是屡见不鲜，事态一旦扩 85
大，就会一浪高过一浪。而且，当冲突超出地方界限时，它们能够而且的确将这个政治体系的更高层次卷入进来，敌对双方通常会故意到易于滋事的稻田中去捕鱼，从而导致真正的战争——这是一群彼此竞争的王公们手下的拥趸间的武力遭遇。水社间的冲突，或者说，由此开始的冲突，作为一直活跃不息的政治暴力的源泉，绝不是微不足道的，宛如瘟疫一般，它们在整个 19 世纪中都感染着巴厘国家，而据碑铭所载可知，在巴厘国家的整部历史中，也极有可能一直感染着它[86]。

7

因之，作为一个政体，或政体的一部分，水社体系正是人类学家所说的“无头领(acephalous)”政体——“没有正式的首领”[87]。它并不专注于权力和权威的集权化基座，当然并不否认它们同样也是它的转轴和锚碇，相反，它是由一组逐级攀升的社会阶梯构成的，在每个层次和每个维度上，这些梯级都相互制衡。最重要的社会梯级或层次是在个人的梯田或梯田群中，在水社内部或次级水社中，在水社本身中，也在水社之间或超水社中。随着从这个体系的底部走向顶端，社会关联也越来越广，从对耕作、灌溉的技术性关注越来越转向对讲求仪式合法性事务而非官僚行政事务的一体性关注，从固化的、平衡的社会形式越来越转向更脆弱的也更易失控的社会形式。

表1 水社(Subak)体系

	结构层次			
	水社间(柯西答汗)*	水 社	水社内部(腾培,客考兰)	梯田(丹比,丹乃)**
法人团体	无	水社的全体土地拥有者(*krama subak*)	水利队(*seka yèh*)	私人组织的耕种群体
负责官员	征税人/收租人(收税官,大收税官)	水社社首(*klian subak*, *pekasih*)	水利队首领(*klian seka yèh*)	农民/田主(*tani*)
主要工作任务	无***	确定总体政策;坝、干渠等偶然性集体工作;筹集、支出水社基金;执行规则	控制流量、维修水利工程等日常劳动	耕种(包括田中的水量调控,等)
主要制度性机制	水利习惯法(*adat yèh*);共同调整(*rukun*);调停暴力	文字规约(*awig-awig*, *kertasima*);水社会议;首领执行委员会(分片首领,使者;庙祝,等	役务轮值;工作付酬	换工,分股租赁;工资劳动,集体劳动,等
相关仪式活动	地区范围:分阶段协作礼仪,集中于全巴厘庙(拜都考寺)	在水社庙中举行的庙会(*Pura Ulun Carik*, *Pura Ulun Suwi*, *Pura Balai Agung*)	在作为网格标志的祭坛上定期祝颂(*bedugul*, *catu*)	稻田献祭和庆祝等

* 只开列塔巴南地区最通用的本地词汇。有的没有给出本地词汇,因为没有特定词汇可用或其用法过于多变和复杂以至于不易概括。

** 丹比(*Tebih*)是描述梯田的书面语。丹乃(*Tenah*)指最终的分水单位,可能包括一块或几块梯田,在极其偶然的情况下也指一块梯田的某一片。

*** 在很罕见的情况下,两三个水社会联合起来使用某些共同设备联合工作,但这非常少见。水社联会同样偶尔也能发现,但也非常少见。

在这个体系中,政治重心的坐落是非常之低的,这与它在所有此类体系中和它在巴厘国家中并无二致。正因尼加拉踟躇在国家仪式的向心力和国家结构的离心力之间,水社体系,作为尼加拉的基座之一,同样也踟躇在它作为一种实际的社会经济制度而带有的弥散的、分化的、独特的本质和由稻田崇拜加诸其上的一体化愿景之间。在这里,文化由巅峰从上往下沉落(考虑到拜都考山的方位，它既在地理意义上，也在书面意义上同时降落)，而权力却从下往上涌出。

我在表1中展示了这个体系，也顺便总结了前文的讨论[88]。

商业形式 87

如前文所述，古代巴厘商业，虽然可以肯定地说存在于尼加拉中，却绝不是它的产物。不仅商业大半掌握在外国人手中(华人、爪哇人、武吉人、偶尔也有欧洲人)，还以颇不寻常的方式与政治生活联系在一起——借助一套非常专门化的制度来控制其运作，攫取丰厚的回报。王公们不是没有意识到商贸带来的物质利益，但他们同样也不是没有意识到，一旦他们敢于染指，也就会干冒动摇其权力根基之险。在习惯浸染下，他们出于本能地独裁，其结果是，经济格局显现出某种怪诞的色彩。

19世纪巴厘大致存在着四种沟通贸易流向的主要制度复合体：(1)周期市场；(2)传统固定交换关系；(3)再分配庆典；(4)政治上处于隔绝状态的“商港”。由尼加拉自身(虽然不一定是所有人)的观点来看，前二者显然没那么重要，第三种自然处在国家仪式的笼罩之下。因之，在这里，我将着重关注第四种，尤其是它在尼加拉生活中扮演的角色[89]。

2

商港通常、但不必然是一个滨海或河谷之地，它是政治中立的蕃商汇集之所。在印度尼西亚，它大约与尼加拉同样古老，分布同样广泛。的确，印度尼西亚早期大多数尼加拉——室利佛逝、占碑、多罗磨、东爪哇的辛多的佚名王国——都是“海岸”市场国家(bizaar state)，是在它们保卫和管理这些港口的能力之上建立起来的[90]。长途贸易，一如J. C. 范·勒尔表明的，在印度尼西亚是一个“历史的常量”；16世纪和17世纪刮起的香料贸易风潮——正是它带来了殖民统治——不过是这个“常量”的可见的、戏剧性的表现罢了[91]。从基督时代直到我们的晚近时期，吉本(Gibbon)曾概括的那种“精致耀目而轻盈”的冒险商业给群岛带来了贸易一体化，而这却正是其语言、文化、政治、种族或宗教中素来缺乏的[92]。

就巴厘来说,一个关键的事实是,它在很大程度是远离这一贸易的。它
88 朝南直面印度洋,只有地瘠民贫的海港和气候恶劣的大洋,几乎不通车马,而不是朝北面向素有“亚洲地中海”之称的爪哇海,在那里,中国、印度、阿拉伯、爪哇、武吉、马来亚和欧洲的各色商人真可谓梯航毕集,无所不有,宛如无处不在的街头小贩。巴厘人闭关锁国的名声很大程度上取决于这个事实。在一个国际性的海上浪人世界里,那些如雷贯耳的名字是马六甲、占碑、旧港、万丹、马辰、日巴拉、杜板和望加锡,而巴厘却如不曾存在过一般[93]。

3

当然,曾有过一个北海岸的海港:新加拉惹,卜来伦治下的一个商港。虽然它似乎从未在印度尼西亚的海上大卖场生活中占据显赫的地位,但毕竟在那段生活的历史中不时隐现。据说,“从卜来伦来的巴厘人”在 1718 年抗击荷兰东印度公司的战争中与泗水的爪哇海港王国联合(虽然也据说他们因思乡而打道回府了),又据说他们在 1697—1711 年间曾控制了卜兰邦安,即防卫巴厘海峡远侧的爪哇王国[94]。B. J. O. 施里克经常提及巴厘布在 16 世纪和 17 世纪爪哇—摩鹿加群岛贸易中的重要地位,也提到了该岛向东出口的大米[95]。

1814 年,据说因拿破仑战争而荣任(摄行)总督的 T. S. 莱佛士曾经“被迫在巴厘采取行动”(虽然事实上他并没有这么做),起因是“巴厘王”截获了一艘东印度公司的船只[96]。但在 1846 年荷兰人的确采取了行动,以一次同样的机会为借口(一艘迷航的荷兰船遭到洗劫),先是一连串最后通牒,然后大动干戈,终于在 1849 年在那里建立了一个堡垒兼工厂。[97]最后,1859 年,荷兰的当地总督 P. L. 范·布卢蒙·万安德(van Bloemen Waanders)认为卜来伦—新加拉惹港是全岛的货物集散地,它每年出口货物价值约 30 万弗罗林,进口约 50 万弗罗林。贸易由“国王”(即,王公)根据“贸易特区”(*kebandaran*)租给 7 个“华商主”(*subandar*),在这些区域内,他们享有专营权;事实上,贸易是由他们和其他依赖他们的华人,还有与他们签

约的武吉人及马都拉人开展的。出口货物主要有大米(占总价值的36%)、 89
咖啡(13%)、烟草(12%)、黄豆(11%)、牲畜——牛为大宗,还有一些猪和马,其余有棉花、可可制品和各种杂货。进口货物主要有阿芙蓉(高达87%!)和棉纺织品(6%),其他还有铁器、瓷器、金器和各种香料[98]。

4

虽说新加拉惹港在该岛大部分历史中是巴厘唯一的商业中心(而在更大的印度尼西亚的市场国家经济中,它显然是无足轻重的),但荷兰于19世纪中叶在此立足以后,国际贸易世界最终开始渗透该国的中心及南部地带,而这个过程是靠持续的武力推动的。到1876年,邦利,这个"30年前岛上最穷困"之地,据说每年贸易总额已达30万弗罗林[99]。四分之一个世纪后,在1900年,在卡琅噶森有100个华人从事贩进阿芙蓉,贩出咖啡、糖、靛蓝和木棉(这都是爪哇独有的"种植园产品",只出产在本地,由小业主在季风过后的节气内在稻田中栽种)。卡松巴,克伦孔南海岸的一个小渔村,此时已经发展成一个名副其实的港口。而塔巴南的华人已经增加到400多人,不少人实际上已经拥有私人咖啡种植园,都是他们从王公手里作为"废地"买断的[100]。

但在19世纪所有商港发展中,最引人注目、最富戏剧性的是1839—1856年间在丹麦商业冒险家马德斯·蓝戈(Mads Lange)领导下巴塘南海岸的库塔发生过的事情。值得庆幸的是,这个故事被人生动地描述过:[101]

当蓝戈17岁时,他第一次航行到印度群岛,并在此度过了余生,实际上开始了他在邻岛龙目的巴厘辖地的经营事业。在1834年,他受命担任本地两个王公之一的"蕃商主"(他取代了一个华人,这标志着局势开始变化),但他很快发现自己的竞争对手是一个英国人,这个英国佬堪称是一个乔治国王,在同一年受命为另一个王公的蕃商主。在各自的"白人拉甲"的怂恿下,这两个王公开始大打出手,而欧洲人都攘袖相助各自的庇护人,自然是财运亨通,直到最后,他的主子一败涂地,蓝戈甩手逃回了巴厘,在库塔自己建厂,一直到死。他去世于1856年,时年49岁。在15年之内——在他殁后

90 不久，它的繁荣也就成了明日黄花——库塔成为巴厘南部第一个真正引人瞩目的贸易港，甚至与新加拉惹不相上下，也正是在这段时期内，荷兰人在此立稳了脚跟。[102]

库塔坐落在巴塘南部大约 5 公里处，在这段时期内，巴塘可能是巴厘狭长地带上最大、最富豪的王室；武基(Bukit)，这片荒凉、偏远的高原，这个国家南端的尽头，悬挂在该岛下方(见地图 4)。该处总共有两个港口，每个港口离蓝戈的大本营都是 1 公里左右，分处两端，他根据季风的变换交替使用它们。到 1843 年，他已经拥有 15 条船，有些船只甚至有 1500 个吨位，常年
91 穿梭于东部群岛之间，四处贱买贵卖。但更重要的是，(蓝戈的年轻助手路德维格·霍姆士〔Ludvig Helms〕写道)“哪一天，哪只(外国)海舶不将货舱倒空？”——荷兰人、法国人、英国人、华人、阿拉伯人、武吉人、马来亚人——从本地装上咖啡、大米、烟草、椰油、小马、牛、牛肉干、猪，还有“各种珍禽异鸟”，卸下的货物可以从霍姆士的描述中极尽想象(他的描述反映了港口的心态，它更关心的是出口而非进口)，大多是中国阿芙蓉、中国瓷和中国线[103]。

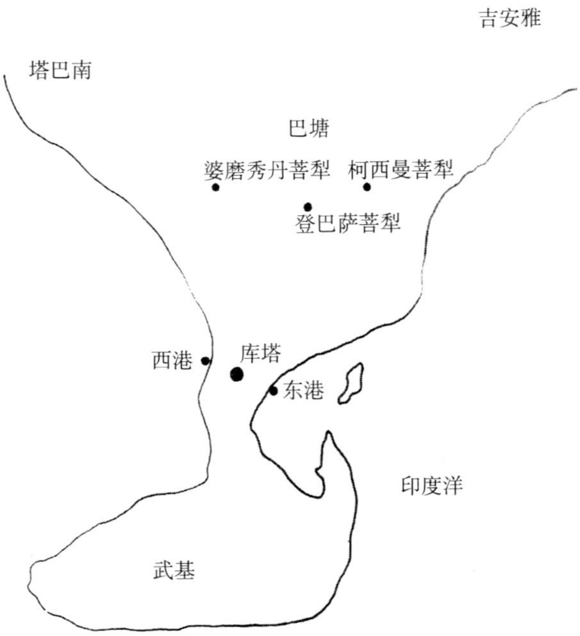

地图 4　库塔港

中国铜钱（即前文所述“个崩〔*kèpèng*〕”，圆形方孔钱）是所有地方贸易的即时支付币种，控制铜钱是最关键、最费力也牟利最丰的活动。它们购自中国，以重量计，1 个荷兰盾可买大约 1200 到 1400 文。中国船将之运到库塔，一次就运送“几千包”，由巴厘妇女重新计数，穿在绳上，每串 200 文。重新包装后，铜钱成为支付手段，从而也成为牟利手段，在这一基本固定的比价体系内部，其兑换比率为每荷兰盾值 700 文：“那么多计量标准，那么多派士。”“值得一提的是，”霍姆士说，他完全明白这多么值得提及，“大宗商品……都以统一的价格接受过来，……这个价格很少变动，不管欧洲市场情况如何，也不管其他地方的价格如何波动。”[104]

因之，除了它所体现的最显著的商港“飞地”的总体特征之外（政治隔绝状态，国际取向，“少数民族”或“外国人”即地方权力羽翼下的受庇商人垄断贸易），库塔也有另外一些虽然稍逊、却同样重要的特征，即约定比价、管制价格和内部货币。由于主要货物（咖啡和大米，牛肉和阿芙蓉）的相对价值已经基于地方的既定预期而稳定下来，因此，比价一旦确定，就不会轻易地受总体市场变化的影响[105]。管制价格，即比价的货币表现（“那么多计量标准，那么多派士”[106]）全由蓝戈一人拍板，他根据自己对哪些货物值得购入，能获利几何的估计来做出决定（用波拉尼的术语说，价格是贸易的先决条件，而非贸易的结果）。至于内部货币即铜钱，虽是从国外买进，并通行于整个东南亚地区，却能够在这种独特的商港中成为支付手段，与它们（或任何其他货币）在其他地区的流通都无干[107]。

如此一来，在其所有世界联系及其地方属地的双重作用下，库塔成了一个自成一体的经济世界。人们来到这里——漂洋过海而来，从岛屿四周徒步或骑马而来——采办货物，而蓝戈这个双重受庇人（他既属荷兰东印度政府，又被巴塘王公称为“我们的‘藩商长’”）也努力掌控着局势。如果他能够做到的话，这个港口就会欣欣向荣，他的确做到了；而如果他无力回天的话，这个港口也会随即一蹶不振，这他也做到了。 92

5

然而，当库塔还在蒸蒸日上之时，它是商业生活之整体盛况中的一个活跃因素(或许在不短的时间内它还是最富活力的因素),在多年后终于继群岛其他地区之踵武,将巴厘拖出了15世纪和尼加拉,然后将它抛进了20世纪和荷兰内务治理(*Binnenlandsch Bestuur*)。当霍姆士说"我们和巴厘人几乎不打社会交道;真的,他们生活潦倒,任谁也不会再有兴致登门"时,他说的真是太对了[108]。但尽管如此,库塔和商业扩张对那些无人登门的老百姓的生活的冲击,无疑也是相当深刻的,而由半个世纪后的"王室自戕(浦浦坛,*puputan*)"结局可以知道,这种冲击甚至有着石破天惊的意义。

对于那些"荫庇"它的王公们,库塔是一口源泉,为他们提供了贡物和奢侈品来装饰剧场国家。对于那些纷至沓来的商人们,它就是奶头,供他们舐食乡村的养分(这是一个粗鄙无文的葡萄牙水手在描述爪哇岛16世纪的商港时所打的比方,他将该岛比作一头母猪)。而对于蓝戈,这个"本性更像粗豪的维京海盗而非世故的商人"[109]的家伙,它适时地创造了一个扮演"吉姆爷(Lord Jim)"①的绝佳机会,在群岛其他地区这是不太现实的。但对于尼加拉本身,这却是滑向其最终结局的开始,更准确地说,正在滑向其最终结局的中途。如新加拉惹一样,在较小程度上也如卡松巴一样,库塔成了政治暴力(遵循迪斯累里行径的欧洲)的无心"牵牛人"(铺路工、打桩人),而"旧世界",在伊斯兰教、东印度公司和种植园殖民主的连续攻击下,最终举手缴械了。

库塔对全体人群的冲击,既是通过将本地人卷入商港工作,也是通过(为了避免使用更多的俗语,我们只好如此称呼的)"商业精神"在整个巴厘南部地区的扩散而实现的。

93 直接卷入商港工作的是巴厘妇女。她们不仅要计件、串起"铜钱",还被"授权"("当然,是在无微不至的监督下")为地方商人送到港口来的货物计件付款。而那些非华人——华人的数量更为客观,霍姆士亲自打理这些生意——的商人也是妇女,[110]对于这些事情,霍姆士最有发言权:

与此同时〔即在霍姆士的早餐时间;他这是在描述日常业务〕,一队

① 约瑟夫·康拉德(1957—1924)在1910年出版的小说《吉姆爷》的主角。吉姆在海难发生后,逃离了白人社会,与一群土著人居住在一起,并娶了一位土著妻子,然后成了他们的"Lord(主人、老爷)"。

队矮脚马从全国各地汇集到我们的工厂，每匹马都驮着四只篓子，满当当地装着各色土产。每个小商队都由主人照料，通常都是妇女，一天的工作就这样开始了；到7点钟，所有人都着手干活儿了。计件、过重和捆扎，都迅速而有条不紊，长长的车队将一袋袋、一捆捆、一桶桶货物源源不断地运往海边。……

但更叫人兴奋的是活畜业务。……当给其中一艘船下达装货命令后（来自毛里求斯的法国动物船——"堪称挪亚方舟"），只需提早几天通知半打左右的巴厘女士就行了，她们是我们这类生意的代办，在指定的那一天，船只停靠的海岸上就会满满当当地挤满超过所需数量许多倍的动物，供我们挑选。

女人在所有这些交易中充当领导角色，这可是巴厘生活中颇为古怪的特点；但她们的业务能力却的确能够赢得她们的老爷或主人的充分信赖……当开始将这些动物装船时，还要谨慎地特别照顾一下其中的某些朋友，好让她们满意。

当半打女士到来时，每人身后都跟着一群奴隶，他们头上都顶着一些专门准备的贿赂贡物，篮子里装着可口的水果，要想把握好分寸，让所有人都心满意足，可真是难。比方说吧，有一个胖胖的、善于献媚的小女人，我们都叫她阿娜·阿贡（Anak Agung），"大人的孩子"〔实际上，这是一个高贵的名号，字面意思是"大人物"〕，她是一个有身份的王公古斯提麦缇〔Gusti Mate，正确地说，应是"Madé"；"Gusti"也是一个"三贤"名号〕的夫人。这天早上，她带着矮脚马和仆人们，走了很多路赶到这里，想让我们订购一些牛和猪，更不用说还有数不胜数的鹅啦， 94
鸭啦，鸡啦什么的。怎么经得起她的恳求呢？但是，又来了，还有梅米·金堂，这女人又高又瘦，但我要不无抱歉地说，她是个不可救药的大烟鬼，她喋喋不休地说她可是有长期业务关系的；还没完呢，第三个女人又尖声嚷嚷起来，说什么这是她最后一次把牛赶出来卖给她姐姐的商人了。就这么嘈杂地吵吵下去。

可能就在这个节骨眼上，蓝戈先生出现了。于是乎，她们全都一窝蜂地拥过去，七嘴八舌地向他恳求，而他呢，又像他往常那样随和，答应她们全部收下，而那倒霉的管理员却为此大伤脑筋，因为当装船的日子到来时，他手边的动物足足是船只承载量的两三倍，他也束手无策。拉锯战就在那天开始了。可以想见，海岸上是多么拥挤不堪，牛吼，猪喊，禽鸣，夹杂着土人们的喊叫，一派盎然生机[111]。

6

说到动荡局势在库塔以外的蔓延，这场动荡持续了15年，而它则是一个前奏颤音，因此回顾一下塔巴南将是有用的；塔巴南的对外贸易不仅掌握在“白人拉甲”手里，也掌握在“黄人拉甲”手里；不仅集中在一个海岸港口，也集中在一个陆上的账宫中[112]。

从1860年稍后直到1906年荷兰人到来，塔巴南的藩商主是一个姓“钟”的“新客”[113]。钟新客是一个出生于中国本土的汉人，住在京都北部大约10公里处，接近种植咖啡的高地，他拥有一座由住宅、庭园、工棚和货仓混合组成的大院，完全是按照巴厘王室家支的构造布局的，而事实上他也的确被人称作“钟新客耶罗”（见地图3）。一个大地产主，有咖啡园，有稻田；如今业已十分庞大的汉人社区的正式首领；本岛华人举行的奇异混合风格（部分是汉传佛教，部分则是巴厘印度教）的盛典的定期施主；同时又是一个族长式的保护人，身边环绕着一队兄弟、妻、妾、仆从、雇员和食客——他是商业之王，这绝不是隐喻意义上的。蓝戈仍在历险，而他已经成为国家的一个当权者了。

通过正式的方式，钟新客从“高等”和“次等”国王即大菩犁和卡来伦那
95 里获得了藩商主名分，而他向他们提供年租金。其数额究竟多大已无从得知，无法恢复精确数字。首先，这种事情不能公开谈论。（“你敢问那种问题，他们会把你塞进麻袋扔到海里，”我的一个访谈人说。）其次，也是由于这种产出随地方政治—商业状况的变化而变，实际上也不可能是固定的。

的确，不仅报酬数量如此，其分配方式也是同样。虽则从理论上说，报酬是付给作为王国贸易的“拥有者”大菩犁和卡来伦的，但事实上它是在王室世系的各家支间分配的，有时也在受庇护家系间分配。而且，这也不是遵

照固定的、常规的划分体系和既定的权利图表，而是随剧场国家竞争的拉锯战而变动。

一旦一个王公决定举行庆典，他会要求藩商长进贡，这种要求不在后者的一般义务之列。贡物多少、什么时间、什么目标以及索取人的所得，其决定因素是十分复杂的。王公的正式地位、他的政治实力、他先前曾提出的要求、其他人同时提出的要求、他的精明程度、场合的重要性、钟新客当前的生意状况、近期的事件，都要考虑在内。但不管怎样，分配都不是一个行政过程，而在骨子里是一个政治过程：就像王室的菩犁和耶罗们一样，钟新客本人是一个活跃、非常直接的参与者，而绝非一个消极的参与者[114]。

钟新客的协议实际上赋予他无须采取直接的垄断贸易就能控制塔巴南进出口贸易渠道的权利。作为大菩犁和卡来伦（后者据说是王室家支中最富有的家系）的客卿，他深深地卷入这种贸易中，手下有数十位买办，一大班苦力，遍布整个乡村地区的货栈，等等。但他只是一个领跑的藩商长，而不是唯一的藩商长。王室其他家系也都有签约的华人。不是所有商人，甚至大部分商人，都是他的买办；这些商人活跃在广大乡村，买进要出口的货物，也零售进口的货物。不少商人都是他的重要竞争对手，某些人甚至有潜力取而代之；因为华人社区并非没有它自身的政治。除了他本人的贸易活动，将钟新客抬升到塔巴南商业生活之中心位置的，是国王的令旨：两种大宗商品——供出口的咖啡，进口的阿芙蓉——都必须经过钟新客 96
的关卡[115]。

所有的咖啡，不管是华人亲自种的，还是从巴厘农民那里收上来的（这种情况更为常见），首先得运到“钟大人”那里。（由钟大人）检查、过重、登记并抽税后，才能由慢吞吞的巴厘苦力用一条扁担两个箩筐挑到首都正南的海岸去。从那里（即海滩；那里没有港口），再用巴厘舢板或由陆路向东南运往 10 公里外的库塔，更经常的办法是由陆路向西北运往 30 公里外的任抹[116]（即尼加拉——见地图 1），然后装船转运海外。阿芙蓉也是一样，只不过走向倒过来罢了。无论由谁进口，都必须从海边运到“钟大人”[117]那里，同样要经过登记等一系列手续，再由货主挑走零售。

7

因之,虽然处在内陆,虽然主营周边乡村的贸易,“钟大人”其实也是一个商港:抛开它作为一个地方不说,贵重商品通过这个港口从这个国家流进流出,通过这种方式,王公们就能够分享贸易利润,而无须亲自营营逐利。蓝戈为巴塘王公所做之事——让他们重商而又无须将他们变成商人——钟新客也对塔巴南王公同样施为。

主要差别在于,到钟新客的时代,“商业精神”已经深深浸染巴厘南部,要将之继续局限在外国飞地内也越来越困难。到本世纪转折时期,又涌现出大烟贩子,其中不少是巴厘人,足迹几乎遍布王国的每一个村庄和咖啡种植区,瘾君子数量暴涨,他们的生意火爆得烫手。纺织曾是一种专门的手艺,如今也十分普及;供应织机的棉花开始在克伦碧昙种植;而塔巴南西南边的几个缺地少亩的村庄都转行走街串巷卖布。京都市场转向售卖生活用品。此外,虽然巴厘妇女在其中仍然很重要,但市场却逐渐掌握在武吉人和爪哇人手中,他们都丛集在一个聚居区内,也就是前文提到的“甘榜爪哇”,仅次于它。一些华人,后来又有一个阿拉伯人和一个“孟买人”(印度穆斯林)加入,在市场区和“爪哇村庄”之间开设了坐地商铺,从而为当地提供了
97 一个商业区。荷兰东印度钱币、“林吉特”银币,开始和铜钱一道流通,并逐渐在大宗交易中取而代之[118]。

说巴厘古代政权的崩溃是由于贸易扩张到如此大的规模,以致古代政权的商业制度再也无力掌控它,这种说法显然失于简略了。其他动机正在酝酿,其他暴力正在发动。然而,荷兰出兵毁灭巴厘南部尼加拉的托词却是自由贸易正在掠夺驻岸商船的利益,而对于这种掠夺,王公们既无力阻止,又无力控制,也无法将此两途签约给居无定所的海盗或自立曼达林们;这说法有着某种象征的合理之处。互为寄生的王公与藩商长,尼加拉与商港,政治辉煌与商业隔绝,所有这些都同生共死。

第四章　政治表述：壮景与庆典 98

权力的象征机制

我〔霍姆士〕在巴厘时，适逢其中一次令人震惊的献祭。1847 年 12 月 20 日，邻国的拉甲驾崩，他的葬礼极尽奢华，有三个妃嫔在烈火中殉葬。在巴厘人眼中，这是一个不同寻常的日子。离上次有幸目睹这幕可怖的壮景已过去多年，对于他们，这是一个带有神圣意味的节日；巴厘在位的拉甲们都亲临或遣使观礼，大队扈从前呼后拥。

天色晴好，沿着分隔着由无边稻田组成的草坪状梯田的松软而湿滑的堤边道路，巴厘人身穿节日盛装，成群结伙地向火葬场走去。他们艳丽的衣裳看起来十分明快，映衬着脚下浅绿色的土地。他们一点也不像野蛮人，更像身在旅途、心情愉快的度假之人。整个环境给人的印象是富足、安宁而康乐，还很文明。但叫人不敢相信的是，在数公里长的景观中，有三个女人，她们没有犯下任何罪行，却由于亲情之故，并以宗教的名义，即将遭受最恐怖的死亡，而数千乡民在旁围观。

然而，吉安雅宫墙已经在望。一座梯田小坡上的笔直道路正通向……宫殿；在更高处，在一片开阔地的中央，一座以木栅栏围住、顶端镶金的华丽建筑立在深红色柱子上面，吸引着人们的目光。这便是遗体的火化场。近前观看，这座建筑搭在 4 英尺高的砖砌平台上，上面是 99
铺满了沙土的第二层。在正中央蹲着一座木制狮像，通体饰满紫金带。狮像后背可以开合，预备盛装即将火化的国王遗体。整个建筑粼光闪闪地装饰着镜子、瓷盘和金片。

紧挨着这座建筑物近旁，是一个 4 英尺围墙圈住的广场，烈焰腾腾，分外耀眼，这就是将要无情地吞噬牺牲品的夺命大火。在约莫 20 英尺高处，一座轻便竹台连通着这个地方，一层绿色大蕉秆将它与火场隔离开。竹桥中央搭起一座小阁子，给牺牲者准备致命一跃前暂作栖身。

观众至少有四五万人，挤满了这些建筑和外墙间的空地，空地上还临时搭起了许多小阁子供女人使用。空地上很快人满为患，所有的眼睛都急切地盯着葬礼队伍即将出发的皇宫。但说起来有点奇怪，死者国王这最后一次却不能像平常那样离开宫殿。尸体是不洁的，任何不洁之物都不能经过大门。一座类似桥梁的装置横架高墙，遗体从上面搬出墙外。这座天桥通向宝塔形状的浮屠最高层，遗体就安放在那里。

这座浮屠（*badi*，又作 *badé*）由 500 个人抬在肩上。它共有 11 层，另外还有 3 层塔基，通体金碧辉煌。最高层停放着那具用白麻布包裹的遗体，许多手扇侍卫在两旁守护。

在浮屠前，队伍鱼贯而行，最前方是雄武的执戈士，〔嘎麦兰乐队〕不时吹奏着乐曲；随后是一干携带供物的男男女女，有武器、衣裳、饰品、金银圣水器、槟榔盒、果品、肉食、五色饭，还有死者的遍体华饰的马；然后是更多执戈士和许多乐师。在他们身后是年轻的〔新登基的〕
100 国王提毗彭亨，他后面跟随着一众公子王孙。紧随在后的是大僧正（pandita），他坐在一乘滑轿上，滑轿四周系着一卷布匹的一端，这代表一条巨蛇，蛇身画满白、黑和金色花纹，这条怪物的巨首恰在僧正的座位下面，蛇尾则系在后面的塔上，这意味着死者是由巨蛇拉到火葬场的。

死者国王的浮屠后面，是三座形制较小、华饰稍逊的小浮屠，每座浮屠中都坐着一个准备成为牺牲〔bela〕的年轻女人。但这个残酷迷信的牺牲者面对逐刻逼近的可怕命运却没有露出一丁点恐惧的迹象。她们身着白装，黑色长发半掩身躯，一手拿着镜子，一手拿着梳子，全神贯注地打扮自己，似乎是赶赴一个迷人的宴会。处在这样一个可怕的位置，的确需要非凡的勇气，但这勇气却是对来世福乐的热望。她们坚信，此时甘为女奴，待登往彼岸，她们会是这位最后的主人最宠爱的妻子和王后。人们也向她们保证，在夸耀和辉煌气氛中安宁地随他登赴彼岸，冥冥诸神也会欢喜不已，伟大的湿婆神会让她们飞升到因陀罗的天界〔Swerga Surya〕。

簇拥在这几个彀中女人四周的是她们的亲友。但即使这些人也不会伤心地看待这可怖的预备仪式,或试图将他们不幸的女儿和姐妹从等待她们的恐怖死亡中拯救出来。他们的职责不是拯救,而是执行;他们被委以这最后的可怕预备任务,最终将牺牲者送上终途。

队伍一直向前缓缓行进,但在到达终点前,还要上演这出宏大戏剧中奇异的一折。杀死巨蛇,与国王尸体同葬。大僧正走下滑轿,抓起一张弓,从四方向蛇头射出四支木箭。但射出的不是箭,而是一朵金玉兰。花朵已经预先插在箭羽上,当箭射穿布面时,花朵正好附在上面,僧正手法巧妙,让每一朵花都刚好击中靶子,即蛇头。这等于杀死了这条巨虫,它的躯体原先由人们抬在肩上,如今受到致命之伤,它先是缠绕在僧正轿子上,最终将缠绕在狮像上,而国王的尸体将在狮像中火化。 101

当队伍快到达火场时,宝塔要转向三次,但都由僧正在前方领头。最后,它面对竹桥安放,在第十一层处,竹桥连通了浮屠与火场。现在,遗体已经安放在木狮体内;五枚分别用金、银、铜、铁、锡制成的圆币,上面刻着神秘的字符,都要放入死者的口中;僧正诵《吠陀经》,将罐中的圣水洒在尸身上。然后,将金、黑、白三色束薪塞到狮子身下,狮子立刻湮没于火焰之中。当这幕奇景结束后,更恐怖的场景开始了。

队伍抬着女人们绕行火场三周,然后把她们放在夺命竹桥上。她们要在那里,在前面说过的阁子中,一直等到火舌将狮像及其腹中物噬舔得一干二净。此时,她们仍然没有显出恐惧的表情,仍在一门心思地妆扮自己,仿佛是赴生而非送死。与此同时,在旁陪伴的亲友已经为可怕的高潮做好了准备。竹桥外端的横栏打开了,一块厚木板向外推出,横亘在烈焰上方,那些亲友将大量油倾倒在火堆上,熊熊的耀眼火舌立刻冲天窜起。令人震撼的时刻到来了。牺牲者迈着坚定而平稳的步子,踏上了那块赴死的木板;她们双手合十,行三次过顶礼,每人头上都放着一只小鸽子,然后,保持身体直立,她们纵身跳进了火海,白鸽振翅飞入天空,象征着灵魂已经解脱。

即使在最后一刻,其中的两个女人也没有显出恐惧之相;她们对视一眼，看对方是否已经准备停当，然后，没有弯腰，她们纵身一跃。第三个女人略显犹豫，跳的时候不是那么坚定；她迟疑了一瞬，然后紧随前者，三个人无声无息地消失了。

这幕恐怖的壮景在人海中没有激起一丝不安，在刺耳的乐曲和枪声中，这一幕终于落下了。任何一个亲历者都永远无法在脑海里将它抹去，更会在心中涌起一种奇妙的感恩之情，庆幸自己属于一种虽然非无瑕疵、却仁慈有加的文明，它越来越倾向于将妇女从欺骗和暴行中拯
102 救出来。多亏英国人的统治，他们已经在印度将这种邪恶的殉葬瘟疫斩草除根，不用说，荷兰人早该在巴厘这么干了。这些工作是外交信任状，由此，西方文明可以更好地行使权利去征服、教化那些野蛮种族，取代那些古代文明。

关于巴厘，没什么好说的了。……[1]

2

古代尼加拉的庆典生活不但是对于精神力量的虔信形式，绚丽的、炫耀性的宣示，也是它的修辞形式。生入烈火（也是生入神界）不过是其主题的一种宏丽的彰显，诸如王室的锉齿、庙祭、授任以及“浦浦坛”中的王室自戕同样也是直接的彰显方式：社会等级和宗教症候有着拆解不开的内在关联。国家崇拜不是对于国家的崇拜。它是在仪式的持续再现过程中一再出现的论点，即：世俗地位有其宇宙论根基，阶序性是世界的主宰法则，而人类生活布局不过是神性生活布局的或远或近的拟似[2]。

巴厘仪式生活的其他方面也作出其他宣示，其中某些宣示与国家庆典多少有些抵牾[3]：地位即一切。正如尼加拉只是古代巴厘诸多社会制度的其中之一，它对于等级（rank）的执念，也不过是诸多执念中的一种罢了。那种执念以及围绕它生成的信念和态度在全体人群中盛行的程度，绝不逊色于它们在小规模人群中的盛行，但一旦卷入尼加拉本身的事务，这二者的区别立刻就会消解。“国王象征着农民的伟大品性”[4]，在说到东南亚印度教式国王时，科拉·杜·波伊斯（Cora Du Bois）曾如是断言；更严谨地说，这

个评论尤其适用于巴厘。剧场国家的盛典,身处演出中心的不动的、入定的甚或死去的半神王公,当然是农民伟大精神的象征表现,但更是关于那种伟大究为何物的观念的象征表现。巴厘国家对于巴厘社会的意义在于它赋予国家本身意欲何为的概念以感性的形式:它是一个伟大力量如何组织世界的最佳例证。

3

103

经由王室仪式,并且在一般意义上,巴厘人将他们对万物之终极存在方式的总体理解,以及人们由此应该采取的行动方式,投射到直观的感官符号当中——雕刻、花朵、舞蹈、乐曲、手势、神歌、饰物、寺庙、姿势和面具,等等,而不是投射到一套理性地领会、安排的确定“信念(beliefs)”之中。这种表现手法让任何想要归纳那些观念的做法成为徒劳之举。恰如诗歌,在一种宽泛的、制作(*poiesis*)的意义上,它是自为一体的,诗外别无他物,非要从中讨取主旨义理,无疑是学究解诗:在状物言情之外寻得更多,并将丰满的具体意义简化为乏味的共性罗列。

不过,尽管困难与危险重重,这种注解工作仍是必需的,如果我们不想止步于迷乱的惊叹——如巴厘人所言,就像一头奶牛盯着嘎麦兰乐器——霍姆士即是如此,虽说他拥有出色的敏感和笔力。巴厘仪式,尤其是巴厘国家仪式,确实承载着“教化”意义上的教义,无论它们是被如何符号化的,也无论它们是被如何不假思索地领会的[5]。将它们挖出来,明晰地呈现出来,除了今日一些现代派艺术家,巴厘人对此毫无兴致。他们也不会像一位诗人当自己的诗歌被译成陌生语言时那样,感到这种呈现可以直抵事物深处,能够确切地把握它。注解经验,尤其是注解他人的经验,绝不是要越俎代庖。这充其量无非是理解它的途径,尽管不无扭曲。

在实际的做法上[6],在解释一种文化时,两种理解的途径必须交相而行:既要描述作为特定表现的具体象征形式(如一个仪式手势,或一个阶序地位),也要描述这些形式在总体的意义结构中的情境化,它们既是这个结构的组成部分,也借助它来定义自身。当然,这不过是解释学界如今众所周知的套路:组成整体的部分与激活部分的整体之间的辩证胶着,由此将部分和整体同时纳入了视野。在本案中,这种胶着过程最终确定了在溢满剧场
104 国家的宗教符号中哪些才是根本的要素,并决定了那些要素在整体的象征框架内的含义。要想看懂棒球赛,你要懂得何为球棒、安打、一局、左外野、抢分战、失效曲线球或强行入垒,以及以这些"事物"作为组成要素的比赛的意义究竟何在。若想理解巴厘国王的葬礼,他也必须能够将它生成的具象之流——布蛇、射箭成花、狮棺、抬架上的浮屠、自杀女人头顶飞起的白鸽——切分成各种富有意义的要素,它也是由这些要素组成的;不止如此,他还必须理解事件开始的关键之点。这两种理解方式是彼此依赖的,它们一同出现。如果你不知道何为棒球赛,你就无从知道何为接球手套,与此同理,如果你不知道何为火葬,也就无从知道何为浮屠(正如我们将看到的,它是世界之轴)。

古代巴厘的国家庆典活动是形而上的戏剧:这幕戏剧要表达的是关于实在(reality)之终极本质的观念,与此同时,也用来改造当下的生活状况,以与那个实在融为一体;即是说,戏剧是在呈现一个本体,而且,在呈现这个本体时,让它成真——让它变为真实之物。布景、道具、演员、演员的表演、那些表演描述的宗教信念之一般轨迹——所有这些都必须放在究竟在上演什么的背景下。而且,要想感知这个背景,只能如感知戏剧要素那般。无论是按传统的民族志方法精确地描述对象和行动,还是按传统的肖像学细心地追索风格母题,抑或按传统的语文学方法精微地辨析文本意义,都是远远不够的。若要让它们一同呈现,唯有像一场正在上演的戏剧那样,在鲜活的直观当中,将潜闭于其中的信念生产出来。

4

在国家仪式的主流剧场艺术背后,而且实际上在激活它的不变剧情背后,潜藏着两组具象观念的固定联合。第一组包括天神的莲台(*padmasana*);林伽(*lingga*),他的男根,或生育力;和神力(*sekti*),他灌注到其外相中的能量,尤其是注入人主之肉身中的能量。第二组包括:*buwana agung*,存

在之域；及 *buwana alit*，感悟之域，它们分别是自然天在的“大世界”和思想 105
与情感的“小世界”。[7]

在一丛相关的、衍生的观念包围中，同时也深陷霍姆士笔下的夸耀与装饰当中，这两个象征复合体构成了巴厘“神圣王权”的内容。国王是肉身之神，这种断言本身虽然正确无误，却不足以描述尼加拉及其仪式生活承载的信息。仅就从其表现介质中提取的信息而言，可以说，国王、他周围的皇室，以及皇室周围的整个王国，都是理想秩序的多重摹本。

正如梦的符号，宗教符号也有着丰富的多义性（就是说，有多重的意义），它们的含义真可谓四通八达[8]。如世界上任何地方一样，巴厘宗教符号也是如此。它们发散意义。

莲台（*Padmasana*）是主神湿婆（或太阳神苏里耶）的宝座，湿婆端坐莲花中心，毗湿奴、大自在天、大天、梵天分立北、东、西、南四片花瓣上，环拱四周，每个天神都对应着某色、某日、某身体部位、武器、五金、密咒和神力形式。它也指一个小石柱，柱头上方是一个高背椅（也是石头的），斜对着安放在巴厘庙宇中最神圣之处，在庙祭时可供放置献给主神的祭品，在祭拜者舞蹈的吸引下，主神从诸重天依次降临到此，端坐其上。它指入定观想的结跏趺坐。它指观想本身的行动和体悟。它是一种双修姿势，它是林伽之根，它是主神诸多名号之一，它是宇宙的一种色身画像，它是一个贮器，大僧正们的遗物都要放在上面火化。最后，它是人类心灵之最隐秘处[9]。

林伽也是一个相当分化的符号。当然，严格地说，它指湿婆的男根——“硕大、伟长”的男根像，湿婆正是赖此确立了凌驾于梵天和毗湿奴之上的至尊地位。除此以外，它还指稍经打磨的男根石像——长条形岩石，其顶端恰好为圆形——在全巴厘庙宇和其他神圣场所中都无处不在。更抽象地说，
它是这种神圣王权的基本象征。国王被视为世界的林伽，不止于此，既然 106
“于此世间，惟王为尊，化湿婆身，具大神力，藏于林伽。嗟此林伽，乃婆罗门……始受此宝……湿婆所赐，保王万世……传之太祖，千古不替”，这个意象由此浓缩了至高神、在位国王和大僧正三者之间深层的精神联系（霍加士〔Hooykaas〕称之为“不可分割的三位一体”）。在几乎所有巴厘仪式的神圣高潮时刻，僧正都手持一个用草梗和卷叶制成的帚状小洒水器向祭拜者

头上滴洒圣水，它也制成林伽状。所有王公成员都佩带的、佩在莎笼后面的克立斯（短剑）、高级僧正所戴祭巾上的玉簪、王公火葬塔的塔尖、将经过火化的灵魂送往天界的运载器、寡妇恭顺地纵身跃入其王公的火葬堆时所站的高架，也都被视为林伽[10]。

最后，神力（*sekti*）是巴厘人用来描述超凡现象的一个词语，在别处，这种现象可能称为"曼那"（*mana*）、"巴拉卡"（*baraka*）、"奥伦达"（*orenda*）、"克拉麦提"（*kramat*），当然，在其原初意义上，也叫作"卡里斯玛"（*charisma*）："神授的才能或力量，例如，导致奇迹的能力。"

然而，实际上，"神力"基于一种特别的观点，即神性如何君临世界；尤其基于，一方面，神性的"形"或"相"（巴厘语称穆谛〔*murti*〕，"〔一个〕色身"、"身体的"、"肉体的"，源于梵语 *mūrta*，"化作诸相"）和，另一方面，神性通过这些形式和形体而随之获有的生气勃勃的"显相"（梵语词是 *sekti*，"某位神灵的力量或活跃部分"）这二者之间关系的难以捉摸的、悖论性观念（不仅仅对外部观察者而言）。婆罗门和毗湿奴据说就是湿婆的"化身"（*sekti*），湿婆之妻亦复如是。确实，男女众神无不如此。国王、王公、僧正和隐士也都被说成是 *sekti*（一如经常所言，并不是"占有"*sekti*），其程度根据他们各自作为自己所尊崇之物的色相（instance）的程度而相应地不同。王室宝器、僧正的祭器、神圣传家宝和圣地也都是相同意义上的 *sekti*，它们展现出神性在化作诸相时获有的力量。*sekti* 是"超自然"力量——但这种超自然力量却是生自对"真理"的映照，而不是生自对真理的相信、服从、占有、构织、利用甚或理解[11]。

107

5

莲台/林伽/神力，这第一组并置的符号（即，王室庆典之修辞结构所生发的仪式形象），表明了意象究竟是什么，即在庆典中被映照之物；而 *buwana agung*/*buwana alit*，这第二组符号或形象，表明了那种进行映照（imaging）的意象究竟是什么。或许，这种处理问题的方式多少有些古怪。但假若我们想藉由英语词汇以外的词汇加以描述，那么，你就不得不屈服于那一大堆对于镜像的镜像的镜像,这是没法避免的,因为正是它们将巴厘宗教生活,在本案中,也将巴厘的整体社会生活,转变成了令人眼花缭乱的映照他物的映像(reflecting reflections)。

除了可以直译为“大世界”和“小世界”外,*buwana agung* 和 *buwana alit* 还可以译作“大宇宙”和“小宇宙”。如我多次指出的,这并不错。巴厘观念的确认为,为我知觉之体验可以复制或可通过仪式方式用来复制“真实”的整体结构;与此同时,它也支撑着这一结构。但设若真是如此,对巴厘观念而言,这样一种过于抽象的构想却有着太多的新柏拉图主义的色彩,也过于思辨。它等于是将“一粒沙中见大千世界”式思维变成了一种微缩的形而上学,但这样一种浓厚的哲学色调,却是诸般庆典细部(它们更是感官的而非玄想的)从来不曾赋有的。

在很多时候,又译作“物质世界”和“非物质世界”。在某些意义上,它们的确更佳,因为它们至少正确地划清了界线:但不是在至大和至小之间,而是在那被体验之物和被体验到的经验之间。但在另外某些意义上,它们却滑得更远;因为,这种强调对立的笛卡尔主义,即自我对立于世界 ,观念对立于物质,或意识对立于客体,作为一种“大—小”的玄妙解释方法倒还在其次,更重要的是,它与巴厘思想几乎格格不入。

或许,让我们直接进入剧场国家尼加拉实际施行的典范治国术(statecraft)的整体观念中的最佳解法,就是我们已经在巴厘文化的其他很多方面遇到的“局外”和“局内”概念,即“雅拜”〔*jaba*〕和“耶罗”〔*jero*〕。*Buwana agung* 处在心灵之外,远离体悟的中心,它是雅拜。*Buwana alit* 则处在心灵之内,朝向体悟的中心,它是耶罗。

这一点也见于前文对于“政治机体”的讨论,雅拜/耶罗的想象贯穿着巴厘大部分生活结构。首陀罗平民称“雅拜”,“三贤”贵族称“耶罗”。王侯家 108
支是耶罗。“衰变型地位”的小宗“游离”(*jaba*)了大宗,而大宗本身则仍居留(*jero*)在家族当中。还有很多其他没有提及的用法。庙宇的前庭,即嘎麦兰演乐、演舞处,是(那)雅拜;后庭,即神坛坐落和演礼处,是(那)耶罗。这个模式也见于王室或王侯住宅;因之,这住宅的王公居处的最深处即是一个耶罗中的耶罗,而他本人也是耶罗中的耶罗。世界之其余是相对于巴厘之耶罗的雅拜；而最“雅拜”的是爪哇，正是从爪哇那里，巴厘热心地输入了如此之多的印度教元素，而又坚决地将如此之多的伊斯兰元素挡在门外。这个模式也适用于身体之于观念，乡村之于城市，圆周之于圆心，词语之于意义，姿势之于情感，声响之于音乐，椰壳之于椰汁，在此，对我们而言最关键的是，也适用于湿婆之显身所坐的莲花瓣之于他（或他的林伽）本身所坐的莲花心。

由此，*buwana agung* 和 *buwana alit* 的象征融合（所有王室庆典都可化约为它）是在确认那种无所不在的元政治主张：尼加拉在庆典中颂扬的文化形式和尼加拉在社会中采取的制度形式并无二致。林伽与王权、王权与治权、治权与民权；莲花与王宫、王宫与王国、王国与村庄；神力与地位、地位与权威、权威与服从——所有这些都藉由国家仪礼而作为彼此的“耶罗”和“雅拜”对偶物呈现出来。所有这些惊人的华丽形式就是要通过戏剧和饰物确立一种政治机体的权威模式。一如湿婆之于诸神、诸神之于国王、国王之于王公、王公之于庄头、庄头之于人民：“局内”与“局外”，“小世界”与“大世界”，或“色身”（*murti*）之于“神力”（*sekti*）；所有这些都是同一“实在”的不同版本[12]。

无论专注于火葬，锉齿，还是皇家庙祭，国家庆典都是将国王（人们为他的遗体、牙齿和庙宇如此煞费苦心）转化成一个造像，转化成一个原本神圣的圣物形象。他是“神性形体”的“显相”之一，同时他本人也成为这样一个不断化生更多显相的形体。无论象征细部如何变幻，仪式的意义结构却是
109 恒常不变的。体悟的“小世界”和被体悟的“大世界”在两个方向上可谓是势均力敌；向内，指向莲花中的林伽，向外，指向社会中的国家。恰在这种颉颃相持之中，它们将王公再现为权力的一个意象（“色身”）和（或毋宁说）权力的一个例证（“神力”）。一如既往地是仿真式的。正像湿婆之为典范形体，而国王是为显相，人们将国王视为典范形体而将国家视为显相，国家之为典范形体而社会为显相，社会之为典范形体而己身为显相[13]。

作为庙宇的宫殿

正如借助国家庆典将国王、王侯转化为偶像，借助强有力的符号将之转

变为权力的圣像,他的宫殿、他的“答伦”或“菩犁”,或“耶罗”也都被转化为庙宇,成为圣像周围的布景。数以百千计的人民从四方辐辏而来(若霍姆士估计 1847 年吉安雅“观礼人”数量为 5 万人大致不差的话,那大约是总人口的 5%),因为寺庙是神圣化空间的延伸,是直面阶序制之奥秘的最佳场合。正是在王公的居所(以及居所四近——因为所有巴厘庙宇都不过是那无所不在的露天剧的焦点,这些露天剧围绕庙宇内外表演),在“他安坐的宫殿中”,典范中心观成为社会的真实之物[14]。

如同为世界环绕的诸多传统宫殿[15],且最著名者如那些印度教宫殿一样,寺庙本身,在其纯粹的物化形式上,是一种神圣的象征,是秩序的副本,起造宫殿即是为了崇仰这一秩序。万宫之宫内部以墙分隔成块状结构,这种布局不过是借助另一种介质重现了宇宙的深层几何学。随宫殿而异,这个模式会在细部上略有变化,这是由于各自的传统、情形和王公的想法各有差异之故。但何处存在着局外和局内、四方和无方向的中心(正是这个中心将它们聚拢到一起)、以及那些偏远的形式(权力源出其中)和侧近的形式(权力显现其中)等区分,何处就能见到这些区分,它们投射在井然有条的墙壁、门户、廊道、阁楼和装饰之中。莲座以雕塑形式表现之,林伽以隐喻形式表现之,火葬以戏剧形式表现之,而寺庙则以建筑形式表现之:王座是世界之轴。

2 110

图 11 是 1905 年前后克伦孔王宫的大概布局——即荷兰人入侵和“浦浦坛”王室自戕事件发生之前——这种圣所象征体系一览无余[16]。

除了总体块状布局外(每边长约 500 英尺),寺庙最显眼的特征(由图中诸明暗部分即可明了)是,它划分成几个不同的大区。有神圣场所:庙宇和演礼处,这是在适当时间内请神之所。有公共场所:在适当时刻,而且大多在同一时刻,人们在此聚集,敬奉、面对宫殿所象征之物;有朝会处:国王在此接见本国、外邦的显贵,这是签约、商谈婚姻,或密谋策划之所;有国王及

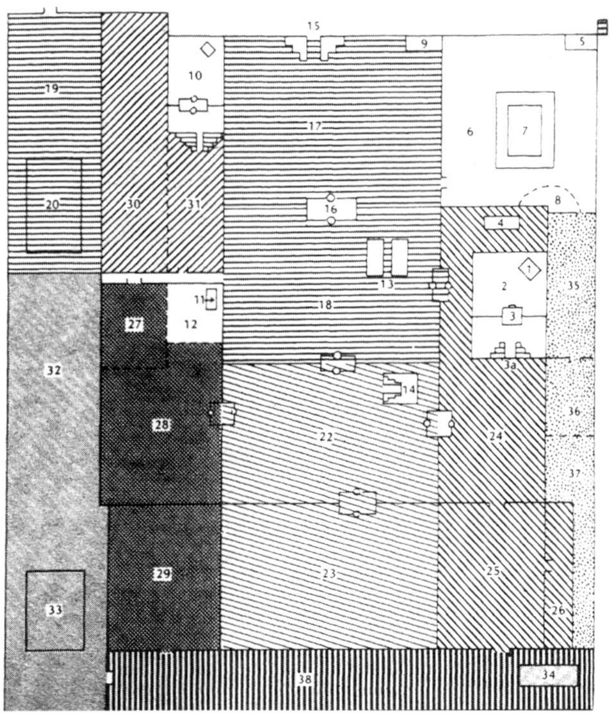

I.神圣区域
1.“莲座”（Padmasana）
2.王室宗庙（Pemerajan Agung）
3.通向王室庙宇之内庭的门楼（Paduraksa）
3a.通向王室庙宇之外庭的边门（Candi Bentar）
4.鬼池（Taman Puyung）
5.王室法官会面的亭阁（Kertagosa）
6.圣园（Taman Agung）
7.神池（Taman Alit）
8.假山（Gunung）
9.国王的公共御座（Balai Tegeh）
10.王室次级宗庙（Pemerajan Luk Melaya）
11.藏宝殿（Giri Suci）
12.世界之轴（Ukiran）
13.停灵双阁（Bale Summanggen;Bale Lunjung）
14.明关威国王的“源庙”（Pemerajan Mengwi）
15.通向宫殿的出口外边门（Candi Bentar）
16.通向宫殿的入口内门楼（Paduraksa）

II.公共集会区域
17.外院（Bancmgah）
18.内院（Summanggen）
19.公共厨房（Cuba Raja）
20.公共米仓（Lumbung Roban）
21.开缝锣

III.王室厅室
22.外御厅（Penandakan）
23.内御厅（Rangki）

IV.国王的“家院”
24.国王的起居区（Saren Kangin）
25.国王的主妻和母亲的起居区（Rajadani）
26.国王的次级贵族妻子的起居区（Saren Gianyar）

V.国王的（亡故）父亲的“家院”
27.国王的父亲的（次级）贵族妻子的起居区（Kaniya Bawa）
28.国王未出阁的姐妹的起居区（Saren Gde）
29.国王的（外）祖父的起居区（Bali Mas）

VI.国王的兄弟的“家院”
30.国王的兄弟的起居区（Semarabawa）
31.国王的兄弟的家院的前院（Suci）

VII.国王的后宫
32.国王的平民妃嫔的起居区（Pemangkang）
33.国王的厨房（Paon Rajas）
34.国王的米仓（Lumbug Raja）

VIII.王侯的“家院”
35—37.国王的（父系）堂亲们的家院

IX.不洁区域
38.不洁区域（Teba）

边门（Candi Bentar）
有顶小门（Paduraksa）
无门通道（Pemedal）

图 11　克伦孔王宫格局(约 1905 年)

其新近驾崩之皇考、兄弟、(父系)堂亲们的寝宫；有国王的后宫，他的平民妻子在此居住；最后，还有不洁的场所：每月来潮的女人都在这里隔离，猪和其他牲口在此畜养，厕轩也在此处，也是弃秽之所。

上述每个场所都是自成一体的单位，是更小单位的组合体，也是更大单位的一个组成部分。从家庙中神坛的布置，或穿堂宫室的亭阁，到位于整个宫殿内部的诸功能空间的布局，以及整个宫殿与环绕它的整个王国的关系，始终都在复制着一种固定的结构性模式：更神圣的/更中心的/更内部的/更隐秘的/更正式的/更崇高的/更原初的/更深奥的/更神秘的……与一系列程度更逊的性状相对立；意义以“穆谛”(*murti*)的形式集中上演的点与意义以 *sekti* 形式散布的面正相对立；权力之意象与权力之表征相对立。

由此，王室宗庙中的莲花座(1)与整座庙宇(2)的关系[17]，就如整座庙宇与宫殿的神圣区域整体(1—16)，神圣区域整体与宫殿整体，宫殿整体与宫殿坐落的广场，广场与环处周边的乡村地区的关系是完全一致的。与此相类似，这个模式也适用于宫殿其他的部分和建筑群：国王的公共御座(9)与外院(17)；内院(18)与公共集会场所整体(17—21)；停灵阁(13) 113
与停灵阁所在的内院；国王的庭院(24)与国王的“家支”(24—26)；国王的家支与王室大宗家支整体(24—34)；王室大宗家支整体与它那些仍居留在宫内的边缘分支(35—37)；所有居留宫内的家支(24—37)与那些已“游离”、散处宫外的家支，后者有的仍在京内，有的基于各自的战略考虑散布全境[18]。

以此类推，无往不复。这种精微的同态性不仅下达到最细微的摆设和饰物，最终也上通整个宇宙。无尽无止地再现一套固定的象征关系，在古代宫殿中创造出了众多大大小小的戏台，各种对阶序制的大小颂礼就是在这些戏台上上演的。从王室庙宇住持于小节日间在莲座前所行的小祭(只须行一个日常的祭拜手势即可)，到在皇宫(这是将全社会人群都卷入的最大公企)内外的某些重要场所中举办的大祭，剧场国家使用的道具和布景，就像它演出的戏剧一样，在根本上都是相同的。不同之处只在于参演者的数量，相同主题的精美程度，以及事件对巴厘总体生活的实际影响。

3

我们将宫殿看作大小戏台的复合体，而且它自身就是一个戏台，百演不厌的始终是攀升和服从的典范戏剧，这种观察阐明了它的空间布局：何以神圣场地要坐落于北方和东方，要面向山地，而凡俗场地则要坐落于南方和西方，并面向海洋；何以低声望的场地要环绕在高声望的场地周边；何以宫殿从前到后是由公共性逐渐过渡到私人性。它也有助于理解不同类型的空间本身，以及将这些空间贯穿起来的关系究竟有着怎样的意义。五种主要空间——宗教空间（1—16）、政务空间（17—21）、外务空间（22—23）、起居空间（24—37）和凡俗空间（38）——既确定了一组对立，让它们彼此分立，也确立了一个类聚模式，将它们聚拢起来。

114 在这些神圣空间中，最富有意味的是王室大宗家庙（2），国王的公共御座（9），停放王室成员尸身的停灵阁（13）和世界之轴（12）[19]。

大宗家庙[20]是全体克伦孔统治群体的家庙，当每次登基加冕，重修或重建，或发生天灾后（鼠疫、火山爆发、瘟疫），都要在庙中重新献祭，还要举行王室火葬与锉齿礼，它是在宫中举办最大规模的、全国范围的公众庆典的最通常场合之一。国王的公共御座是一座石台，上覆以顶，凡到伴有盛大庆典的节庆（舞蹈、演剧等）时，他都会端坐台上观看演出，受万民瞻拜，他还要在固定场合按礼节接见那些有所求的请愿人。停灵阁供停放火化之前的贵人尸身；霍姆士目睹的、从墙桥上现身（为了避免污染侧门）的队伍就从这里起身。但宫殿的神圣空间中最令人入迷、也同样含混不清之处却是（借用一个比较宗教理论、然非与比较宗教研究相关之全部理论的一个术语）所谓“世界之轴”——由吉兰（*ukiran*）。寺庙之神力（*sekti*），即映照真理的摹仿力量，正是挹注在由吉兰之中，有甚于在大宗家庙中[21]。

由吉兰的本义是“山脉”，更准确地说，是“山脉之地”，它也指木头、铁器尤其是武器上所刻的辟邪花纹。最后，或许衍生而来（但也未必），它是30个7天为期的“星期”（乌库，*wuku*）之一，总数为210天的巴厘纪年即由乌库组成。诸种意义——圣像的、魔力的、历法的——的纠结使得由吉兰成为众点之点，不惟在宫殿中，在整个王国中也是如此，阶序制的宗教—宇宙面相和权力—政治面相在此两相契合如天衣般无缝。[22]

当然，自早期伊始，“圣山”主题就在印度教神话中扮演着醒目的角色。须弥山，即世界的中心、肚脐和枢轴，是天界、地界和冥界的交汇点，是神、人、鬼往来于几个存在领域的旱桥。在印度尼西亚，这当然也是一个同样醒目的主题，其表象形式多种多样，从皮影戏形象到共享的供品。在巴厘，该
岛中心处巍然耸立的火山阿贡山也被视为“须弥山”——诸神所居之地，至 115
高庙宇坐落之地，也是整个国家赖以布局之地——“山脉”主题也无处不在。与水和太阳一道，它成为宗教生活的三种伟大自然象征之一。

在我们的克伦孔寺庙中，山脉母题一次又一次地浮现，好似言若悬河后，必继以期期。大宗家庙中最重要的莲座上也缀刻着这些母题（所有高等种姓庙宇亦然），它的后面是阿贡山，紧挨着莲台。接下来，挨着“阿贡山”后面的是庙里最大的建筑物“须弥山”：一座中国宝塔风格的建筑物，由上到下逐级变粗分层（11），代表多重天。假山（8）是用修造圣池（7）时掘出的土石人工堆砌的，是“须弥山”的另一个表象。劈门（3a，15 等）和门楼（3、16 等）也确定无疑是“须弥山”的意象，是较低和较高的神圣区域间的通道。最后，由吉兰（在它之内，因而更“内”的是藏宝殿〔giri suci〕）毫无争议是地方层次上的“须弥—阿贡山”：宫殿、领土、巴厘和宇宙的中轴[23]。

藏宝殿（不出意外，它也译成“圣山”）里珍藏着武器法宝——克力士剑、矛、剑等——它们保障王朝的权力，在某种意义上，它们也体现了王朝的权力。巴厘人称这些祖传宝物为“华力士”（*waris*），可以说，它们是他们自己的家支尤其是家支长（人们认为他有能力保护他们）代代相传的、拥有神奇魔力的遗产。武器上雕刻着有超凡神力的神秘图案（称“由吉兰”），从而，这些武器就和精心创作的神性起源神话（人们通常认为，这些武器是为火山深处的某位神灵铸造的）、某些不可思议的神秘往事以及救拔王朝于魔爪的奇迹战事产生了关联。它们是国王的“秘宝”，如果没有这些武器，一如没有它们代表的男根像，国王将一筹莫展[24]。

一年一度，在“由吉兰周”开始前的最后一天，国王都要亲手取出这些武器，由最高僧正以圣水为祝，湿婆神也以“兽主派”礼享祭，“其名亦无与匹

敌，阿周那顶礼湿婆，蒙授神剑，以攻魔王，彼大魔王者，名曰尼瓦塔迦瓦沙（*Niwatakawasa*）”①。在随后一天，即由吉兰周的第一日，湿婆神再次享祭，但这次是在大宗庙中以拜塔罗古鲁（*Batara Guru*）身份享祭，“因为人们
116 在古鲁中也能看见自己的古鲁或父亲，并以此祭拜家系之源”[25]。这个节日称 *tumpek landep*——它的本义是“闭锋”（在当天，王国全境都禁动利器）——它充满了一整套象征机制，将暴器、生殖力、权威符号和神异器具彼此关联在一起。它描画了这样一幅总纲性图景，即我们所称的“主权（sovereignty）”（此词尚可差强人意）在古代巴厘的隐喻政治中究竟意味着什么[26]。

4

上文叙述的是神圣空间，它们浓缩了宫殿建筑所言之事——映照“实在”，即为“实在”——其他各类空间自然也各就其位。各种区域都各有其用，但在形状和布局上大略相似，它们是戏台，是斗技场，一丝不苟地上演着面对面的地位对抗，它们构成了政治生活的实质。在神圣空间中，是神和人的对抗；在公共空间中，是王公和臣民的对抗；在外务空间中，是王公和王公的对抗；在起居空间中，是兄弟、堂亲、妻子、配偶、父母、孩子即王室成员们的对抗；在不洁空间中，是鬼和人的对抗[27]。

远过于古代巴厘的其他任何地方，远过于村落，远过于家户，甚至远过于庙宇，宫殿（它当然不过是其中的一小部分，却更像是一个圆形大剧场）更是巴厘“浮华”丛生之地，也是巴厘社会赖以运转的“矫饰”汇流之处。

火葬和地位之争

不过，对于剧场国家，所有这一切都不过是戏台布景：只有在皇家仪式

---

① 印度史诗《摩诃婆罗多》南传至爪哇后，从情节到细节上显然都发生了许多变异。*Niwatakawasa* 一词系由梵语词 *nivātakavaca* 变来，在《摩诃婆罗多》中，这个词指“全甲族”（*nivāta* 义为“全副武装的”，*kavaca* 义为“铠甲”、“甲胄”），也就是所有阿修罗族（“檀那婆”），而流传至爪哇后，则变成了一个魔王。在《摩诃婆罗多》中，阿周那的主要武器是因陀罗赐予他的一张神弓，在此也变成了一柄宝剑。参见：毗耶娑著，黄宝生等译，《摩诃婆罗多》（2）“森林篇”相关各处，尤其是第166—169章（328—333页），中国社会科学出版社2005年版。

中,尼加拉才鲜活起来。那些铭刻在莲座浮雕上或展现在王室院落中的观念,到了庙祭、锉齿和火葬中,变成了集体表征,精英的真理也变成了公众的演出。蜂拥麇集的看客和入戏者在将哪怕一场很小的国家庆典转变为一种狂舞乱蹈的乌合之景时,将一种展现性的力量注入了尼加拉,而这无论是作为宇宙之副本的宫殿,还是作为神圣权威之偶像的国王都是不可能由他们自身中产生的。"只要稍具想象力,"格雷戈里·白特生曾就一幅巴厘火葬 117
画(无数身体、树叶、塔和供品的混合体〔例如,见封面彩图〕)写道,"我们就会将这幅画视为巴厘社会组织的象征表现,在其中,在仪礼和狂欢的平静关系之下以隐喻的方式潜藏着情感的狂乱。"[28]尽管他把方向弄反了——狂乱乃是隐喻,而关系则是隐喻欲盖之物——我们可以说,事件本身亦复如是。

虽然僧正和平民都实行火葬(*ngabèn*)[29],但实际上它是典型的皇家庆典。它不仅最富戏剧意味,最壮观,最庞大,最靡费,在全力以赴地崇仰地位方面,也无出其右者。或以为,火葬是媚悦亡人之礼,又或以为,它是声望战争中的突击战。在高里士(Gores)看来,它或许是前印度时代夸富宴的印度教残存形式,但从民族学来说未必令人信服。不过倒是抓住了它的精神:惊人的靡费,巴厘的风格[30]。

自国王驾崩伊始,在实际火化中,以及一系列奇异的善后礼中,每道仪式都冗长拖沓,总须耗费数月之久。仪式的核心部分由三个正日组成:净日(*Pabersihan*)、拜日(*Pabaktian*)和灭日(*Pabasmian*)。然而,与大多数巴厘仪式一样,一方面,这些中心事件要经历一系列渐次增强的准备过程,另一方面,也是一个逐渐消歇的过程。事件的意义既蕴涵在庆典本身中,也蕴涵在序曲(预备道具、收集祭品、举办宴会)、重奏(伴随着梓宫、骸骨、图案和花朵,一次又一次痴迷地重演火化)中。从起始到结尾,在巴厘人所称的"王事"(*karya ratu*)即一种宗教劳役中,役务和祭礼指向了同一件事。

2

在三个"正日"中,第一天是净日,洗净尸身(或余骸),由亡人的亲属、本

118 国其他王公和（如果死者是一个真正的大人物）盟国王公完成；用九器（睑镜，鼻花塞，耳蜡塞，晗玉，臂铁片）装饰尸身，还要由僧正洒以净水。第二天是礼日，尸身暂厝于停灵阁（图 11 中的 13），安放在祖传宝物（藏宝殿的短剑、长矛等）和用树叶及熟米制成的"山"上，亡人的扈从、门客、盟友及一些身份尊贵的臣民可以前来见上一面，向亡人行加额礼。不过，只有在最后一天，即灭日，地位标识的溪流（在巴厘人看来，不过是涨水）才会在瞬间暴涨，甚至将庄严席卷一空。

正如霍姆士的描述明白地显示的那样，葬礼本身的醒目特征表现为三种象征能量的惊人勃发：社会勃发，游行；审美勃发，浮屠；还有自然勃发，大火。观众的激情、灵柩的华美和葬堆的癫狂都与事件主调天衣无缝，它（霍姆士也注意到）更像是一次远游，而非哀悼。

队列自始至终都陷在喧嚷、混乱当中。一开始，就爆发了一场模拟战，一些人想将国王御体从宫墙上搬出来放到浮屠上，而墙外人群却要阻止他们。在半英里多长的路上，还会多次爆发这种战斗，一直持续到人们将遗体从塔上搬进兽棺、搁到火葬堆上，才算告终。在这中间，人们近乎歇斯底里：浮屠疯狂旋转着，"人们神迷意夺"；在泥泞中冲撞，推拥，翻滚；一边疯笑，一边疯抢铜钱和小物件；乐队一直没完没了地奏着破阵乐[31]。

但即便如此，队列仍然严整有序：它的巅峰和中心静如止水，处乱不惊，而底部和边缘则混乱不堪，群情煽动。在最前方，是乐队、舞人、持香人和荷棺伕。随后，是执戈士和执祖传兵器武士；然后是妇女，头顶净水瓶罐、盘子；再往后是盛殓亡者的兽棺，送给阴间恶鬼和阎罗的供品，以及国王的服饰（寿袍、珠玉、椰盒和华盖）。接着，是一乘莲轿，上面坐着大僧正，神情恍惚，口诵咒语。跟在僧正身后的是浮屠，耸然高踞于下方的混乱场景之上，而将僧正和浮屠连接起来的，则是那条强烈地吸引了霍姆士注意力的布
119 蛇，由多少也有些魂不守舍的死者近亲们抬在肩上。最后，殉葬妃嫔的送葬队伍如影随形，她们身坐塔中，面无表情，与死人无异；在她们后面，是数百个首陀罗的遗骸，每座浮屠都装着几十具，他们的家人特地挖出来，将他们与主公一同火葬。这幕场景（在总体上，直到今天也未发生多大变化）有点像娱乐性的骚乱——一场蓄意的、甚至精心构思的暴乱，设计这

场暴乱的目的是为了衬托那同样蓄意、更精心构思的沉静,这正是那些镇定如常的僧正、父系亲属、寡妇和随葬亡灵围着中心浮屠所要竭力创造出来的。

浮屠是这场人造风暴的眼中之眼,它也是一个宇宙意象。在塔基,两翼蛇和扁背龟表明这是冥界。人界在中间,以一座凸台为代表,形如庭院亭阁,它确实也叫“家”,国王遗体就放在上面。塔顶是神界,以常见的“须弥”顶层数为象征,层数代表亡灵将要前往的天界层次:一层为平民而设,他们将升入这一重天;三层、五层为乡绅而设;七层、九层为普通王公而设;而十一层,其顶有林伽像,则是为国王而设;还有一个露天莲台,敞向太阳神苏里耶—湿婆,这是留给大僧正的。

兽棺也反映了死者的地位。僧正在雄牛中火化,大王在双翼狮子中火化,小王在雄鹿中火化,平民则在一种长着象首鱼尾的神话动物中火化。浮屠的高度(可达 60 或 70 英尺)、舆夫的数目(舆夫的地位当然要低于死者的地位)、饰物的精美程度(当它们放在远离棺椁的火堆上烧掉前,癫狂的人群会将之一抢而光),还有殉葬寡妇和随葬首陀罗的数量——所有这些都展现了死者、他的王朝和他的尼加拉的地位主张:他们宣称的典范性所能达到的程度。在混乱不堪的一整天之内,伴随着无虑数以百计的仪式行动和数以千计的供品,几乎没有哪一种,从雕像、米山到神曲和飞鸽,没有确然的、精心设制的地位意义[32]。

火化之景……僧正持花箭,射杀巨蚺;众人负载王尸,赴烈火之坛,殓于梓宫;僧正如在梦乡,拾足登台,临王尸前倾洒圣水;然后敛入棺椁,于其身上,置随殉诸物,如丝、画、币、食等,皆不可胜计;继以钻取火,点燃圣焰;如 120
痴僧正,随后演礼,头身臂指,坐而起舞,但见烟霾弥天,满场竞喧;烈焰腾起,焚棺而裂散,半焦之尸,忽跌于棺外,其响轰然;诸嫔跃入火池,至死不发一言;僧正收焚余骨灰,托其体于汪洋波间……所有这一切都不过是同一事物——如神的平静高迈如兽的狂热之上。整个庆典藉由数以千计的意象和手法一再重申的,乃是对无可摧毁的阶序制的宏丽展示,虽然它始终面临着这个世界能够激唤的最强大抗力——死亡、骚乱、激情和大火。“吾王长已矣,斯位永继世!”[33]

3

因之,宫廷仪式(这个仪式中的锉齿、受戒、净土和庙祭,与火葬并无二致)藉由露天剧上演了巴厘政治思想的核心主题:中心是典范的,地位是权力之根基,治国术乃是演剧术。但远不止如此,因为露天剧绝不只是对独立存在的支配的美学虚饰和颂扬:它们正是支配本身。关于诸中心之中心、世界之轴的竞赛也是如此,它就是竞赛本身;正是在上演十一层作品,在调动人力、资源、特别是知识的能力中,王公们将自己变成了一个十一层的王公。巴厘等级体系的先赋性本质,人们在阶序制中的位置在总体上是继承性的,这个事实不应与在某些方面更为重要的事实混为一谈:整个社会从上到下都锁定在纷繁复杂而又永无休止的声望对抗当中,这种对抗实乃巴厘生活的驱动力。巅峰对抗当然更宏大,更持久,也更壮观。然而,低层通过摹仿高层的做法来缩短他们和高层间的鸿沟,高层通过反摹仿的做法拉宽他们和低层间的鸿沟,这二者的斗争却是无处不在的。

王室葬礼不是发生在别处的政治的回声,它是发生在任何地方的政治的最强音。

结论：巴厘与政治理论

摹仿，这真是一个怪异的标签，正是摹仿组成和构建了它所摹仿之物！

——保罗·利科

现代政治话语中的那个主导名词，state，至少凝缩了三个不同的词源学主题：其一，在station（地位）、standing（名位）、rank（位阶）、condition（身份）等意义上，意味着"地位（status）"——它是"等级（estate）"（"我们的血统和等级〔state〕的荣光"①）；其二，在splendor（壮美）、display（炫示）、dignity（尊严）、presence（仪态）等意义上，意味着"pomp（盛典）"——它是"威仪（stateliness）"（"盛典方乘时，驱驰一何荣；盛典成就伟大，王者风范，威仪所赋"②）；其三，在regnancy（执政）、regime（政体）、dominion（统治）、mastery（支配）等意义上，意味着"治理（governance）"——它是"经国（statecraft）"（"施政勿集，立法勿散，国之公理也"③）。那种话语及其现代特征的独特之处在于，它的第三种含义是最晚起的（它出现于1540年代的意大利；连马基雅维利都不甚了了），但到如今，这个最晚起的含义已经主宰着这个词汇，以致模糊了我们对高等权威之多重实质的理解。正是由于这样被强行灌输的缘故，我们目不及其余〔1〕。

如前文所言，尼加拉也卷入一个多变的义域，但却是一个与state判然有别的义域，若以state来解读尼加拉，必然导致跨文化译释中的常见误解。

---

① 英国詹姆士·谢利（James Shirley，1596—1666）的诗歌《我们血统和等级的荣光》（*The Glories of Our Blood and State*）："我们的血统和等级的荣光／皆如泡影，并非实相；何曾有武器可与命运对抗，／死神伸出冰冷的手抓向国王。"

② 英国亚历山大·蒲柏（Alexander Pope，1688— 1744）的诗句。

③ 英国乔纳森·斯威夫特（Jonathan Swift，1667—1745）的名言。

不过,显而易见,对我们而言不管它消解了什么——宫殿、城镇、王都、王国、文明——在它指向的那种政体中,地位、盛典和统治的互赖不仅近在眼前,事实上还得到了无上的褒扬。我们的公共权力概念遮蔽的,正是巴厘人要展示的;反之亦然。从政治理论来说,我们致力于考察衰变型等级、弥散化王权、仪式化水利控制、藩商贸易及典范葬礼,正在于揭示出国家权力的象征维度。这种研究恢复了我们对炫示、声望和戏剧的秩序化力量的敏感。

122 在西方从16世纪兴起的、关于国家究"是"何物的每一种主导概念——在一个确定领土内的暴力垄断者,统治阶级的执行委员会,公众意愿的授权代理人,利益调和的务实机构——在解释上述力量的存在这个事实时,都无一例外地遇到了困难。没有哪种概念能够令人信服地一语道尽它的实质。尽管那些权威的维度无法轻易简化成政治生活中的支配—服从概念,但它们仍被抛入了一个赘瘤、诡秘、虚幻和矫饰的混乱世界中,从流飘荡,任意西东。而白芝浩所称的政府的"尊严部分"和"实效部分"的联系[①]至今仍备受误解。

一言以蔽之,这种误解认为:国家的尊严部分是服务于实效部分的,因之,它们是诡计,多少带有狡诈与虚幻的成分,目的是有利于统治的务实目的。政治符号体系(从神话、徽章、礼仪,到宫殿、名号和庆典等)不过是达成潜藏其下或高踞其上的目的的工具。它和政治的真实事务(社会支配)的关系是外生的:"国家的神性遵从人民的意愿。"[②][2]

那些视国家为"巨兽"(Behemoth)的观点,从霍布斯的利维坦到德·茹弗内尔的弥诺陶洛斯,都强调它造成伤害的威胁,公共生活中的游行与庆典的功能都是要将恐惧打入人们的头脑,这正是国家威慑的目标。好比澳洲人的牛吼器或奥兹人(Oz)[③]的魔器,它是从冥冥黑暗中向人们发出的恐吓之声,引发他们心中的恐惧感。至于那些视国家为"巨骗"的观点,左派马克思主义和右派帕累托主义,强调少数精英从下层人民那里抽取剩余价值、据为己有的

---

① 沃尔特·白芝浩(Walter Bagehot,1826—1877)对于"政府"职能的一对区分:dignified parts 和 efficient parts,参见氏著《英国宪法》,商务印书馆2015年版。

② 英国诗人约翰·邓恩(John Donne,1572—1631)的观点。

③ Oz,澳洲的俚称,Aussie 的逆构变体。

能力,国家庆典更是一种障眼法,目的是将物质利益精神化,并掩盖物质冲突。政治符号体系变成了政治意识形态,而政治意识形态又是阶级的伪善面具。在民粹主义那里,既然国家源出共同体,它显然也是共同体精神的演化,由此,它自然视其为祝颂程式:正因政府之为实现民族意愿的工具,它的仪式也必然鼓吹这种意愿的伟大。而对于多元主义论(古典自由主义及步其后尘的压力集团论者的利益平衡),国家诈术只不过是打着道德的合法旗号,掩饰统治程序的手段罢了。政治是一场永无休止的角力,在既定(“宪法”)游戏规则下,全力追逐边际效用,而无所不在的假发和法袍的作用是让规则看起来是固定不变的,将之置于它们所要调和的派系斗争的内外上下。
然而,在所有这些观点中,国家的符号学方面(鉴于它有望成为当下问题的解 123
决之道,我们现在开始这样称呼它)却是如此地哑然无声。它们崇扬强权,掩盖剥削,烘托权威,或洗白程序。但它们皆未做的一件事,就是激活事物。

若将此处所言巴厘国家纳入前述任何一种模式、甚至所有模式,都不算什么难事,可说是举手之劳。如果统治者无法以暴力压服抗命者,不能从生产者身上盘剥财富,不能将私见粉饰成公意,不能将己意装扮为合法,他的政治支配就不可能长命。但若将尼加拉裁剪成这些陈词滥调,将之打磨成一枚欧洲意识形态论争的残币,也就让最富意义之事逸出了我们的视野。不管在政治实质方面它将给我们以何种智慧,它都绝不是那种大鱼食小鱼,或专制机器之道德遮羞布式的智慧。

2

巴厘古代文化的特征及其支撑的政治类型当然是大可争论的,但是,地位乃情之所钟,而荣耀乃地位之精髓,这却是毋庸置疑的。“林吉”(*linggih*)是“座位”之意,通常指等级、身份、职位、名位、名号、“种姓”(“你坐在哪里?”是识别地位的习惯问语),它是社会公共生活运转的基轴。如前所述,由于地位是依据与神性之远近而定的,且至少在理论上,它是与生俱来之资格,而非生后风云际会之所能,由此,地位及其伴生的冲动激发了人们大部分情感和几乎全部行动,也就是在我们自己的社会中所称的政治行动。

若欲理解尼加拉，就必须探究那些情感，解读那些行动；详尽地阐述权力的诗学，而非权力的构造。等级的惯制不只是营造了政治主角们（崩加瓦，庄头，仵乌拉与巴莱艮）的实践关系在其中成形、获有意义的情境，它也弥散在他们共演的戏剧中，弥散在他们演戏的剧场布景（*décor théâtral*）中，弥散在他们上演的宏图中。国家从其想象能量和符号潜能中汲取真实的力量，不平等也由此愈发地令人心醉神迷。

124 首先，巴厘国家是现实应如何编剧的一个表象；它一个巨大的形象，短剑等物品，宫殿等建筑，火葬等活动，“毂中”等观念，王室自戕等举动，都纷纷在其中获有了活力。说政治仅仅是自然激情的不变演出，统治机构不过是剥削的工具，这种论点无论在何处都铸下了大错；在巴厘，它的荒谬更是昭然若揭。激情确是工具性的，也是文化性的；（阶序的、感官的、象征的和戏剧的）心灵变向在呈现自身之时，也呈现了另一种。

这一点自始至终都是清楚的。但它最明白无误地显示在政治生活的主导意象之中：王权。尼加拉的所有方面——宫廷生活，它的组织传统，它依赖的剥削，与之伴生的特权——都致力于定义权力之所是；而权力之所是，即君王之所是。君王们一个个宛如走马灯般来了又去，“可怜的、无常的物事”[1]隐匿于名号之内，凝结于仪式之中，湮灭于葬火之间。但它们体现的模型—副本秩序观，却始终未曾移易，至少在我们目前所知的时期内如此。高层政治的驱动目的是通过拥戴一个君王，来营造一个国家。君王越完美，中心便越典范。中心越典范，王国便越真实。

东南亚印度教“王权”的特征不可避免地被说成是其“神圣性”——如前所述，这个说法颇为含混。在这里，国王们没有拥有两个身体，他们只有一个。他们不是信念的护卫，也不是上帝的牧师，或奉天承运者；他们就是“神圣”本身的化身（印度教的、佛教的或二者的奇妙杂糅）。大小君王如“拉甲”、“摩诃拉甲”、“拉甲地拉甲”、“提毗拉甲”[2]都是神性之显相；圣物如窣

---

① 本句引自美国诗人罗伯特·洛厄尔（Robert Lowell，1917—1977）的诗集《逐日》中最后一首诗《结语》：“we are poor passing facts（我们是可怜的、无常的物事）”。

② *Raja*，*maharaja*，*rajadiraja*，*devaraja*，都是南亚和东南亚对“君主”或“国王”的各色称呼，均有“神王”之义。

堵波或曼荼罗①等都直接显化神性。

这种神圣王权的概念[3]并非不正确,说美国总统是一位民众领袖而摩洛哥国王是一位独裁王君,也不算错。但这还远为不够。“神性”(或“大众性”,或“独裁性”)究竟包含着什么?更重要的是,这个所含之物怎样创造出来,它又是如何显化的,这才是关键。如果一个国家是通过缔造一个国王而缔造起来的,那么,一个国王就是通过缔造一个神灵而缔造起来的。

在此中,政治的形体获有了多重含义,但最重要的含义或许在于,恰如神性一样,君权既是一,也是多。不止是在巴厘,在整个东南亚,在过去 125
1500年间,宇宙君王可谓是星罗棋布,络绎不绝,在对他的滔滔颂辞中,每一个君王都是作为宇宙的核心和基轴而现身的,但每一个君王也都心知肚明,他决不是独一无二的现身。从西里伯斯岛或马来亚半岛上的小王,到爪哇或柬埔寨的大王,对至尊君权的宣称是他们宣言的全部内容;有所不同的,只是这种宣言所能达到的高度。君王们都是“唯我独尊”的,但有些君王要比另外一些君王更“独尊”,这其中的差异正是由对他们的颂扬有所差等造成的[4]。

3

这种“圣王崇拜”文化形态是恒定的,而人力、资源之调用则随时随地有所差别,由此将巴厘古代的“权力斗争”变成了竞赛式炫示的持续勃发。前文已经描述过这种炫示在神话、庆典、艺术和建筑中的醒目特征,也描述了与之互为支撑的政治心态。但除了象征符号和精神气质(ethos)外,赋予了它们在国家事务之实际运作中以直观表现形式的,却是皇室权威在实践层面上的各种社会范型,它们是创世之神亲临世间的具体典范化形式。在这其中,有三种范型尤为重要:君王于僧正之关系,君王于物质世界之关系,以及君王于自身之关系。

国王和僧正的互补搭档关系,完美刹帝利和完美婆罗门在社会巅峰处

① 窣堵波(*stupa*),即葬塔或浮屠。曼荼罗(*mandala*),即印度教和佛教的“坛城”。

的对向唱和,是巴厘政治制度(它早在《摩奴法典》中即已出现)最典型的印度教特征,也是这些制度在向东、向南流布过程中发生突变的明显例证。自霍卡(A. M. Hocart)以降,许多学者纷纷指出,在印度,婆罗门(起码是王室婆罗门)的职责是替没有仪式资格的、好战的和食肉的国王举办献祭。但在巴厘,非暴力和素食主义充其量不过是偶见的观念,婆罗门的职责是将神秘之物搬上戏台,诵经念咒,这是皇家神性崇拜的立足之处。在印度,阶序与
126 统治的复杂分合——达磨(*dharma*),价值的领域;日迦他(*artha*),暴力的领域——奠定了种姓制度的根基,但在巴厘,远非如此;同样,即便在东南亚,总体上也远非如此。王室婆罗门不是世俗君主向诸神遣出的使者;他是神圣君主的大司仪[5]。

在中东和亚洲的传统等级制国家中,有三种主要的王权形式。在埃及、中国或苏美尔等国的古代官僚机构中,君王本人就是大僧正;整个王国的利益都倚赖于他主持的庆典活动带来的神异力量,而其他僧侣皆是他的助祭。在印度,当然它既是一个大陆,也是一个国家,君王是路易·杜蒙所称的"传统型"而不是"神巫型"形象——一个"被剥夺了宗教职能"的统治者,[6]僧正以仪式将他引往彼岸,官员则以国事将他留在此岸。最后,在巴厘,如在东南亚大部分地区一样(饶有趣味的是,在波利尼西亚更发达的政体中也是如此,日本虽有所不同,但也相去不远),国王不只是牧长,更是世界的超凡中心,僧正则是其神圣的征象、要素和效应。如同前文提及的祖传宝物,如同他的莎笼、他的华盖、他的御辇,他的珍宝,如同他的宫殿,他的妃嫔,他的林伽,他的浮屠,他的飨宴,他的战争;事实上,如我们将看到的,也如同整个王国——僧正是君主王位宝器的一部分。

当然,这不是说,他们只是权力的附庸和点缀。卜来伦王室编年史中曾明确地将宫廷僧正描述为"君王诸宝中,无出其右者"[7],这是将他视同国王之宝剑的剑柄,国王之乐队的乐器,国王之大象的躯体。他精通教义,娴于仪式,谙熟吠陀经,是一个高深的卜师,有大善品行,他还是一位大匠,善铸神兵。国王耳闻他的盛名,将他召至宫中,安顿在宫廷精舍(*asrama*),拨与三千扈从,并赐赠直追国王的尊号。该书的编者兼译者 P. J. 沃斯利一语道破:"(他)不止是一个皇家饰物,皇家权威的符号,更是皇家权威的部分载

体,是国王公共人格的延伸。”

简言之,虽然在此僧正也像他在印度一样代表“达磨”,这个词既贴切、又拙劣地译成“法律”、“规范”、“本分”、“权利”、“品行”、“美德”、“善行”、“日课”、“宗教”、“秩序”和“公正”,但他与君王的关系却不是“洁”与“不洁”,更不是“义”与“利”之别,而是“完美”与“至美”的关系。[8]僧正的光辉反映了君 127
王的光辉,是君王光辉的一部分,并给它增光添彩;而他们之间牢不可破的效忠纽带,在每一个可能的公共场合和以每一种可能的方式展示的纽带,也是典范的。沃斯利写道:它是“理想关系的镜像……在这种特殊关系中……反映了君主与臣民的关系,这种关系是……整个世界的楷模。”[9]作为一种社会范型,君王和僧正向整个王国做出了示范:侍奉君主就是成为君主的一面,就像他一样,他敬奉神明,也就是成为神明的一面;它也表明了役务(service)究竟是何种物事——它是更高的摹拟。

4

君王和物质世界的总体关系是用一个颇具迷惑力的乏味词汇进行概述的,明显的翻译讹误已经成为确切理解它的主要障碍:*druwé*。*druwé*(*madrué*、*padruwèn*)意味着“被拥有”(“拥有”,“占有”;“财产”,“财富”)。这本身还不成其为问题。问题在于,溥天之下,莫非王有:这不仅适用于他的私人土地和个人财产,也适用于整个王国,这个王国内的所有土地和水,以及全体人民。这个王国,王国之内的全部,在某种意义上都是他的“所有物”,他的“财产”,它们全都“属于”他。正是这个“某种意义上”包含着相当的复杂性,争论也由它而起[10]。

长达百年以来,这个纷争一直刺刺不休,有些论者将俗谚当法律,把印度尼西亚的印度教国家内所有的土地、水、森林等统统视为君王的个人财产,而有些论者则将农民习俗视同法律,认为“莫非王土”无非是欺蒙和侵夺的手腕,然而,这两造的观点都是误导。双方都基于律师式的假设,认为“所有权”是一种固定的、可统一界定的非黑即白之事,虽然所有者可以是某些人、某些群体,甚至是视同“人”的机构,但最终必定存在惟一的关于特定财

产之明确权利的法权。但如果我们考虑到,不仅是“君王”,连“神明”、“村
128 庄”、“家庭”和“个人”也都有权宣称“莫非我有”——一般无二的“莫非我有”——的时候,显然,我们得对这种“所有权”的根本观点有所放弃。尤其,如果真正理解了君王与王国的关系,我们就得放弃那种认为 *druwé*(不管它怎么翻译)必定与资源使用(也就是说,与他们的财产侵占和享用权)有关的看法。它与他们在权力符号体系中的角色有关[11]。

以此观之,谁“有”巴厘的问题就不像洛克说的那样,而我们将再次面对这样一个社会,它摇摆于自上而下衰变的文化范型与自下而上攀升的现实格局之间。恰如我们看到的,资源控制及分配的规则既错综复杂,又乱无章法,各种特殊的个例错杂交织在一起。我们已经看到,撇开某些专门的方面暂且不论,它们更是村庄、水社和家户而不是尼加拉的产物[12]。但是这些资源的性质和富足程度,以及世界的繁荣,均源出非世俗的实在;这正是 *druwé* 指向之物。它标志着另一种典范阶序制,若由“所有权”角度观之,每个较低的典范都是上一级典范的粗糙翻版,而每个较高的典范也都是下一级典范的精致翻版。君王对王国之“所有权”差可拟于神明对王国之“所有权”;公侯的“所有权”差可拟于君王的“所有权”;农民的“所有权”差可拟于公侯之“所有权”。这些“占有”不仅能够共存,为了让任何一种都有意义,它们也不得不共存。君王统治着王国,他也因此拥有了它——在摹拟的意义上;他组成并建构了他所摹仿的物事。

具体地说,君王不仅是最高崩加瓦,置身于前文已探究过的地位阶序之巅上,而且,惟其身处峰巅,从地方共同体之“精神”方面而言,他也坐在我们所称的“神圣空间”的中心[13]。在他的人格中,他融合了双重的权力表象,如我们看到的,这个表象贯穿着整个巴厘公共生活的结构:从神圣统一体向下衰变的美德梯级,从神圣核心向外扩散的美德辐射。这不过是同一实在的两种表现,好似宝塔之高,与塔影之远。只不过,如果说君王—僧正关系仿效了第一种弥高,那么,君王—王国关系仿效的就是第二种弥远。

在众多地方“风俗共同体”(*desa adat*)外,整个王国也被看成是这样一个风俗共同体,一个尼加拉共同体(*negara adat*)。与德萨共同体一样,尼
129 加拉共同体是神圣空间的延伸:“化育万物的大地,流经其中的众水,围裹其

外的苍穹，在其胞宫中支起的岩石。”如德萨共同体一般，所有生存于其域内、受益于其能量的众生，就必须共同担负起那些能量要求的仪式的和道德的义务。此外，如德萨共同体一样，尼加拉共同体在根本上不是一个社会的、政治的或经济的单位，而是一个宗教的单位，一个祭师的集群。以同样的方式，地方人群保障地方福祉，地区人群保障地区福祉，而若有可能的话，超地区人群保障超地区福祉——所有这些都靠轰轰烈烈地上演公众庆典来完成。

因之，身为尼加拉共同体之领袖，君王“拥有”王国。如神明一样，同时也身为神明，君王保障王国的繁荣——土地丰收；妇女多产；子民平安；免遭旱灾、地震、洪水、虫灾或火山爆发之横祸；社会安宁；以至于自然之优美（直到将它修造为一个巨大的、精美的苑囿，遍布通幽曲径，长形庭院和方形梯田）。无论是在圣湖边上的放水仪式，在山上神庙中的尝新之礼，在海岸神庙中的驱邪法事，还是宫廷中的皇家典礼，国王都是以土地及其生命的首席“监护人”、“庇护人”或“保护人”（即 *ngurah*）而现身的，恰似遮护着他的华盖，又如那片遮护着他们的“苍穹”一般，他也遮护着这片大地。就其监护关系而非占有关系的范围和意义而言，王国确定无疑地是君王的“财产”（*druwé raja*）[14]。

再一次，这个马达就是国家庆典。我们已再三强调过这种庆典是如何的奢侈豪华，物质丰盈是如何地无所不在，这都是王国丰产的征象；而若从模型—副本秩序观点来看，也是其造物主的征象。在君王作为焦点而其他一切汇聚于他时，庆典的辉煌反映了君王的核心性；在通过聚敛财富来刻画权力时，它反映了这些寄寓于那种核心性之中的权力；它也反映了那些权力分布的社会领域，大众的财富正是经此向上聚敛的。国家仪式的奢华不只是君王神性的标尺，虽然说它确实如此；它也是王国繁荣的标尺。尤为重要的是，它也表明，它们是一而非二[15]。

5

君王与他自身的关系，乍听起来十分吊诡，是王室权威的社会范型中最 130

难以捉摸的；同时，与那些嵌植它的范型相比，它也最难以迻译为展示模式。如我们将看到的，这一困难在于它那种颇为怪异的非人格化本质：他的个人身份看起来已被完全抛弃，似乎只是作为一种人类符号存在。庆典将僧正刻画为君王的珍宝，将王国刻画为君王的苑囿，现在又将君王刻画为君王的圣相：怎么说呢，他是王权的神圣肖像。

在从这个角度努力描绘君王的角色时，马上跃入我脑海中的，是T. S. 艾略特的诗句，"旋转不息的世界的静穆之点"①；他是宫廷庆典中的一位演员，他的职责就是变成一个万众瞩目的静物，在喧闹现场的中心处制造出一个反常的不动之静。他端坐紫金莲台，持着严格的礼仪姿势，长达几个时辰，脸色淡然，眼神虚空，只在必要时才优雅如芭蕾舞般轻举缓动，只有必要时才几不可闻地喃喃低语；人们努力围绕他为中心、以尊崇他的名义构织的，是一幕狂剧，因此，君王是"如如不动者"，是万物中心的神圣缄默："我心即空……安忍不动……不取于相。"[16]

然而，连这个偶像的凝固、静穆、平和本身也是吊诡的：正如佛陀的禅坐，或湿婆的舞蹈，它们源自心神的精进之力。君王将自身（更确切地说，将他的王权）投射成世界之静轴的能力，要看他能否一丝不苟地正心与修身，能否发大宏愿在持续、勇猛、存想的修持中安定心神，能否在禅定中精细而完美地实现"梵我一如"。冗长而重复的典范炫示，将"生自真言的大梵"和"无助、低下、卑屈的……国家的……全体臣民"结为一体，于此国王身上，最终交叉落实了人们所能之观想与观想之所成的完美融合[17]。

身为典范中心之典范中心，又向外显化于他的臣民：神性的静谧之美。偶像国王将他向自身内显之物，就此而言，这一切有似于幻术一般，宛若斯坦伯格②笔下那只自画自身的手掌。但既然对巴厘人来说，想象既不是耽于幻想，也不是观念虚造，而是一种感知、再现和实现的妙法，那么，它绝不是骗术。观想即识见，识见即摹仿，摹仿即显化。不管这种观念的客观效果

---

① 这句诗引自T. S. 艾略特的诗作《烧毁了的诺顿》。

② 斯坦伯格（Saul Steinberg，1914—1999），美国漫画家，尤以在《纽约人》周刊上发表的漫画而闻名。文中所说的那只"自画自身的手掌"，是斯坦伯格创作的一幅有名的漫画，一只手拿着一支笔在画画，画出的却正是它自身。

如何,即实在存在于一整套由感官表现符号组成的审美的、类型-个例阶序体系当中,在这些表现中,那些较低的表现丝毫也不缺少真实,只不过不那 131
么精致、不那么炫目、不那么强烈罢了(可是,对此做出判断的又将是谁?)——在巴厘,这是百世不易之理。身为符号体系中的一个符号,意象场域中的一个意象(这也正是在王室庆典中君王发愿要将自己转化而成的物事),他是独一无二的,这恰是由于他"端坐"在让整个阶序制成为非世俗之物的点上,他标志着完美典范的阈限。

但活跃着的钝态,大定力的静坐,这其中的吊诡远不止如此;因为国王作为一个符号,他的身上绝不只有静谧精神的平和从容,还有它的直率暴烈。走向邪恶的无情暴力堪相匹敌于走向美德的无情慈悲;而就它们的方式而言,战争(或者不那么一本正经地说,皇家的惩罚)是与放水仪式相似的仪式活动。千真万确,如我们在明关威的覆亡和面对荷兰人时的浦浦坛"了局"中看到的,战争的象棋模式也遵循着一模一样的静谧中心模型:君王从宫殿中现身,接受最终的命运,他不过是遵循了他的仵乌拉兵卒,然后是庄头轻子,最终是崩加瓦重子①的同样命运罢了,他们由低到高依次进行着绝望的地位炫示。"他的激情受制于冥思",P. J. 沃斯利写道,"(理想的君王)致力于追求有美德的生活方式,在王国内无为而治……疏于对付敌人……而醉心于高贵和完美。"如同太阳的炽热般暴烈,又如月亮的光华般柔和,追随着挹注幻象修持心灵,君王在剧场国家的恢闳戏剧中作为权威定型而凸现出来,一个"抽象而匿名〔者〕,他以完全可以预见的方式遵循镜像逻辑来行事,〔他〕也在此中被制作出来。"与净水、诗歌、莲台和短剑一道,他是一个仪式物件[18]。

6

然而,君王也是一个政治演员,是权力中的权力,恰如他是符号中的符

---

① 兵(pawn),轻子(minor pieces,又称"弱子"),重子(major pieces,又称"强子"),都是国际象棋术语。"轻子"是象和马,重子是王后和车。从这三种棋子的机动力来说,兵最强,象、马次之,而王后和车再次之,以王为最弱,作者以此比喻君王及其手下三种臣民。

号。是君王崇拜创造了他，将他从一个王公升华为一个圣象；因为，若无剧场国家的戏剧，沉静神性的意象就不可能成型。不过，那些戏剧的场次、华美和规模，以及它们给这个世界打上多大的印记，又反过来依靠他们能够动
132 员起来排演戏剧的政治效忠的程度及其多元性。而在完成这个循环圈的过程中，这种人员、技巧、物品和知识的动员是治国术的首要任务和基本技艺，从物质方面来说，也是至高权威倚赖的蓄能。仅仅端坐不动，甚至是心如止水，是远远不够的。若要成为权力的主导表象，还必须进行权力的交易。

我们已经描述过那些调停权力交易的社会机制（继嗣纽带、门客关系、联盟、庄头制、租佃、税收、商贸等），也着重指出了它们走向异质性的离心趋向。在表象方面表现为高度集中化的同时，在制度上却表现为高度的弥散化，因此，剧烈的竞赛式政治虽然崛起于四方殊异的地理、风俗及地方历史中，却是在一种生自神话、仪礼和政治幻梦之普泛化象征世界中的静态秩序惯制内运行的。这给任何渴求接近万物的炽热巅峰和中心的人（也就是说，对那些心怀雄图者）设下了种种现实的障碍，但不止如此，这种形势也给尼加拉政治制造了悖反的难题，不管是经国术还是治国者都无法解决，如此一来，它最终成为最主要的政治动力：越是趋近意象化权力，也就越远离了实际掌控权力的机制。

所有的复杂政治体系，包括专制体系，当然都有“高处不胜寒”的特征，但恐怕不止如此。此处的问题并不是官僚们由于心怀恐惧或明哲保身而向君王蒙蔽了真相，而是既然根本不存在官僚机构，当然也就没有官僚了。王室施政也不可以以一般术语来解说，认为君王只是失去了与具体现实接触的机会；因为既然根本不存在行政机构，施政又从何说起！真正的问题在于，随着由低到高的攀升，尼加拉也逐渐变换角色。在较低层次上，它动用了数以百计的彼此交错的村落政体，经无数庄头、税吏及藩商长之手从它们那里抽取人力、物力，将王室戏剧搬上戏台。到了更高层次上，由于与这些村落政体及其质朴性状渐行渐远，它转向从事典范摹拟这桩核心事务，转向了上演戏剧。越向底层，就越实务，或如巴厘人所说，就越“粗糙”，尼加拉是审美性的，越向巅峰，就越“精美”——这个模范本身的实质是阶序制。

133 由此造成的结果是，在阶序的任何一点上，彰显地位的必要性与为实现

彰显而聚敛财富的必要性必然会形成旷日持久的冲突，但在巅峰处最为激烈，也最无从逃避，在那里，"圣君照彻四方的华光"消耗了如此之多的燃料。尤其君王的亲密伙伴，其他的大崩加瓦——忌妒的族人、怨怼的武将、侧近的对手和潜在的敌人——都关注地看到，君王已经完全为仪式冻结，完全禁锢于统治庆典之中，他对他们的实际依赖达到最大程度，而他们自己的炫示能力也大大增强了。竞赛壮景的政治从来不是风平浪静的，一个王公的成功恰恰意味着另一个王公的机会；但他们也基本上是稳定的，因为机会自有它的规律。

先是殖民政府，然后是共和国政府，都将尼加拉锁进了韦伯所言的"铁屋"之内[19]，因此，我们很难复原政治斗争的特征，其力量是一隅的，而其雄心则是宇宙论的；但动与静的奇妙混合却是一清二楚的。任何一位王公，无论在什么层次或规模上，都努力扩大其庆典活动，远离最近的对手，将其宫廷变成一个更贴近的满者伯夷，也将自己变为一位更贴近的神明。但如此一来，他也逐步将自己变成一个锁闭的棋盘君王，逐渐脱离了权力战局，而以此代价换来的是他孜孜以求的幻象：一个纯粹的符号。由此带来的结果是，尽管演习一直如火如荼，永无休止，但若想让政治声名迅速远扬，虽然并非不可能，却也是十分罕见的。恰如巴厘社会每个方面都热衷的声望竞赛，结果总是地方的骚动与整体的僵局，尽管始终不缺少反复而激烈的努力想要改变地位关系，但其总体格局却一成不变[20]。任何王公参加圣王游戏的场域都必定受到一些"点"的左右，在这些点上，如果他攀爬得过于崇高，就会失去与社会根基接触的机会；然而，如果他不能保持足够的崇高，又会在壮景竞赛的游戏中落伍，这种威胁逼迫他不得不饮鸩止渴。与戏剧情节和布景一样，剧场国家的演员表不会轻易改换。虽然19世纪因持续不断的阴谋、争端、暴力和数不胜数的小骚乱而四分五裂，但声望与优先权的总体模式、声望的结构，即使在终结之时也依然初心不改。无论愿心如何远大，也不过是原地的激烈踏步。

我们在塔巴南看到的状况有如下特征：大王的象征之踵后面紧随着次 134
王；紧随其后的是小王；侯爷紧随小王的踵后；小侯爷又紧随侯爷；如此依次类推下去，其方式是精确地区分各自的家系，每个野心家都尽力缩小与上方的沟壑，同时拉开与下方的距离。由于对人力及资源的实际控制（可以说，政治的重心）在这个体系中的位置是很低下的，也由于具体的依附关系总是多元的、脆弱的、交叠的和个人的，因此，当王公们试图冻结最近的上一级对手（如此就可以倚赖他们），又试图巩固最近的下一级对手的支持（让他们变得恭顺）的时候，一个错综复杂而又变幻莫测的结盟及对抗体系随之出现了。虽然时不时可以听到有大响迸出，恰似一根枯枝的爆裂，一幢房屋的轰塌，但主音却是如雾的诡诈，不绝如缕，四处弥散，也无方向可言。

当然，经过足够长的时间，在足够远的空间里，政治风水确实可以是轮流转的：满者伯夷谢幕，给给登台；给给谢幕，克伦孔登台。但即便如此，那最富特色的形式似乎只是在不断地复原再生，正如巴厘理论宣称它应该的那样；新兴王室总是按照刚刚消亡的王室自行仿造，它们在不同的地方、以不同的名字不断重现，却不过是同一个范本的一个又一个钞本罢了。恰如每个君王一样，每个国家也终有一死；但也如君王们一样，它们的灭亡也没有什么不同。有的大，有的小，有的夺目，有的黯淡，它们的直观表现细部也不例外。但就我的所见，这不是 1343 年到 1906 年间它们的全部。[2]

7

权力一直被定义为作出约束他人之决定的能力，强制是它的表现，暴力是它的根基，而统治是它的目的；这种定义下的权力尽管只能追溯到 16 世纪，却成了现代政治理论附着的磐石——它是如此地简单明了，可谓力排众议，而所有的论断，无论正义、自由、善，还是秩序，最终都回归于它。这个术语集合以及相关术语如控制、命令、力量与服从等，将政治权力定义为社会行为的领域。最终，政治事关支配：“女人与马，以及权力与战争。”①

135 这种观点没有错误，即使在马匹无比驯良的地方都是如此。但是，恰如

① 这是约瑟夫·鲁德亚德·吉卜林（1865—1936）在 1890 年创作的一首诗歌 *The Ballad of the King's Jest* 中的句子：“悠悠万事，四者为大：／女人与马，以及权力与战争。”在该诗的结尾处，吉卜林重申道：“当黑夜降临，一切随之黯淡。／万事之中，有两事最重，／第一是爱情，第二是战争。”与吉卜林毕生的帝国主义思想一致，这首诗也典型地体现了他的权力观。

吉卜林的呼唤所表明的,它只是一种看法,而与所有看法一样,它是偏颇的,是特定的历史经验解释传统的产物。它不是以事物原貌出现的(不管是什么原貌),不是一个未经打磨的原初事实,而是一个延宕的、社会建造的假象,一个集体表象。而其他的阐释传统通常更缺少自我的反观,产生了其他的假象和不同的表象。这就是这部作品在每一部分内容中从头到尾都在不断重申的核心观点,古代巴厘的崩加瓦、庄头、菩犁和耶罗们的生活给我们提供了另一种关于政治之所为与权力之目的的挂念。作为一个行动结构,有时是血腥的,有时是礼仪的,尼加拉也是这样一种思想结构。描述它,也是在描述一个群星闪耀的观念星系。

从维特根斯坦开始,不必再坚持说,这种主张没有信守观念论,没有信守关于社会现实的主观论,没有否定雄心、强权、际遇、智慧和物质利益在决定人们的生活机遇中的作用。但有鉴于无论在其主题的还是在实践的现代性方面,社会科学在哲学意义上都不只是生活在这个世纪,而是从上个世纪开始的,对形而上学幽灵的恐惧一直纠缠着活人的头脑,那么,很不幸,这种坚持仍是必要的。观念不是,很久以来就不再是,不可观察的精神之物了。它们是被承载的意义,承载物是符号(symbol, sign),一个符号是指示、描绘、体现、例证、标识、暗示、唤起、刻画、表现之物——它可以是有弦外之音的物事。任何有弦外之音的物事都是互为主体的,因而也是公共的,有似于户外的、多变的外光(*plein air*)画论①。论点、乐曲、程式、地图和图片不是可供凝视的理想对象,而是可供解读的文本;仪式、宫殿、技术及社会形态也是如此。

前文对尼加拉的整个描述也是在进行这样的解读:描述水社、村落组织、地形和税收的部分持平于描述神话、圣像、庆典或神圣王权的部分;描述盟约的部分持平于描述庙宇的部分;描述贸易的部分持平于描述僧正的部分;而描述建筑的部分持平于描述系谱、庇护关系、宫廷及火葬的部分。在

① plein air,这里指外光派,也就是 1860 年代兴起的以莫奈等人为代表的印象派画论。这些画家认为,色彩不是物体本身固有的实质或属性,而是经过光的反射、折射的结果。因此,光和色彩不是固定不变的,而是瞬息万变的,而画家所追求的正是捕捉光的流动、变化之瞬间"印象"。

当代人类学中，解释性分析大都专注于所谓的文化“象征”方面，但这是一种
136 偏见，实乃从19世纪转赠的观念和礼物，也就是说，“象征的”相对于“现实的”，恰似“迷幻的”相对于“清醒的”，“比喻的”相对于“本义的”，“晦涩的”相对于“直白的”，“审美的”相对于“实践的”，“神秘的”相对于“世俗的”，和“修饰的”相对于“实质的”。若要理解剧场国家的表现，并将它们作为理论来领会，就必须毫不犹豫地摒弃这种偏见，以及另一种相关的偏见，即权力的演剧外在于权力的运作机制。实在之物如同想象之物一样富于想象。

因此，巴厘政治，如同其他任何一种政治，包括我们自己的政治，是象征的行动，不过这不是在暗示说，它只是观念的，仅由舞蹈和焚香组成。此处考察的政治诸方面——典范庆典、模型—副本型阶序制、夸耀式竞争及圣像式王权；组织多元主义、散粒状效忠、弥散化权威及联邦型统治——构筑了一个现实世界，如同这个岛屿那样紧致、直观。人们（以及身为配偶、情妇和地位标记的女人）行走在这个现实世界里——营造宫殿、起草协议、收租敛税、租赁商业、缔结婚约、排解纠纷、寺庙布施、建造葬堆、举办飨宴及映照诸神——以他们独有的方式，追索他们梦想的终极之物。剧场国家的戏剧，以及对它们的摹仿，在终极意义上，既不是幻象，也不是谎言，既不是伎俩，也不是骗术。它们是那曾存在过的。

注 释 137

导 论

〔1〕关于尼加拉，见 Gonda，1952，pp. 61，73，243，423，432；Juynboll，1923，p. 310；Pigeaud，n. d.，pp. 303，309。关于德萨，见 Ganda，1952，pp. 65，81，342；Juynboll，1923，p. 302；Pigeaud，n. d.，p. 66。在巴厘，德萨最早见于 10 世纪中叶的碑刻，尼加拉则是在 11 世纪中叶（Goris，1954，vol. 1，pp. 71，106）。这两个词都频见于巴厘古代著作，最著名的当属史诗《爪哇史颂》（*Nagarakertagama*）（Pigeaud，1960—1963，vol. 5，pp. 144，205—206）。

德萨在“属地”、“苏丹统治之地”意义上的用法（Gonda，1952，p. 81）见于达雅克语，其中，动词 *mandesa* 的意思是“臣服”、“平定”。在有的地区，如西苏门答腊（Willinck，1909）和安汶（Cooley，1962），这个过程似乎已经发生了颠倒，因此，*negeri* 这个词指地方的、政治自治的居住群落，以表明它们的独立地位。在巴厘，“菩犁”（*puri*，“宫殿”）一词比“尼加拉”更常用，但最重要的是，它的意义同样也是多变的（见 Pigeaud，1900—1963，vol. 3，pp. 9，13）。它源自梵语词 *pura*，意思是“城堡”、“城镇”（Gonda，1952，p. 219）。虽然在当今的巴厘，*pura*（尾音是 a 而非 i）的意思是“寺庙”，但在早先，这种对立大约尚未出现（Korn，1932，pp. 10—11）。见注释，页 215。

在现代印度尼西亚，*negara* 指“国家”，*negeri* 则指“乡村”或“土地”，虽然这两个 138
词汇有时可以互换。“德萨”在巴厘的用法，见注释，页 156。

〔2〕如何给印度尼西亚历史的“古代时期”命名，一直是困难重重。大多数学者都使用“Hindu（印度教的）”或“Hindu-Javanese（印度教—爪哇的）”，但这仅仅注意到“Hindu”一词方便揭示佛教和婆罗门教的形式（例如，Coedès，194 ；Krom，1931。哈里逊（Harrison，1954）为了避免这个问题，曾用过“Indianized（印度化）”这个术语（参看 Cedès，1948 英译本：Cedès，1968）；但这个术语容易引起误会，印度对印度尼西亚的实际影响并未像它表明的那么广泛、深远，因此，我选择使用“Indic”和“Indicized”，意在强调印度的影响偏重于在宗教—审美方面，而不是在社会、经济或政治实质方面。

〔3〕当然，这很大程度上要取决于他认为国家是什么，他怎样看待古代政治组织的实质。因此，由于卡龙（Krom，1931）将传统国家结构理解为大一统的“罗马帝国”，在他看来，前殖民时代爪哇的“王国”数量只有几十个，而施里克（Schrieke，1957，pp. 152—217），由于他的方法在社会学意义上更为现实，却能够开列出超过 200 个多种类型、形式及自治程度的“国家”。普尔纳第（Purnadi，1961）说，到 20 世纪初，在整个群岛

范围内，至少还存在350个独立或半独立的小邦，但几乎全在爪哇以外。

〔4〕最古老的碑刻，见Krom，1931，pp. 71—80；de Casparis，1956。群岛上印度教国家的中国文献时间要更早一些，但都不怎么确定（Krom，1931，p. 62）。然而，国家的形成过程始于印度教化开始的时代，如今已没有太大的疑问（van Leur，1955，p. 92 ff.）。印度尼西亚历史编纂问题的总体评论，见Soedjatmoko et al.，1965。

139 〔5〕一种与此相近的描述，见Stutterheim，1932，pp. 31—33；Wertheim，1965。“东方专制主义”是指魏复古的“治水国家”理论（Wittfogel 1957；他对巴厘的相关参考，见pp. 53—54）。

〔6〕“发展论”和“结构论”的方法论解说及其在新世界研究中的应用，见Phillips and Willy，1953，以及Willy and Phillips，1955。有一种强有力的观点认为这种方法可以（有望）运用于东南亚研究，但它也指出了一些可能会遭到质疑的问题，见Benda，1962。到目前为止，最简明、实用兼具可读性的关于印度教时期历史的综合性编年体著作是Coedès，1948（英译本有Coedès，1968），关于印度尼西亚的一本著作是Krom，1931。在Hall，1955这本书中有精彩的英文综述。时至今日，东南亚大陆和中国的资料仍未得到系统的梳理，假若有朝一日能够完成这项工作的话，印度尼西亚编年史的可信度将大为提高。对几部探索性的发展史著作（称之为“社会学性质的”）的评价，见Wertheim，1965。我自己所做的近期的、地方层次上的探索，见C. Geertz，1965（参见C. Geertz，1956）。孔加拉宁格腊（Koentjaraningrat 1965）从总体上评论了“人类学”方法对印度尼西亚研究的意义。

〔7〕Berg，1961b。卡龙的著作是Krom，1931。

〔8〕Schrieke，1955，1957；van Leur，1955；又见Bosch，1961b。伯格（Burger，1948—1950）和韦特海姆（Wertheim，1959）都采取总体发展法而非编年法来处理印度尼西亚历史，不过，当他们关注印度教时代时，却只是偶一用之。

140 〔9〕Raffles，1830，vol. 2，p. cxliii。但莱佛士实际上想说的是，巴厘可以当作“爪哇古代状况的一个注解”，这是一种很可接受的解释。这种不太严密地运用巴厘民族志重建印式爪哇社会和宗教生活、全用（瓦尔特·史毕斯〔Walter Spies〕创作的）画作重绘满者伯夷（甚至是沙伦答腊）时代生活画面的一个例子，见Stutterheim，1932一书中的“De Maatschappij”、“De Godsdienst”两章。

〔10〕巴厘历史的综述，见Swellengrebel，1960；Hanna，1976。范·艾克（Van Eck，1878—1880）精到地从总体上评论了1840年前的事件过程；而夏士提理（Shastri，1963）则依据巴厘资料和传统对前满者伯夷时期作了一种编年体叙述。关于巴厘历史写作的精彩历史，见Boon，1977，pt. 1。

荷兰在巴厘南方腹地的直接统治只是到了本世纪第一个十年才开始。（巴厘北方在1846—1849年间被征服，直接管理始于1882年。龙目的巴厘地区——关于其历史，见van der Kraan，1973——在1894年被纳入行政控制之下。）当然，荷兰“官方”对整体上的荷属东印度的“统治”和荷兰对岛际关系的控制早在此前就已开始了。荷兰通过奴隶贸易对巴厘国内事务的大力介入要上溯到18世纪末；

1839 年，巴厘南方的各个国王及王子们签署了第一个协约，给予荷兰以名义上的治权（van Eck，1878—1880）。19 世纪荷兰在巴厘的军事行动，见 Nypels，1897 和 van Vlijman，1875；从巴厘人立场出发的一种看法，见 Geria，1957；龙目的情况，见 Cool，1896。荷兰接管巴厘的简述，可见于 Tate，1971，pp. 307—311，以及 Hanna，1971。尽管如此，与它对爪哇的冲击相比，荷兰统治在本世纪以前对巴厘内部生活的影响仍然是相当有限的。

〔11〕本书使用“Indic（印度教式）”一词，这顶多是说，有关国家明显地带有印度起源的观念、习俗、符号和制度；使用这个词汇绝不是预先判定印度、澳洲（尤其是波利尼西 141
亚）和中国在其国家形成或 19 世纪国家形式方面的影响力各有多大。特别要指出的是，它绝不是一种“印度殖民地”观点，在很大程度上它，等同于“古代”一词，并可相互换用。

第一章

〔1〕巴厘传统将明关威的立国时间定于 1728 年（Simpen，1958a）。明关威与邻国的更早战争，见 Friederich，1959，pp. 131—132。

一位军医在 1881 年对明关威及其统治者做过简单的描述，见 Jacobs，1883，pp. 198ff.；参见 van den Broek，1834，pp. 178—180，他曾在 1820 年某天里造访该地。一份从塔巴南立场简单描述 1891 年战争的文献见 Tabanan，n. d.，pp. 104—106。

〔2〕还有其他两个重要王国，北方的卜来伦和西部的任抹；但那时候它们都由荷兰直接控制。

〔3〕国王也由舆夫抬在肩上。对这种自杀游行（*puputan*，直译为“了局〔ending〕”）的描述，见 Covarrubias，1956，pp. 32—37；Hanna，1976，pp. 74—75。鲍姆（Baum，1937，pp. 337—417）曾做过虽属虚构、却相当可信的叙述，而纽文坎普（Nieuwenkamp，1906—1910，pp. 169—176，201—203）有过简单的目击叙述；范热恩（van Geuns，1906）描述了巴塘和塔巴南是如何步它们后尘的。巴厘的观点，见 Simpen，1958b；Mishra，1973，1976；Tabanan，n. d.，pp. 114—126。事实上，巴塘有两次“浦浦坛”，因为不止有一个“国王”；而第三个国王似乎是在荷兰人进军时遭其大僧正谋杀身死的。米士拉（Mishra，1973）根据巴厘手稿材料估计，“不少于”3，600 个巴厘人死于巴塘王室自杀（浦浦坛）。荷兰人（共 5，000 多士兵）的伤亡不得而知，但显然微不足道。“浦浦坛”是巴厘的一种古老习俗：弗利德里希（Friederich，1959，p. 24）报道过在 19 世纪前半叶龙目的巴厘人地区的一次“浦浦坛”，因为败于一个巴厘—龙目敌国 142
（马打蓝），国王和一个王室家庭中除两个以外的全部成员都毅然选择了自杀。一个卜来伦例子，参看 Worsley，1972，p. 231。

〔4〕除了提及的著作以外，下文的描述和分析基于我在 1957—1958 年间主要对巴厘老年人的系列访谈。三个最重要的访谈人是：塔巴南的 I Wayan Gusti Purna，乌布的 Ida Bagus Putu Maron 和克伦孔的 Cakorda Gdé Oka Ijeg Iyeg。Gusti Purna 是一个吠舍，生于 1880 年，在本世纪转折时期他是塔巴南国的一个小吏（庄头），他继承了

曾参加明关威战争的父亲。在 1906 年荷兰征服后,他受命就任塔巴南镇(一个新的行政单位)的“官命村长”(本德萨〔bendesa〕),他在任上一直到 1937 年退休。Ida Bagus Maron 是一个婆罗门,1885 年生于明关威,他的父亲是一个王室的僧正。当巴塘和塔巴南攻破明关威时,他的家人逃到了扑连坦,在那里,他的父亲又依附于王室,Ida Bagus Maron 自己在荷兰时期成了一个税官和水社巡视官(sedahan gdé)。他是孔恩(V. E. Korn)在 20 世纪 20—30 年代进行“惯行”调查的访谈人之一(见 C. J. Grader, n. d., pp. 29ff.)。Cakorda Gdé Ijeg 是一个刹帝利,生于 1895 年。作为一个克伦孔王室家系的成员,他参加了 1908 年的王室自杀,先是遭到枪击,但他没死成,他的母亲又刺伤了他。待康复后,荷兰人将他流放到龙目长达 22 年之久,后来又将他召回,主管公共工程部门,他在任上直到 1958 年退休。除了这些人外,其他 30 人都各有贡献,我的一般田野资料当然也在有关描述中出现。此外,还必须提及的是,这项研究的大量资料是由我的妻子兼合作者希尔德雷德·格尔茨(Hildred Geertz)收集的,另外一些资料由一位印度尼西亚助手鲁卡沙(E. Rukasah)收集。

〔5〕引自 von Heine-Geldern, 1942。

143 〔6〕引自 Swellengrebel, 1960。这个主题的其他内容,见 C. Geertz, 1968, 1973c, 1973g, 1977a。

〔7〕1343 年这个日期来自爪哇一方(史诗《爪哇史颂》, Pigeaud, 1960—1963, vol. 3, p. 54)——但事实上这份材料表明,不止有一个国王,而是有好几个敌对的国王(Pigeaud, 1960—1963, vol. 4, p. 143)。巴厘传统文献将征服略微提前,记录了两次军事行动(Swellengrebel, 1960, p. 22)。

与某些时候的断言相反,不仅统治阶级,几乎所有人都宣称他们也是“满者伯夷人(*wong Majapahit*)”,范艾克早在 19 世纪中叶就已注意到这个事实(引自 Korn, 1932, p. 160)。那些少数(现在可能不超过 1%)被认为不是“满者伯夷人”的人叫做“巴厘阿甲(*Bali Aga*)”,这是一个常用的蔑称,意思是“巴厘土蛮”(Goris, 1960c)。一些巴厘平民自认是早在满者伯夷入侵前就已到达巴厘的爪哇移民的后裔(Sugriwa, 1957b)。

〔8〕引自 Swellengrebel, 1960, p. 23。学者们无从知道更多。第一通刻有明确日期的碑文约在 19 世纪末期,记载了一个山村建立一座寺院和行宫之事(Goris, 1954, vol. 1, p. 6, vol. 2, pp. 119—120);巴厘碑刻,亦见 van Stein Callenfels, 1925; Stutterheim, 1929; Demais, 1951—1969; de Casparis, 1956;任何种类的最早文字材料,上限都不会早于公元 600 年(Goris, n. d., p. 25)。在 11 世纪初,第一位有名可考的国王出现了,敕令语言也由旧巴厘文改为旧爪哇文(Goris, 1954, vol. 2, pp. 129—130)。与爪哇发生历史关系是从 11 世纪开始的,由史料可知,爪哇对巴厘的远征始于 13 世纪(Swellengrebel, 1960, p. 20; Pigeaud, 1960—1963, vol. 3, p. 48)。但从所有这些史料中,我们只能知道,在与爪哇密切接触以前,巴厘就已经经历了印度教化,许多现在仍然存活的风俗——三日周期集市,水社,仪式役务——是非常古老的,但除此以外,可信的史料仍然屈指可数。

一种相当随意的巴厘历史五阶段分期法（史前时期、旧土著时期、旧印度—巴厘时期、晚期印度—巴厘时期、现代时期），见 Goris，n. d.。某些（不能令人信服的）对 144
满者伯夷时期之前的巴厘的推测，见 Quaritch-Wales，1974，pp. 105—115。

〔9〕不仅几乎所有（男性）王公和僧正都能讲述下面的传说，大多数平民也能讲述。像所有传说一样，故事的细节必然会由于叙述者社会角色的不同而发生变异，他们会调整或删改不同的故事情节。在巴厘，各个重要版本都是地区性的，此处版本系由克伦孔访谈人讲述。一种（印尼语）成文版本已编入了小学教材，见 Njoka，1957；一种巴厘语版本，见 Regeg，n. d. a）；荷兰人的一种摘述，见 Kersten，1947，pp. 99—101；一种现代史的叙述，见 Berg，1927，pp. 93—167；一部关于给给的巴厘古代经典，见 Berg，1929；其他地区的原始文献，见 Worsley，1972；Tabanan，n. d.；Berg，1922。

〔10〕印度教时代的著作材料更适用于理解印度尼西亚的宗教—政治观念，而不是将之作为可信的历史记载，这种看法见于伯格（Berg，1927，1939，1951a，1961a）。但尽管有这种洞见，伯格却仍然试图（Berg，1950，1951b，1965）"重释"这些材料（尽管它们看起来是那么不可靠），以期写出一种到目前为止仍不为人知的编年历史，这种努力多少像是在破解密码，对此实在不敢苟同。对伯格的某些实质历史观点和结论的批评，见 Bosch，1956；de Casparis，1961；及 Zoetmulder，1965。

〔11〕这个时代的巴厘被描绘成一个统一国家，几乎永久与西方的卜兰邦安和东方的龙目对抗，不止如此，它还不时与巴苏鲁安、望加锡及宋巴洼相抗。在给给灭国后——大约与此同时，荷兰人正在群岛上逐步立足——传说几乎全部集中讲述巴厘的内乱，王公对王公，地区对地区。

〔12〕巴厘声望分层体系既纷繁复杂，又异常凌乱，仍亟须充分的描述，虽然孔恩（Korn， 145
1932，pp. 136ff.）已经整理了大量可用资料，但没有善加编排、分析。我在此只关注分层观念和政治思想的关系，不打算勾勒一种类似的体系。一些对村落层次的分层或阶序的评论，也表明我对其实质的看法，虽然并不全面，见 C. Geertz，1959，1963b，1964；Geertz and Geertz，1975。参看 Boon，1977，pp. 145—185；Boon，1973，pp. 173—246；Kersten，1947，199ff.。某些巴厘观点可见 Bagus，1969b。

〔13〕如此一来，由于巴厘每个地区都流传着讲述王权从原初的、统一的中心开始的空间分支和再分支的传说，因此，（最终）巴厘的每一个名号集团也都有这样的传说（在系谱、衰变型地位的意义上）来解释他们当前的位阶。一些已经发表的例子，见 Sugriwa，1957b，1958；Regeg，n. d.（b），n. d.（c）；Berg，1922。一些"王室"的例子，"地理的"和"系谱的"神话就散见其中，见 Regeg，n. d.（a），尤其是 Worsley，1972。其他一些例子（如，Tabanan，n. d.）保存在未出版的手稿中。

〔14〕在巴厘，转世说是以一种含混的、一般的甚至是怪异的方式为人所知的，但它根本没那么重要；整个"达磨（即'法'）—羯磨（即'业'）—轮回（*dharma-karma-samsara*）"教义，并未成为一种有影响的社会信仰，参看 C. J. Grager，n. d.，pp. 66—69。

〔15〕用印度的瓦尔纳（*varna*）制度来解释巴厘的头衔阶序制，无论在现在还是过去，都显得松散，也没有规律可言，巴厘人自己也不认可。虽然在勾画总体的分层状况

时,瓦尔纳(在巴厘,*varna* 念作 *warna*)观念不管对巴厘人还是学者都是有用的,但
只有考虑到实际名号分值的严密排序,才能切实地理解巴厘的声望分级,这就要求
146 开展大量细致入微的研究。巴厘知识阶层的每一种瓦尔纳观念模式都充满了
"高"、"中"、"低"等次级分类,一种总体的概述可见 Korn,1932,p. 146ff。孔恩认
为,这都是"人为的",他说,荷兰人需要保留瓦尔纳制度作为(他们认为的)"巴厘社
会的根基",以便服务于行政管理和法律目的,这最终导致了这种制度比其曾在巴
厘存在的实际情形更为体系化(pp. 175—176)。

巴厘人对满者伯夷"祖先"(*Batara Maospait*)的神化,见 Worsley,1972,pp. 54—55,96。名号-瓦尔纳制度的运作在近期出现的变化,见 Boon,1977,pt. 2;Boon,1973,chap. 4;Bagus,1969b。

〔16〕"纪"的体系,见 Basham,1952,pp. 321—322。这个体系的更高层次,40 亿年一"劫"的周期,或 300 万年一"曼梵达拉(*manvantara*)"的周期,在巴厘是无足轻重的。巴厘人的时间计量,见 Covarrubias,1956,pp. 313—316;Goris,1960b;C. Geertz,1973h。

〔17〕Bateson,1937。参见 Worsley,1972,pp. 75—82。

〔18〕一片干燥的多山地带将卡郎噶森与中心地区隔开,这使卡郎噶森形成了略朝一边张开的口袋状地形;但从水稻种植线到海岸的距离则与克伦孔相差无几。水稻种植在巴厘的分布,见 Raka,1955,p. 29。

〔19〕人口数字来自印度尼西亚统计局。巴厘南部总人口的比例在 1920、1930、1960 和
147 1970 年间基本变化不大。莱佛士在 19 世纪初的估算公认只是一个大概,不怎么可
靠,但其在总人口中的比例却是相同的,虽然总人口尚不及今天的一半(Raffles,
1830. vol. 2,p. cxxxii)。(据范·艾德〔van Eerde,1910〕估算,到 1900 年,巴厘人口
规模大约 75 万,还有另外 2 万人居住在龙目的巴厘人定居区。)

巴厘文明长期以来都是以南方为中心的,这由下述事实证实,几乎所有早期碑刻(Goris,1954)都在巴厘南部(有一部分来自中部山区,却是由南部王公树立的),还有卜来伦的北部巴厘王国的传统名字,登武基(Den Bukit),原义是"在山脉那边"。

〔20〕Liefrinck,1877。

〔21〕邦利可能是一个例外。但邦利的显赫地位只是昙花一现,反映了荷兰在卜来伦的存在状况。事实上,它在巴厘全岛格局中从未真正占据重要地位,虽然它曾经扮演了强大山地王室的角色,但从未扮演过强大低地王室的角色。然而(Liefrinck,1877;正文,页 89),在 19 世纪中叶数年间,它确曾敲过一阵子边鼓。

〔22〕有关的例子,见 Korn,1932,p. 401;Friederich,1959,p. 123。

〔23〕在"食邑"(即王公势力范围)和"旧巴厘地区"间所作的明确的、多少有些误解的划分,见 Korn,1932 全书各处。孔恩的学说被概括并用于解释某些当代的例子,见 Lansing,1977,chap. 1。一种批评观点,见 C. Geertz,1961。

〔24〕一些例子,见 Gunning and van Heijden,1926。

148 〔25〕这些"专制主义"的引用以及其他,均指魏复古(Wittfogel,1957)及由其学说衍生的
一些著作(如 Hunt and Hunt,1976)。印度教国家的边陲问题,见 Leach,1960,正

文中“麦克马洪防线”的说法即引自他的著作。他的著作是研究缅甸的，但在这一点上也非常符合巴厘的情况。对巴厘“中立区”(*kewalonan*)的研究，见 Kom，1932，p. 437；de Kat Angelino，1921a。与一般观点略有不同的意见，即边界并非“国际”政治关系的关键，见 Korn，1922，p. 63a 沃斯利(Worsley，1975，p. 112)根据 *Babad Bulèlèng* 一书，认为登武基是有确定边界的，但这似乎是一个书面阅读错觉。

〔26〕Korn，1932，p. 440。对 19 世纪中叶南部巴厘主要“王侯家系”的描述，可见 Friederich，1950，pp. 119—136。

第二章

〔1〕范·艾德(Van Eerde，1910，p. 5)说，在龙目的巴厘人聚居区的 2 万人中，有 6,000 人是“三贤”。这个比例是 30%，高于通常所认为的巴厘 7%到 10%的比例(虽然证据不多)，但这仍然是可信的，虽然确实略高。(据戈丁〔Gerdin，1977〕估计，当代龙目的数字为 20%。)在 6,000 个“三贤”中，2,000 人是婆罗门(其中 175 人是僧正〔*pedanda*〕)；4,000 人是刹帝利和吠舍，其中(根据更一般的估计)大约 200 人是政治要人(甚至有可能更多)。

〔2〕一个强大首陀罗家系的个案史，见 Boon，1973，chap. 2；Boon，1977，chap. 4。

〔3〕对于这一点的讨论及巴厘亲属制度的充分描述，见 Geertz and Geertz，1975。参看 Boon，1973，1976，1977；Gerdin，1977；Belo，1936。

〔4〕*Dadia* 实际上是克伦孔地区的平民描述这些集团的一个词语，我在这里使用这个称 149
呼，只是出于简化的考虑。事实上，描述这些集团的词汇变化多端(Geertz and Geertz，1975；Gerdin，1977；Lansing，1977)。或许，描述贵族家支的最常用说法是“拜都(*batur*)”。平民家支和贵族家支在结构和运作方式上都有所不同(Geertz and Geertz，1975)，文中说法主要适用于乡绅家支。

〔5〕长子继承制事实上不是普遍实行的，但确实是优选的。时移世易，变化宜矣，一旦出现不一致，马上就会修正，以免出现阋墙之争，并且在下一代一般很快就会回到开基大宗(有时失去权利的长子仅仅被后人“记忆”为别子，系谱中也会这样记载)。篡改系谱也易如反掌，这可由下述事实得到证实：在家谱中，个人是不以个人名字出现的，而是在共同的名号之下。所有这些均见 Geertz and Geertz，1975。

〔6〕由于次级家支始终是家支的组成部分，它只能沉降到这样低的程度，不管其大宗起源可回溯多远。在这里看不到在东南亚其他制度中那样彻底的世俗性，如泰国(Jones，1971)。最凡俗的次级家支也能够分享作为一个整体的家支在更大政治体系中拥有的地位；事实上，就位阶来说，那些从核心漂离很远的次级家支会被归入一个总类；一个集团离开中心越远，差别的细微之处就越趋于抹平。

〔7〕19 世纪巴厘的“后宫”规模(类似现在巴厘人实行从夫居一样)难以确定。科瓦鲁维亚斯(Covarrubias，1956，p. 157)谈到了“古老的记录”，提到国王拥有 20 位妃嫔，但他没有提供出处。孔恩(Korn，1932，p. 469)谈到在本世纪初期“国王”拥有 80 到 100 150
个妃嫔甚至更多，并注意到“王子们拥有 500 个妃嫔的时代距离我们已经非常遥远

了”。事实上，它遥远得已经是“很久很久以前”了。

王公后宫中拥有不同地位的妃嫔导致上文描绘的继承模式是十分复杂的。由于太过繁复，恕我在此无法详述，简言之，在理论上，至少是只有同级内婚型妃嫔（*padmi*，*parameswari*）的生子才拥有充分继承权；那些越级外婚型妃嫔（*penawing*）的生子则依据生母出身确定级别。见 Geertz and Geertz，1975；Boon，1977。

〔8〕对缅甸有着类似含义的相似模式的讨论，见 Leach，1954，pp. 215—219。瓦吉关系不是排外性的。一个较低家支可以和几个较高家支结成纽带。瓦吉这词不能用于对等地位间的姻亲或母方纽带，而且，虽然这词的原义是经由母亲结成的亲戚（还有 *perwargian*，这种亲戚的整个集团），但当其母来自他本人的家支时，它从不用以称呼此类亲戚。

〔9〕相关法律文献，见 Korn，1960。

〔10〕19 世纪早期巴厘各地的“白嘉梵陀”名单，及对其职能的概述，见 Friederich，1959，pp. 106—107。婆罗门僧正若要进入巴厘卜洒吉国庙，必须有一位他充任其白嘉梵陀的王公陪同才行（正文，页 40）。

总体上的师瓦师夏关系（后一个词 *sisia*〔“门徒”〕被描绘成“一个渴望净水者”或“经常感到和〔婆罗门僧正家支，*griya*〕有授受关系者”），见 Hooykaas，1964b。婆罗门僧正有时也被门徒称为 *patirtaan*（由 *tirta* 变来，“净水”）（Swellen-grebel，1947），或称“苏里耶（*surya*）”，由“太阳”（*sun*）这个（梵语外来）词变来（Hooykaas，n. d.）。

151 〔11〕下文全面描述了尼加拉的商业生活，见正文，页 87，相关资料文献也可在彼处发现。

〔12〕所引词语来自吉安雅与巴塘（加上塔巴南）所签协议，但它生效未过多久，两国就再度沦为死对头。见 Korn，1922，p. 99。

〔13〕在这个层次上，政治婚姻比起在跨区层次上要少很多；而且，当这样通婚时，它也更被均一地平衡了，以便至少维持表面上的地位平等（这时不称“瓦吉”）。事实上，由于精细的调整与躁动的情绪混杂在一起，跨区通婚确实可带来团结，但也能造成冲突。

〔14〕六神宫，见 C. J. Grader，1960b，以及 n. d.，pp. 20—28；又见 Goris，1960a。无论从访谈人那里，还是从文献中都可知道，六神宫不一定正好是六座寺庙，有时是八座或九座。*Sad Kahyangan* 意为“众神之地”（*hyang* 是“神灵”、“精灵”），是“寺庙”的敬称。*Sad* 是“六”。

〔15〕尼加拉的相对重要政治地位与卜洒吉的相对表现规模不是十分精确地对应的。有些大尼加拉（如吉安雅、巴塘）只有少数代表庙宇，而到了 19 世纪，有些晚兴的尼加拉（如伽拜伽拜，树迦洼堤，卜兰拜都）却有完整的庙群。但这似乎是瞬息万变的政治机遇超过了变化较慢的庆典形式才造成的。然而，克伦孔的显赫象征地位却确
152 定无疑地表现在，它“拥有”最核心的庭院。卜洒吉是全巴厘政治关系的精神楷模，有关详述可见 Goris，1937；参看 Hooykaas，1964a，pp. 172—187；C. J. Grader，n. d.，pp. 17，26—27，46—51。

〔16〕有些协议可追溯至 18 世纪初，有些例子可见 Korn，1922；Liefrinck，1915，及 1921，pp. 370—461。参见 Utrecht，1962。

〔17〕Korn，1922，pp. 95—101。所有协议究竟是否都以这种庆典结束，目前仍未可知，因为大量协议没有表明它们签署的直接情境。

〔18〕在称呼这些“认证尼加拉”时，这些协议的惯用语有时是“七个”（*pitung*），有时是“八个”（*akutus*），有时甚至是（只有在将东部地区加上龙目纳入视野时）“四个”（*petang*）尼加拉，虽然实际列名的国家数量并不总是一致（Korn，1922，p. 105）。

〔19〕Korn，1922，pp. 67—71，79，83. 还有，若想对此切实理解，就应记住，许多政治实体的规模都相当小。

〔20〕van Eck，1878—1880。

〔21〕van Eck，1878—1880。对 19 世纪后半叶邦利—克伦孔—卡琅噶森—吉安雅地区发生的一系列复杂斗争的详细描述，见 Gunning and van der Heijden，1926；de Kat Angelino，1921a。

弗里德里希（Friederich，1959，pp. 119—136）全面评论了 19 世纪前半叶王公之间“永无宁日的争吵”。

第三章

〔1〕简言之，*dorpsrepubliek* 的意思是“村落共同体”。对这种巴厘村落观的典型的综合 153
性表述，“村落形成了一个封闭的、自给自足的单位——一个共同体，正如孔恩恰切地称呼它的——这是人所共知的”，是高力士那篇颇有影响的论文《村落共同体的宗教特征》（Goris，1960a）；但这个主题在所有那些描写巴厘生活的殖民时代著作中都能发现。尤其见 Korn，1933 和 1932，pp. 75ff. 。与此不同的巴厘村落组织观，见 C. Geertz，1959 和 1964，及本书正文，页 45。

〔2〕“家族共产主义”一词引自 Covarrubias，1956，p. 57。（“印度君主制封建主义令人难以理解地叠加在巴厘家族共产主义之上，长达数世纪之久的封建统治面对封闭的、独立的村落共同体时却无能为力。”）他的这个说法大概是共同体说最直白的表述了。在荷兰学者的素材基础上，从这些方面对德萨—尼加拉关系所做的一种生动、小说式的探讨，见 Baum，1937。一种以“非治水型”、“征服型”（但没什么说服力）、专制主义来看待（龙目）巴厘国家组织的观点，见 van der Kraan，1973。

〔3〕巴厘北方的新加拉惹是一个例外，但也只是有限的例外。不过，在那里，城市发展也反映了爪哇海洋贸易经济的发展，也主要由非巴厘人操纵，如布吉人、华人、阿拉伯人、马来亚人和其他人（见本书正文，页 88）。

〔4〕这个学说的始作俑者仍是孔恩（如，Korn，1932，pp. 78，93——我对其学说的概括只取其大意）。高力士（Goris，1960a）也随意地应用这个学说（当然，更不精密），似乎这是一种公认的事实，而不是一种高度臆测的，在我看来也是没有充分证据的假说；而
在史韦伦格列伯对巴厘文化的概述（Swellengrebel，1960，p. 32）中，当它被提出时，它 154
的可信度也是想当然的，也缺少支持的证据。极端地运用共同体概念来处理 18 到 19 世纪巴厘政治结构的事实，即将爪哇帝国主义鼓吹为一种重建力量，有一个特别生动的例子——正像卡龙（Krom，1931）曾将印度帝国主义鼓吹为重建爪哇的力量

一样——见 van Stein Callenfels，1947—1948。看来，赞同“满者伯夷神话”的，不只是巴厘人。对这种视“低地”乡土社会组织为“领地”的观念的概述，见 Lansing，1977，chap. 2。

〔5〕见 C. Geertz，1963b，pp. 85—90。在这里只能加以提纲挈领的描述，无法细究巴厘村落组织，尤其是各种变体。更深入的描述和分析，见 C. Geertz，1959，1962，1963b，1964；H. Geertz，1959；Geertz and Geertz，1975；Hobart，1975。再一次，相关的词汇也是变化多端；我使用了那些在克伦孔流行的词汇。

〔6〕自从 1906 年荷兰入侵后，尼加拉已经发生了极大的变化（见注释，页 254），但与尼加拉体系不同，德萨体系从 19 世纪到今天也变化甚微，至少在此处讨论的那些方面是这样的。因此，我在这里使用过去时态，不等于说这里提及的现象已经消失，或者说已经发生了根本的变化（但在总体上，在我对“巴厘国家”的描述中大约可以这么说）。

〔7〕卡赖麻（*krama*）的类似用法也出现在爪哇坟典 *Kidung Sunda* 中，如 *balakrama*（*bala*，“军队”），它的意思显然是“战士”或“卫士”（Gonda，1952，p. 305）。现代爪哇村民经常在这个意义上使用它，“*Pak Krama*”大概是在说到一个爪哇农民时最常用的“泛称”了。

155 〔8〕水社将在下文加以深入的讨论（本书第 3 章，“水利灌溉的政治学”一节），彼处列出了各种相关的文献。

〔9〕用于庙会的词汇比用于村庄和水社的词汇要更多变，过去和现在皆是如此。在某些情况下，“庙会”指某种类型的自愿祭祀团体，而不是这里探考的义务团体。不过，在描述这里关注的非自愿“三神宫”庙会的词汇中，婆麻善是最常用的，简单地说，它广泛用于“祭祀团体”。这个定义，可见 Kusuma，1956a。虽然婆麻善（*pemaksan*）的词根 *paksa* 的意思是“强制”、“强迫”，甚至有“暴力”、“惩罚”的意思，但也有“义务”、“任务”和“必要”的意思，在现代巴厘语中，它显然源出一个梵语词根，意思是“派别”、“团体”、“弟子”、“公意”（Gonda，1973，pp. 234，546，556）。

〔10〕研究者已经做过不少探索（如 Goris，1960a），试图将阿加摩（*agama*，“经文”）视为“如坤”（“穆斯林法”）或中世纪欧洲教会法在巴厘的功能对等物。但这种观点在巴厘思想中却了无痕迹，在巴厘，“阿加摩”仅仅是意味着阿达那些更有宗教意味的方面，即更神圣的方面（参看 C. Geertz，1973e）。实际上，如坤-阿达的对立在印尼群岛大部分地区一点都不普遍，爪哇尤其如此，虽然人们已经皈依穆斯林，但大多数人对于自然和阿达之地的观念却更像印度教巴厘人的观念，而与它源出的穆斯林观念相去甚远。这种联系可见 C. Geertz，1960，尤其是第一部分。东南亚印度教法律的总体状况，可见 Hooker，1978。

〔11〕这些变体的数量几乎无穷无尽，大量巴厘民族志都已有所记录。尤其见 Korn，1932——虽然稍嫌散漫、凌乱，却是惊人地详尽、细致，花费了长达 700 余页的浩繁卷帙来编纂各种变体。

正文中提及的有些相关例子：在有些村庄中，所有已婚男子都可加入议事会，
156 而在其他村庄中，男人只有生子后才行；在有些村庄中，当儿子们入会后，那些男人

就自动退出，在其他一些村庄中，他们会一直留在会里，直到妻子去世，而在另外一些村庄中，除非是他们自己去世。有些村庄的官员是推选出来的，其他一些村庄则轮流担任；另外一些村庄却由即将卸任的官员任命，还有一些村庄是子承父职；官员的薪酬和任期也等等不一。在有些村庄中，罚金相当苛重，由此有了法律般的效力；在有些村庄中，罚金却很轻，几乎起不了惩戒作用；当然这中间还能划分出许多阶段。人们死后多长时间下葬，"庙会"成员在参与他人的葬礼时会受到多长时间的仪式污染（*sebel*）（以及这种污染对社会活动的意义），还有，如果一个成员举行火葬，村庄成员必须贡献多少天的工作，所有这些，从一个"庙会"到另一个"庙会"都会出现较大的变化（在许多"庙会"中，甚至有一个婚后的污染期——Korn，1932，p. 180）。在有些村庄中，"三贤"必须参加庙祭，而在另外一些村庄中，他们却不能参加；在有些村庄中，他们可以参加村议事会，而在另外一些村庄中，他们不能参加；在有些村庄中，他们必须承担公共工作义务，而在有些村庄中，他们无须承担；在有些地方，承认他们享有某些特权——建造特定风格的门楼，埋葬在单独的墓地里——在有些地方，却拒绝他们享有这些权利。在有些村庄中，不能烧制陶罐，在有些村庄中，禁止染蓝，而在另外一些村庄中，则不能酿制米酒；在有些村庄中，吸食阿芙蓉被认为会污染"庙会"，而至少在一个村庄中，山羊是不能圈养的（Korn，1932，pp. 81—82）。至于"仪式技术细节"，简直不可能穷尽，从大相径庭的双生子出生礼（Belo，1970b；H. Geertz，1959），庙祭的形式和长度（Belo，1953），到特定仪式的全然禁止。（在我考察的一个村庄中，连著名的兰陀-吝龙舞〔*Rangda-Barong*〕〔Belo，1949〕也是"不祥的"而禁止演出；还有，据说在有些村庄中，连嘎麦兰乐都不能演奏。）然而，要点在于，即使每一个庙会在某些阿达事务方面和其他每一个庙会都不同，或至少和每一个附近的庙会不同，但在一个庙会内部，无论规模多大，多么封闭，总会达成完全的共识。

两个德萨共同体成文规约（*awig-awig desa adat*）的例子，第一个是一件实物，第二个混合了诸多现代因素，分别见于 Geertz and Geertz，1975，pp. 182—196，及 Sudhana，1972。

〔12〕实际上，有许多不同的本土词汇是 *desa adat* 的对等词，每一个词汇都以这种或那种方式表明了神圣空间的观念：*perbumian*，*wewengkan desa*，*bumi*，*gumi pelasan*，*payar*，*kuhum*（Korn，1932，p. 8；又见 Korn，1933，p. 26）。如前文所说，"德萨"这词专指所有的地方群体，事实上，该词的应用既含混不清，又变化多端。这个问题，可见 C. Geertz，1959。从当前状况解读过去，甚至是非常晚近的过去，是非常棘手的；但我看不出有什么理由说，19 世纪村落体系的大致形貌会和 20 世纪中期判然有别，而我们目前获得的 19 世纪村落组织的零散证据（如，van Stein Callenfels，1947—1948；van Bloemen Waanders，1859）也支持了这个看法。 157

〔13〕文中引文（一个标准的巴厘程式），引自 Liefrinck，1927，p. 230。"归属"不是最好的译法，因为它实际上根本不是一个西方意义上的"财产"概念（见正文，页 127）。

〔14〕通常，整个单位还有一个正式头领。此人通常称"本德萨阿达"（*bendesa adat*），在

任何公认的意义上，他都不是一个“村落头领”，而是一个有名望的阿达事务专家，当人们遇到有关正当程序的疑难问题时便向他请教。还有，三座庙中的每一座都配备一个僧正（*pemangku*），他主持庙祭。但这个僧正绝不是一个婆罗门，通常是一个首陀罗；不能将他与前面所说的婆罗门大僧正（*padanda*，*pandita*）混为一谈。

〔15〕尼加拉作为一个阿达“风俗共同体”，见本书，页 128。

〔16〕在这三种庙会不完全相合的情况下（这是很常见的），巴来阿贡庙会（*Pura Balai*
158 *Agung Pemaksan*）用于确定德萨共同体的边界。巴厘人常称德萨共同体是“一个巴来阿贡”。对巴厘寺庙体系的一个总体的、然而有些过于规整的描述，见 Goris，1938。亨戈（Hunger，1932）简明而不失洞察地讨论了阿达及其与“村庄（班家）”的关系。

〔17〕对这种仪典（称一次“沃达兰”〔*odalan*〕）的全面描述，见 Belo，1953；参见 Hooykaas-van Leeuwen Boomkamp，1961；Hooykaas，1977。

最典型的做法是，每座庙每 210 天要举行一场为期 3 天的祭拜（如果是巴来阿贡庙，它沿用阳历，每 335 天举行一场）。这意味着，几乎每 20 天中就有 1 天专用于仪式。此外，每场祭拜至少需要一周的准备时间；因此，巴厘人以各种方式承担的三神宫役务，几乎每 7 天中就有 1 天，当然，在婆麻善内部，这种劳动分工对任何个人或家庭的负担大大地减轻了。庙庆中的“工作”（*karya*）的某些含义，见 Belo，1953；Hooykaas-van Leeuwen Boomkamp，1961；C. Grader，1939。

〔18〕在一个巴厘“德萨”中，会员资格在众多社团（即 *sekas*）间既分散又重合，一个具体的例子，见 C. Geertz，1964。然而，即使在孔恩笔下的汤迦南村这样一个偏远村落中（Korn，1933）（这可是共同体学说最常引证的），也可以看到这种情况。“同人原则”（*seka* 的原义是“成为共同的一员”），“成员们在其所属社团中的平等，该团体成员资格与其他团体成员资格的无关性；以及原初团体对派生团体的司法优先”，见 Geertz and Geertz，1975，pp. 165—166；参看 pp. 30—31，115—116。

〔19〕在某种意义上，《塔巴南手稿》（Tabanan，n. d.）实际上可以看作是这部“宪法”的一
159 种成文版。荷兰 1906 年侵入塔巴南后不久，就完成了现在所能看到的形式；现在还不清楚它是同一个作者先写在棕榈叶纸上，然后概括、再加工的呢，还是多部原始手稿积攒成文的（前一种观点，见 Worsley，1972，p. 85，n. 241）。它包括一部编排散乱的王朝谱系，这是一部广义的家史，述及塔巴南占支配地位的家支（或拜都，一个称呼家支的敬语）和某些联盟家支与受庇家支，加上各种与系谱各处有关事件的记录。它的总体（但并不系统）顺序是依据大宗国王在位的时间来编排的；各种事件和联盟世系都在适当之处插进来。

开篇部分将第一位塔巴南大宗国王追溯到爪哇——就是说，追溯到 1037 年的答哈（Daha）国王爱尔蓝伽。1334 年满者伯夷入侵巴厘时的诸将（阿耶，Arya），也都追溯到他，描述了入侵，也讲述了巴厘各地分封给他们的过程（虽然他们仍然作为“内臣”住在三埠郎安）。阿耶肯僧（Arya Kenceng）被派往塔巴南，并被尊为其王室世系的开基祖。（有时，正如下文的登班陀〔Den Bantas〕系谱一样，另一位战将阿耶达磨犁（Arya Damar）被认为“创立”了塔巴南。有时候，达磨犁和肯僧被视为同

一个人。在今天的塔巴南，这三种看法是并存的；但撇开巴厘范围内的地位权利差别不谈，这方面的分歧并不太受关注。）各种消费权利，尤其是那些与火葬有关的权利，由此确立下来，这是巴厘世系的总体相对地位。

随后的篇章讲述世系在地方的扎根过程，以及一个新柯沙里国王之下的塔巴南菩犁的创立。追述了早期各个统治者（他们通常都拥有“吉迦”〔*kijai*〕名号），以及新兴家系的地方分化、形成的复杂经过，等等。有些早期战争，尤其是与明关威及必乃拜尔的战争，也有所描述，这就是克伦碧昙家系的形成过程，它先是一个“次级国王”（*pemadé*，见本书正文，页 160），然后成为一个独立的、又结盟而成的世系。

然后，最后的篇章讲述了塔巴南国家是如何形成“最终”格局的，包括卡来伦家系怎样作为一个次级支配家系兴起，18 世纪所有家系的整个范围怎样形成，而这一切又是怎样伴随着诡计、联姻、暴行、行刺、战争、和平庆典、火葬等发生的。荷兰 160
入侵以及被俘国王和太子的自杀有着详尽的描述，这也是荷兰统治者政府机构在“在卡来伦菩犁面前”的建立过程，以及种姓外婚的开始（这是真正的“了局”）：一个名门家系的女子嫁给了荷兰机关中一个万鸦老基督教士克雷默。然后是一些明显是后续的、某些晚近家系之形成的附注，手稿到此结束。

〔20〕这些地图是依据访谈人的记忆绘制成的：1900 年左右塔巴南的概况见于 Schwartz 1901 一书，而有着详尽记载和注释的系谱至今仍然珍藏在现存的登班陀家系手中（见图 3 和表 3）。若详细对照这三种来源的资料，会发现多有扞格，但这无关宏旨：这些资料大都纠结于相同家系之不同名称的使用（大部分家系的名字，尤其是那些边缘家系的名字，都是某类以地方命名的名字，虽然它们不一定住在那些用以起名字的地方），或观念的差别，即某些偏远的家系是否与大宗有关系。无论如何，家系名单对重要家系来说是可靠的，主要错误可能在于，两、三个小家系可能被漏掉了，或地理位置弄错了。一些塔巴南“菩犁”和“耶罗”的照片，见 Moojes，1926，plates 1，33，34，38，45，46。

当然，我描述塔巴南的起止日期，开始于塔巴南和巴塘打败明关威那天，终止于荷兰攻陷塔巴南那天——这是古代国家的兴盛时期。再一次说明，我在这里使用“宗族（lineage）”一词完全是考虑到通俗易懂，并不是在专门的意义上使用的。很遗憾，没有现成的专门术语可用来描述这种巴厘“家支（*dadia*）”的亲属集团，虽然我曾设想以“lindrids”或“kineage”取而代之（诸君还是当成一个行内玩笑一粲为妙）。见 Geertz and Geertz，1975。

〔21〕哈流·（阿耶·）达磨犁或哈流·肯僧是否被尊为最早祖先这个问题，见注释，页 159。由于“拜塔罗”的意思是“神”（它用于塔巴南前五位国王），这个问题就只是名义上的。

〔22〕随着这两人（Cakorda Gusti Ngural Rai Perang 和 Gusti Ngurah Gdé）的自杀，他们 161
的宫殿毁于一旦，所有亲近都遭到流放（大菩犁，丹金，磨秀丹，登巴萨和塔曼五个家系的所有族人；见图 3），卡来伦的君王（即塔巴南的“次王”），由于内部政治原因，采取了合作姿态，受命就任大土官（*pungawa gdé*）。整个塔巴南贵族群体的近代

历史,见注释(页254)和C. Geertz,1963b。

〔23〕在塔巴南,(至少)流传着两个与克伦碧昙起源有关的起源传说。一个传说讲,巴塘、塔巴南和克伦碧昙的立国之君本是堂兄弟;最后一个地位最高,但他反而住在克伦碧昙,那是因为他喜欢那里的美景。另一个传说讲,克伦碧昙开国之君是塔巴南王的高等妃子的儿子,但因国王立誓要将王位传与一个低等妃子的儿子,于是他遭到了冷遇(参看Geertz and Geertz,1975,pp. 132—133)。孔恩(Korn,1932,p. 303)报告说,一个18世纪的爪哇作家Raden Sastrowidjojo,在写到巴厘时宣称,塔巴南太子生母必得是克伦碧昙人;但我却从未听哪个人说起过,系谱也无法证实这一点。施华兹(Schwartz,1901)说,传说认为哈流·达磨犁的宫殿坐落在克伦碧昙;但我也从未听说过,他也未曾修过一座行宫,系谱也能证实这一点,据系谱所载,大宗六世国王开创了塔巴南菩犁,而到七世时克伦碧昙开始分化。就所有这些问题来说,我们应记住,在这个体系中,故事、系谱等都自始至终、不可避免地是对地位的伸张,自然会在利益的驱动下随资源的变化而变化。因之,在很大程度上,对"真相"的学术探究,或对此的争论,都是徒劳无功的,更是无的放矢。有真正的社会学意义的,是体系的结构,而不是体系内中某个地方的某个实体。这也是那种试图写出本不可写的编年史(或确证本不确定的细节)的做法只能制造出幻象的另一个原因。

162 〔24〕在地图1和2,以及我所有33个王室和王侯家系中,我略去了克伦碧昙、伽拜伽拜,和沛里安家系(除了马儿贾和不来由)的次级和三级家支——大耶罗和耶罗(单是克伦碧昙的3个菩犁就有20个拥有不同地位的相关耶罗)。乡村地区每个十分边缘化的家支和独立的小世系也没有开列或标出,因为不可能完全重建它们的全部数量。如果将所有这些都包括在内,本世纪初在塔巴南占据重要政治地位的三贤家支会达到100个。

〔25〕为了使一个非常复杂的体系的结构轮廓更加清晰,我不得不尽量缩减贵族阶层中的亲属组织的大量细节。这些细节的一部分可见于Geertz and Geertz,1975,pp. 117—152,第4章,"公共领域中的亲属关系:绅贵家族";我建议对所谓的巴厘传统政治"微观机体"有兴趣的读者参看这一部分。图3中的系谱,以及重要注释,均得之于登班陀耶罗(*Jero Den Bantas*),不同的王室家支的信息提供者也帮助我进一步深入理解它。在重新参校原始资料时,原来的一些小讹误(在Geertz and Geertz,1975的表15中)均予改正。

但我要再次强调,在解释和修正当前的地位关系时,这些系谱只能当作历史文献使用,而不是忠实的记载。虽然在我们当下讨论的历史时期内,塔巴南王室家支内部的总体位阶次序看起来大体可信,但像谁在何时"走出",从而谁在位阶上比谁更高之类的小差别,仍然能够发现不少。从更长的时间跨度看,经过系谱的重新编排,位阶次序的变动也是常见之事;事实上,从我在吉安雅获得的资料看,因吉安雅在19世纪比塔巴南更少内部稳定性,这种谱系方面的修修补补十分明显。

这种精简主要是删除了1891—1906年期间不复显赫的次级家系,包括30个
163 男性和所有的女性,在50个左右,女人大都嫁给了王室家支内的其他成员(有的终

生未婚，这也是每个高地位的妇女的常见命运）。

最后，考虑到最后两个大宗后裔的自杀造成的类似情境，我集中讨论的是第十七位国主，他于 1868 年登基；这与塔巴南人自己的认可是一致的，他是他们眼中最后的“真正国王”。

〔26〕王室家系的结构也展现在前文讨论的分化式亲属关系模式中，在那种情况下，它显示为一组王室次级家支，依据形成次序来排定位阶，它也展现在那种对巴厘阶序符号体系中（正文，页 107）无处不在的“局内/局外”（耶罗／雅拜）想象当中。

因之，在这个次序中，你右边的人都要比你更“耶罗”（也拥有更优越的地位），而你左边的人都要比你“雅拜”（地位也比你低下），在这种情况下，没有哪两个家系是完全平等的——这个原则完全适用于巴厘社会结构。虽然次级家族内部的微观位阶排序大致如我的主要信息提供者所说的那样，可实际上它们甚至比宏观位阶排序更不可信，总会有某些家系成员提出质疑。（当然，每个家系都有一部核心与边缘、“局内”与“局外”的系谱，追溯它形成以来的自身复制过程。明古（Beng）的一个例子，见 Geertz and Geertz，1975，p. 150）。

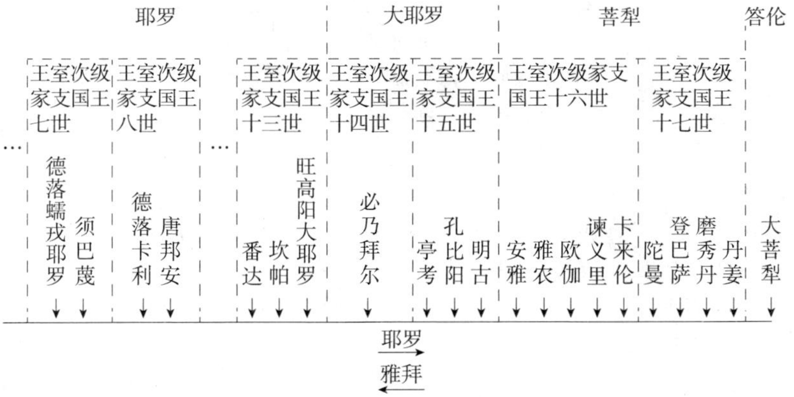

大菩犁（*Puri Gdé*，有时也称 *Puri Agung*，*agung* 是 *gdé* 的敬体〔*halus*〕，意思 164
并无不同，就像“答伦”〔*dalem*，一个爪哇语借词〕是“耶罗”〔*jero*〕的敬体）与所有次级宗族都不同列，这当然是由于它在每个阶段都是每个家支之核心。作为一个基本不变的或不断被复制的实体，核心家系和国王的象征表现将在下文加以深入的讨论（见正文，第 4 章），而同样的原则也适用于每一个家系自身内部，当然，也肯定会作必要的修正。

〔27〕与 *dadia* 一样，描述王室世系的对等词汇 *batur dalem*（拜都答伦），也指该集团的祖庙，它坐落在核心家系的东北角（见地图 2）。参加每 210 天举行一次、本世系神化祖先祭礼的权利（和义务），都标志着厕身于支配家系的成员资格，无论已经多么边缘。

“line（世系）”、“house（家系）”等术语，在英语中，我不得不选用这些词汇，这当真令人棘手，因为它们的范围既宽又窄，上指整个塔巴南王朝、下指王朝的各个次级部分，还可以是一个核心（或幼子）群体。在我的经验里，巴厘人并不使用“世系”这种词，他们只是说“塔巴南”、“克伦孔”、“卡来伦”、“必乃拜尔”，等等。还有，如正文已经澄清的，我相信，在描述这种“家系”时，没有通用的、“地位中立的”词汇，只有如“答伦”、菩犁、耶罗、伽利雅（*griya*）、乌玛（*umah*）及拜客兰伽（*pekarangan*）等词（“乌玛”指显赫的首陀罗家支，而拜客兰伽指地位平常的首陀罗家支）。巴厘人用以讨论我们概括为“继嗣（descent）”之事的“原点（origin point）”、“驿站（way station）”及“名号（title）”等俗语，见 Geertz and Geertz，1975；参看 Boon，1977。

〔28〕虽说不同的家支成员生来就获得了不同的名号，但玩起这种游戏来都游刃有余。比方说吧，对一个须巴蔑族人，整个大家系中的每个人都是卡高陀；而在国王看来，只有他本人才是卡高陀，其他每个人都只能是“古寺提古拉”（*gusti ngurah*），甚至更低一点的“古寺地”，“古拉”（“支配”之义）要留给他的儿子，也许只留给世子一人。有些人甚至做了更细致的区分：卡高陀提毗（*cakorda déwa*；*déwa* 是“神”）是大王的名号；卡高陀喇荼（*cakorda ratu*；*ratu* 即“王”）是王室次级家支成员的名号；
165 喇荼是卡来伦—谏义里—奥伽层次成员的名号；而古寺地古拉可指其他每个族人。女性的名号，亲属称谓，礼仪形式，进餐习惯（对所有这些习惯的简明扼要的评论，虽然是说龙目的，见 Gerdin，1970），以及奢侈特权，也是非常发达的，同样划分了等级，也陷入了这种永无宁日的地位之争。然而，从来无人质疑过相对地位，或整个位阶次序，至少这里涉及的 15 年间确是如此：明古从未宣称要压倒卡来伦，谏义里也从未宣称要压倒磨秀丹。这个模式毋宁说是自我展示，自己的家系要尽可能地接近中心——尽可能地缩小自己和最高王公的差别。藉由同样的符号，他也尽可能地将每一个下方的人拉离中心——尽可能地扩大自己和更边缘者的差别。

〔29〕巴厘双王制（*dubblebestuur*）的总体状况，见 Korn，1932，pp. 287—292。（然而，孔恩在臆测性历史中的冒险——他的学说认为，这个制度的起源是“印度—巴厘”王公变身为“印度—爪哇”满者伯夷征服者的“幼弟”王公——无须强调过重。而他称高等世系和低等世系是泾渭分明的，就我所见，不但从塔巴南的情况来看是不正确的，在总体上也不正确。）莱佛士（Raffles，1830，Appendix K）曾提到，在 19 世纪初，卜来伦有两个国王，而从数十年后弗里德里希关于巴塘的叙述中也可推断，这两位国王确实存在（Friederich，1959，pp. 123—136）。

〔30〕范艾克（Van Eck，1878—80）报告说，这种大菩犁-卡来伦的分野确实存在于 1857 年。施华兹（Schwartz，1901）相信这大约是在本世纪转折时期，他强调说，大菩犁王虽然已经年近八旬（我的访谈人们说他那时都有 125 岁了！），但精神健旺，从不吸阿芙蓉，他每天都在殿前接见那些希望拜见他的人，还亲自下乡体察民情，而那位卡来伦的副王却脑满肠肥，看上去像个娘们儿，还沉迷于斗鸡。

166 〔31〕1891 年以后卡来伦、谏义里和雅农（Anom）崛起，至少有一个原因是这些家支在塔巴南—巴塘—明关威战争中成了赢家，瓜分了明关威的稻田。见 de Kat Angelino，1921a。须巴蔑的势力来自它在西北疆的影响，那里有华人开发的主要外销咖啡园（注释，页 94）。

〔32〕塔巴南的明古大耶罗家支的一个族人写了一部它的政治“史”（1946 年）——绑架、暗杀、处死、构讼、联姻和收养等伎俩，还有为数不少的纵火、巫蛊和宫闱阴谋——见 Geertz and Geertz，1975，pp. 173—181。整个世系可参看 Tabanan，n. d.。

还有：图 3 只是巴厘人的系谱关联理论，而且是大可争议的。例如，弗里德里希(Friederich，1959，p. 126)报告说，谏义里在 1840 年代是一个实力雄厚的塔巴南家支，由此可知它不像是迟至 1844 年才形成的，当时第 16 位君王大约早已登基了(van Eck，1878—1880)。

〔33〕这个家系(在那里它叫作“东市”，这正是“丹金婆艮”的意思)的历史以及相关描述，见 Boon，1977，pp. 70—86；1973，pp. 19—102。正像双王制一样，首陀罗实力家系扮演中心角色，在巴厘屡见不鲜(Korn，1932，p. 288)。一个特别生动的例子，见 van Eerde，1921。

〔34〕在这些家系中(见地图 3)，有几个是比较重要的。马康金(Malkangin)，京都附近尖坡上两公里远处的一个首陀罗家系，它是卡来伦的“秘书令”(*penyarikan*)，好比丹金婆艮之于大菩犁。大克巴彦·旺嘉扬(请勿混同于该地的塔巴南耶罗)是一个首陀罗家系，负责料理拜都考山坡上的全巴厘“六神宫”，也主持有些重要的地区仪式 167
(Peddlemars，1932)。三山耶罗(Jero Samsam)是一个刹帝利家系，据说源于克伦孔王室家支，它迁往人口稀少的西部，在那里，虽然它和塔巴南(用正式术语说，它的位阶要高于塔巴南)仍然保持着松散的联盟关系，却赢得了相当大的地方独立权力。还有，步步安(Pupuan)是一个高地首陀罗家系，正好坐落在塔巴南和巴塘双方势力范围之间的战略地带上(正如三山家系坐落在塔巴南和任抹双方势力范围之间的战略地带一样)，虽然人们认为它是听命于须巴蔑耶罗的(在它应大菩犁的要求迁往塔巴南前它曾住在那里)，但它们始终几同水火。

〔35〕19 世纪末尼加拉塔巴南的派系阵线大致如下。

卡高陀(大王)	婆迈德(副王)
大耶罗	卡来伦
帕蒂	帕帝
须巴蔑	明古
崩加瓦	崩加瓦
丹金	谏义里
磨秀丹	孔比阳
登巴萨	亭考
陀曼(Taman)	
欧伽	
雅农	
安雅(Anyar)	
秘书令(Penyarikan)	秘书令(Penyarikan)
丹金婆艮	马康金
僧正(白嘉梵陀)	僧正(白嘉梵陀)
伽利雅巴色甘	伽利雅岩拜

(必乃拜尔保持“中立”，至少它意图如此。)

其他 14 个家支都是依附这些崩加瓦（帕帝、副王或大王）的庄头。但说到底谁依附于谁，却不可确知了，因为依附关系不止一种，其他庄头又数量众多。

168 不管将这个结构视为何种意义上的官僚机构或“机关”，哪怕是雏形，都是大错特错的。它绝不是固定的政治派系化，而是和巴厘其他任何方面一样，严格地依照阶序（从精美〔*halus*〕到粗糙〔*kasar*〕）“名号”类别排列的，它几乎不反映权力现实，政府职责技术专门化（大概只有宫廷僧正〔白嘉梵陀〕扮演了一个无足轻重的角色）。（中国藩商主钟新客的贸易专门化，可见下文，页 94；伽利雅 · 雅客沙〔Griya Jaksa〕钦命法官〔*kerta gaé*〕的专门化，见下文注释，页 241。一般意义上的 *halus* 和 *kasar* 概念，见 Geertz，1960，pp. 231—234——这是爪哇人的说法，但在这里也基本适用。）

最后着重指出，崩加瓦和庄头这两个词既指整个家系，也可指家系内的个体成年男性；因此，在一个大家系如谏义里或须巴蔑内部，可以有几个“崩加瓦”。巴厘语中的数字缺乏约束性的语言标志，这在其使用的灵活性和相对性基础上，更增加了它的模糊性（巴厘人还十分喜欢以转喻手法来使用这些术语）。

〔36〕对 19 世纪塔巴南人口规模的估算显然需要专业知识。不过，范 · 登 · 布鲁克在 1834 年估算 1820 年前后人口约为 18 万（Van den Broek，1834，p. 180），无疑偏高。

〔37〕这些政治地位的各种状况历来就有许多名称，其中许多名称指示的都是形式或亚类型之间的细微差别。伴随“拜客兰”，有“拜客-德兰（*pekan-delan*）”、“如班（*roban*）”、“阿卜底（*abdi*）”等词；伴随“仵乌拉”（源于一个表示“家庭”、“继嗣群”，“家系”等意义的梵语词——Gonda，1973a，pp. 122，150，430），有“梵伽德禄威（*panjak druwé*）”或“彭伽瑜（*pengayah*）”等词；伴随“庄头（*perbekel*）”，有“蛮利（*manri*）”；伴随崩加瓦，有“蛮作（*manca*）”或“古寺提（*gusti*）”。不止如此，这些词语在使用时也十分灵活，虽然深层范畴本身的分野仍然是严格不变的。因此，低等王公有时说成是大王公的“拜客兰”；或只有真正显赫的王公（他们源于卡来伦、谏义里、明古或
169 雅农）才能称“崩加瓦”，而其他人只能称“蛮作”。即便这四个类别（不管怎么称呼，不管二级亚类如何存在于它们之中，不管它们在总体名号分层体系内处于什么位置）是边界清晰的，我们也不可能在这个体系内排出任何一种名称次序，以及名称运用的严格程序。总体的“巴莱艮”（*parekan*）类别内的次级分化达到的高度，见 de Kat Angelino，1921b；“仵乌拉”类别内部的次级分化，见 de Kat Angelino，1921a（胡克在解读一部中世纪爪哇法律经典时，将它译为“国王的犁铧”〔Hooker，1978〕，但这大概是采用隐喻进行直白描绘的结果）；“庄头”和“崩加瓦”类别内的次级分化，见 Korn，1932，pp. 286—306。

〔38〕在传统印度尼西亚，什么人可算作“奴隶”，这问题依然悬而未决。我个人很怀疑，与欧洲人转卖到巴达维亚或群岛其他地方的巴厘人相比，巴厘本岛是否真的存在那么多西方意义上的奴隶。施里克（Schrieke，1955，p. 81）说，在 16 世纪晚期，爪哇北海岸的淡目王国军队由“买来的巴厘、武吉和望加锡奴隶”组成。沃特海姆（Wertheim，1959，p. 239）说，在东印度公司统治后期，“（巴达维亚）一半以上人口都是奴隶”，而家庭仆人“全是奴隶，有男奴也有女奴，大都从巴厘、帝汶和群岛其他地方运

来。"据范·艾克(Van Eck,1878—1880)估算,运往巴达维亚的巴厘奴隶到1778年已达13,000人,他补充道,在1811—1816年的英国统治空白期间,东印度政府总督莱佛士出手禁绝了这种交易。不过,范·登·布鲁克(Van den Broek,1834,p.224)仍然报道说,直到1820年仍有一些奴隶买卖;内尔逊(Neilson,1928,pp.55—56)说,直到1830年,仍有少量奴隶被卖出了巴厘,尤其是被华人、武吉人和望加锡人贩卖。华人有时可能在巴厘拥有真正的奴隶;据列夫林克(Liefrinck,1877)报道,邦利的华人拥有大约20个奴隶,他说,都是从王公手里买来的。

在巴厘,不管你称他们为卑下低贱、无依无靠的拜客兰奴隶,如战俘、罪犯和债务奴隶(de Kat Angelino,1921b,及Liefrinck,1877即这样认为),还是不这样称呼(Korn,1932,p.173),都不那么重要。最重要的是,要用他们自己的术语来理解巴厘古代的政治地位类别——不同种类的拜客兰、佧乌拉、庄头及崩加瓦,如此一来, 170
那些欧洲式分类如"奴隶"、"农奴(serf)"、"管家(steward)"和"男爵(baron)"(我甚至承认,"贵族〔noble〕"、"王侯〔lord〕"、"国王〔king〕")虽说不无助益,但更是一种误导。无论如何,如果它曾经作为一种家庭制度存在过的话,个人完全非自由状态意义上的奴隶制到19世纪似乎已经消失殆尽,从未占据中心重要地位(Kom,1932,pp.172—173)。巴厘尼加拉绝不是一个"奴隶制国家"。

〔39〕他们占有的数量实际上不可能确定。无论我的访谈人对拜客兰、佧乌拉、庄头及崩加瓦的数量如何估计,都只是大体的估算,除了他们的记忆这个简单问题外,如我们将看到的,他们不可能确切知道一个君主治下的人口数量(其实连他自己都确知不了)。

不过,为了能够对这个体系加以全方位的把握,我大胆推测(据我手头的零散素材和假设其他情况均同的推算)大约有50个崩加瓦(克伦碧县三个主要家系中王族的前14个家支和沛里安-不来由-马儿贾家支中的三个家支家系的所有男性成年成员);大约150—200个庄头(也包括许多首陀罗),他们分散效忠于这些崩加瓦;大约75,000—85,000个佧乌拉(或10,000到12,000个家院),他们更不均地分配在这些庄头之间。至于拜客兰,所有家支共有2,000个左右,其中一半独属大菩犁,这个估算结果应该大致不差。

〔40〕实际上,这个计算结果是不完整的,因为我的访谈人已经记不起他拥有的全部数量,虽然他说其余大约另外30个家院,平均散布在各地,其中有些家院都在一个村庄的一个家院的"一块地"内。如所提过的,庄头们拥有的数量各各不一,每个庄头的总体数量徘徊在20到400个家院之间(只有两个庄头拥有后面这个庞大数目,
他们分别来自丹金婆艮和马康金),虽然"理想的"的数目是200个;而人们还能够 171
记起,至少有一个庄头恰好拥有一个家院,而其他几个庄头都只拥有半打左右。

还应注意,一个家支,无论它是一个边缘的耶罗还是一个受庇的家系,都可能拥有数个庄头,这要看它包括多少成年男子;而这些庄头可以依附不同的崩加瓦。例如,一个塔巴南边缘家支德落蠕戎(Dold Rurung),和安雅、卡来伦及大菩犁的崩加瓦都有庄头依附关系,而一个没有关联的受庇家系则依附于大菩犁、须巴蔑和雅农。在这个晚近时期,要想弄清所有分散的纽带是不可能的,不管是佧乌拉和庄头

的纽带，还是庄头和崩加瓦的纽带。

〔41〕一部对塔巴南（或就这件事而言，整个巴厘南部）的“人民而非领土”的统治模式的同时代确证著作，见 Schwartz，1901。然而，仍存在少数特例，尤其靠近“王国”的渗透性边缘地区——“政治交错带”，正如我在前面称呼它们的（见正文，第二章）——在那些地区，安全感有时会导致由一个庄头控制整个村庄，或至少是一个村庄的大部分。我的访谈人在任抹边界处拥有 40 个家院——该村的大部分人口（虽然并非全部）——即是这种状况的明证。但这并不常见，人们也觉得这是不正常的，而且很显然这也不可能长久。与此相反，在中心地区，塔巴南本身（它被认为是一个村落）的分化程度可能是最高的：每个崩加瓦在塔巴南 15 个村庄的每一个村庄中都拥有一些佧乌拉，没有哪一个崩加瓦能够在任何一个村庄中占明显的优势。总体的规则是，“在地理上越是靠近王室，纽带也越是分散”；但是，与“习惯法（*adat* law）”理论家们有时意欲在印度教时期的印度尼西亚所谓“封地”和“非封地”之间制造截然对立的做法（见 van Vollenhoven，1918—1933）恰恰相反，分散才是整个王国内的规则，而不仅仅在王室的四周侧近。

〔42〕一个巴厘家院（*pekarangan*）几乎总是由一个核心家庭或一群藉父系血缘关系而彼
172 此关联的核心家庭组成；但一个宗族或家支的所有成员都住在同一个家院里面的情况却极其少见（Geertz and Geertz，1975）。因此，由于一个家院的各家庭往往效忠于不同的王公，亲密族众通常都会劈分成不同的“拜客兰”，这也见于至今尚在实行的家院对婆罗门门徒（*sisias*）的分配方面，亲兄弟们往往效忠于不同的对象。

还有，也存在某些不同于这个分散模式的特例，主要是有些行业群体（最著名的当是铁匠；见 de Kat Angelino，1921c）和外国人（华人和武吉人）。此外，僧正宗族有时也作为一个群体配置给一个庄头（此人通常从他们中间选出），然后再经庄头配置给一个崩加瓦。但这些安排并不普遍，一般也都视为特殊情况。一个村庄中的各个拜客兰们通常由他们中间一个称“传令官”（*juru arah*，该词同样用于其他“〔巡行街道〕宣讲牌头们”的头领）的人打头。他的职责是传达从庄头那里得来的消息，组织地方拜客兰成员们履行尼加拉义务，但他也没有什么独立的权力。

〔43〕Korn，1932a。孔恩说 770 人全都分配给塔巴南的“首席王公”，但我的证据表明这是不成立的。在总体上，巴厘人爱说任何物事都“属于”国王，好比他们也爱说任何事物都“属于”神。但第一种说法和第二种说法同样都是譬喻性的，事实上也是一个意思，但这不能理解成他们是在描述政治（或经济）现实，而是形而上的实在。我会在《结论》部分重新回到这一点上，这是造成对古代印度尼西亚政体之实质的学术误解的主要源头之一。

〔44〕这个事实最具震撼力的标志是，家院（houseyard）在德萨体系中根本不具有结构的意义，它是超地方政治（及宗教）效忠进行分派的单位。村庄、水社、庙会都不经由家院，而是经由核心家庭；继嗣群在地方政治体系中扮演一定角色，但也只是在超
173 出家院规模的程度上，而在任何情况下，它们的基本单位也都是核心家庭，而不是家院（见 C. Geertz，1959；Geertz and Geertz，1975）。在德萨体系中，家院充其量只

是一个居住单位，也承担少数微不足道的经济和仪式职能（科恩的全方位观察〔1932〕非常关注村落组织，但他也发现，根本没有什么必要说到家院）；另一方面，在尼加拉体系中，家院是主要的、事实上也是唯一的地方成员资格单位。然而，即使这样，它也不是一个法人单位。虽然作乌拉是经由家院配置的，但有关的义务却仍然落实到个人身上。如果家院中有5个男子，他们都必须为其主公出力打仗；如果有6个女人，她们都必须在主公的节日里下手做厨子。（连孩子们也有任务：跑跑腿，端端水等。）家院是尼加拉渗入德萨人群而非德萨政体的方式，它始终都小心翼翼地与德萨政体保持着距离。

〔45〕王公们获取土地的途径有父系遗产继承，购买，从其他王公那里武力掠夺，政治馈赠，通常伴随瓦吉型“进贡”婚（见上文，页35）的陪送嫁妆（称 *tatadan*），通过先占权获得的绝嗣死者及罪犯的土地；但君王对其作乌拉的财产却没有任何法律特权。（经由先占权获得的土地归整个支配宗族，而不归相关财产所有人的王公；然后依照亲属兼政治原则再分给各个崩加瓦。事实上，先买方式并不是王公土地占有的重要来源。）王公不仅可以将土地转让给别的王公，也可以转让给平民——方式有：出售；作为回报某些特殊的，尤其是个人役务的礼物（如作王公孩子的奶妈，王公娶一个首陀罗女孩时的中间人，等等）；作为对背叛敌手的赏金或防止叛乱的赏赐；诸如此类。

然而，未开发的土地是另外一回事，因此也受其他原则的制约。如果这类“废地”处在任何一个德萨共同体（正文，页127）的边界之外，王公们就对它拥有了正式的特权，而且在某些特殊情况下，他们对这类土地的所有权不但可以扩大，还可以延续。在1860年，一个欧洲人从一个任抹王公手里租了大约6,000英亩土地种棉花、可可、椰子和烟草——这是巴厘种植园开发的（显然，并不怎么成功）少数例子之一（Kom，1932，p. 547）。不过，任抹人口极为稀少，其他巴厘王公对这些未开发 174
然而可开发的土地的开发是十分有限的。除了19世纪后半叶王公们将咖啡土地授权给华人的几个重要例外（正文，页94），这些土地算不上是塔巴南王公们重要的收入来源。

〔46〕一致公认的是，在这个事实之后，这种关系不但随势而变，变化还相当大，但这种联系坐实了我的访谈人们的一个共识，即本世纪转折时期巴厘南部六大主要王室家系的相对土地财富和相对军事实力——对那些身处其中的人们来说，即使这不是原本的实情，至少也包含了一部分实情。至少在他们看来，这种相关性是非常之弱的：

军事实力	土地财富
1. 吉安雅	1. 巴塘
2. 卡琅噶森	2. 塔巴南
3. 克伦孔	3. 吉安雅
4. 巴塘	4. 邦利
5. 塔巴南	5. 克伦孔
6. 邦利	6. 卡琅噶森

上表中没有列出任抹,因为它既不富有,也不强大,而且1900年前它一直处在荷兰东印度政府的直接控制下,不复在巴厘本土政治中扮演一个重要角色;而我的访谈人对其有关情况几乎一无所知。卜来伦从1882年伊始就处在荷兰正式行政机关的控制下,而非正式控制早在1850年就开始了;它的情况当然更特殊了。

〔47〕事实上,租佃方式比这些概括表述要更精细,更多变。一种全面评论见 Liefrinck,1886—1887。塔巴南实际状况的有关文献,见于 Hunger,1933;Peddlemars,1933;及 Raka,1955。施尔塔玛(Scheltema,1931)将巴厘的实际情况放在印度尼西亚的土地使用权和租佃模式的总体情境中加以考察。值得强调的是,这些学者没有一
175 个发现他们有必要考虑尼加拉政治结构,或说,事实上,政治组织。佃户不是以政治术语来称呼的,而是用收获分成的术语来称呼:*nandu*("一半"),*nelon*("三分之一"),等等。

租佃一经确定,就受地方习惯法的约束,而不是王公的鞭子。假若王公打算任意撤换或滥使一个佃户,必定会惹下麻烦:他的庄稼会遭人毁掉,由地方控制的水社也会心照不宣地减少他的水源供应量,要不就被人偷去更多的庄稼。事实上,在多数情况下,王公的佃户不是由王公及其代理人选定的,而是由地方社群(通常是村庄,偶尔也由他们的水社)选定的;而在任何情况下,在这些事务中都要考虑到地方社群的情感,一旦满怀敌意的农民蓄意破坏王公的庄稼,王公几乎束手无策。这类事务的真实状况可由下述事实证实:在塔巴南,佃户如果租种王公的土地,他们几乎总是得到一半分成;而如果是租种农民的土地,却通常只能得到三分之一分成。

〔48〕这里的观点并不是说,佃户体系或租佃模式没有什么政治意义。这是十分荒唐的。毋宁是说,它们的意义不是来自它们与政治支配之权威组织的制度融合。那种组织非常复杂,也没有规则,不能轻易地根据土地所有权、土地劳动和农业技术(即所谓"亚细亚生产方式")的表面特征来判断。

缺少佃农这个事实削弱了王公的政治影响,因租佃是他的影响力之所在,恰如地方制度结构、多重德萨政体的巨大力量对他的削弱一样。在不少案例中,王公确实谋求巩固两种权力资源(土地财富和政治权威),也谋求将巴莱艮们(他们当然处在德萨体系外)约束在他们的部分土地上让他们成为农奴工,从而一种真正的世袭体制变为制度。但是,部分是由于巴莱艮通常都不是技术熟练的农场主,部分是由于巴莱艮的数量从来不多,尤其是地方社群总是强硬地拒绝和积极地抵制他的做法,这个模式从未在巴厘任何地方真正站住脚跟(见 de Kat Angelino,1921b)。

少数大国(尤其是巴塘和吉安雅)也谋求建立官僚机构,好控制有些农业事务,尤其是在19世纪最末期,当时荷兰人对他们的威胁也无以复加,特别在土地税收
176 和灌溉领域;但这些努力都非常短命(Happé,1919,但程度却加剧了;一种深刻的评论,见 Korn,1932,pp. 272ff.)。

最后,说到"封建主义",许多王公(包括塔巴南的一些王公)确实将耕种地块的权利转让给农民,有时是有组织的农民群体,而他们的回报是某些专门服务:锻铁、

纺织、艺术表演、当兵、仪式役务、传信等。但这同样未能在其他任何地方发展起来。

不过，与最后一点有关，我们还须就所谓“培伔涂（*pecatu*）”制度（源于 *catu*〔“食物”〕，〔“食物或饮料的配给”〕，也指一座稻田祭坛）再多说几句，以它作为素材，在荷兰出现了一种小的、颇为古怪的论调，因为刚刚建立的荷属东印度行政机构试图通过否定前任的合法性而在南部巴厘确立自身的合法性（见 Gunningand van der Heijden，1926；de Kat Angelino，1921a；Korn，1932，pp. 227—228，331，538，585；一种批评意见，见 Boon，1977，pp. 54—58）。在巴厘某些地方（尤其是吉安雅、邦利和明关威，在某种程度上，也包括克伦孔），有些土地，即“培伔涂”，被视为田主用于王室役务，即“彭伽雅答伦（*pengayah dalem*）”；其他一些田地，“卜提（*bukti*）”，田主用于“村落（德萨共同体）”役务，即“彭伽雅德萨（*pengayah desa*）”；另外一些田地，“蜡巴（*laba*）”，田主用于庙宇役务，即“彭伽雅菩拉（*pengayah pura*）”。我不想用封建役务来解释这种划分，因为它们彼此不相一致，都各有目的，我将证明，它是一种区分村民必须履行的各类役务（向一位王公、一个村落、一座庙宇）的方法，而不是一套土地法。培伔涂土地不是王室“占有”的土地，出租给平民换来役务，也“不是由村落公家分给村落成员以完成村落对王公的集体义务”。（第一种观点见 de Kat Angelino，1921a；第二种观点见 Gunning and van der Heijden，1926；两种观点见 Korn，1932，p. 575。Covarrubias 认为〔1956，p. 59〕培伔涂指“荒地”，也就是未经垦种的村落土地，这显然将问题弄混了。）培伔涂土地归耕种人或与佃户签约的耕种人“所有”；而土地的收获物被认为是生产支持，帮助“所有者”完成政治役务，或更确切地说，政治——宗教役务。（如我们已经强调的，古代巴厘的整个“所有权”问题本是一个极为棘手的问题，随后会深入讨论，见正文，页 127；但如果混淆了强 177
制权、仪式权、所有权和用益权，或者断言巴厘人混淆了上述权利，这个问题将不会得到澄清。）在 1906—1908 年的征服后，荷兰人着手压制庄头纽带，导致尼加拉其余役务都直接经由土地租佃制来征税，由此导致了一种“准封建主义”的产生；与这种殖民政策并非全然无关，荷兰学者开始以一种“无政府”眼光看待古代的过去。所有这些造成了一个后果，培伔涂体系的确定特征（其总体重要性无论如何都强调过分了）在关于巴厘的早期著作中比 19 世纪二三十年代的著作中更容易看到（例如，Liefrinck，1877；1886—1887；但 Boekian，1936 中也有一种支持性的巴厘人观点）。巴厘尼加拉在后荷兰时期的发展，见 C. Geertz，1963b，及注释，页 254。

〔49〕地租只能用稻米支付。在 19 世纪，在租地的水稻种植间隔期间种植多少早熟庄稼，全由佃户说了算，虽然通常他还要把用这些庄稼做成的一些食品当作小礼物送给王公。据孔恩的说法（Korn，1932，p. 301），塔巴南租佃人除了上缴五成地租，还要将够十个人吃的米饭送给王公，每年两次，这是一种微不足道的经济付偿。但我的访谈人都没有提到过这个事情，我不敢确定这种规矩实际上是怎样严格施行的。

〔50〕大税官也负责掌管王公的苑囿，分发食物给奴仆们，筹划预算大型庆典，并登记各色礼物。与法官一样，税官大都来自婆罗门家支，它的成员均不能担任庄头，至少与非婆罗门相比是这样的。王公的税官（他们分成征收物作为薪水）经常聚居成

区,根据他们的住地与宫殿的方位关系,分别称“北区”、“南区”、“东区”和“西区”,而大税官被认为占据着无方向的中心位置。巴厘的方位象征体系可见正文,页105,及注释,页218。税官经常称“庞图兰(*pangturan*)”,大概意思是“保护人”(注释,页246)。

178 〔51〕事实上,*pajeg* 可用于称呼任何税种,而实际征收方式有好多种(注释,页184)。农业税通常特别称为 *pajeg padi*(*padi*,“水稻”),虽然也有其他术语。巴厘土地税收的一个简明概述,可见于 Korn,1932,pp. 293—300,但过多关注细节反而倒妨碍了理解税收征收的财政原则。

〔52〕在少数情况下,尤其是水社规模更大的滨海地带,一个水社有时会非地域性地分布于两个税区之间(也就是在两个王公之间),而在水社规模更小的依山地带,可能会两三个水社集中在一个税区内。不过,大体来说,税区和水社的界限都是大致吻合的——或许,这能够证明巴厘人并非在物质方面无力将制度合理化,他们只是不甘情愿罢了。

虽然税收分门别类(除了少数例外),税收都用名为“个崩”的中国方孔铜钱(正文,页91;注释,页208)来计算估价。1万个崩等于1“亭磅(*timbang*)”,或1“秤砣”。比方说,如果某人要交2亭磅税,他要在一架简单磅秤上支付2万个崩大米。在代替钱币本身时,收税官就用标准石,也称亭磅(或一半亭磅,或一倍半亭磅等),总是先用个崩校准并保存在水社里。在塔巴南,1亭磅相当于28斤(van Bloemen Waanders,1859),相当于38磅。不过,1亭磅在全巴厘不是同样等重的。比如在卜来伦(Liefrinck,1886—1887),它大约重两倍,等于55斤或大约75磅。很明显(虽然列夫林克没这么说),在那里,1亭磅相当于2万个崩而非1万个崩。

渠水经固定的格状灌渠和水闸分流入田(正文,页70,及图5),因此,税额也根据灌溉支流的宽度来确定——即是说,根据任何一块梯田或田块的进水门宽度。或换
179 种说法,它根据所有流进水社的全部水量来计算,不管水量有多大,水流又再次流进任何一块梯田或田块中,不同的税额再根据由水门宽窄确定的水流宽度来确定。

所有这些都相当复杂,但在此大都可予忽略。关键在于:首先,水社内部的财政(但不一定必然是所有权)单位是使用同一条终端水渠的梯田或多块梯田;其次,灌溉水网一经修建,其大致轮廓就固定下来,税收单位也是如此,从而,仅在任何一个水社内,每个单位的相对税收负担也是相对固定的。至于怎样确定一个水社(对尼加拉来说,这是基本的财政单位或税区,无须在此细说水量怎样在一个水社内部分配)的税收负担总额,且再往上推的话,水社内部的每一个税收单位的绝对负担如何确定,我不太清楚。我的访谈人们也都不清楚,他们说这不过是一件阿达(*adat*,“习惯”)之事,而且在原则上——但正像连他们都认识到的,这其实不是事实——它从不会改变,虽然从水社到水社会有所不同,而且会大有不同。(缴税义务要按照税收单位逐个登记在有神圣意味的、定期重制的称为 *pipil* 的棕榈叶上——税额写在一面,财产的坐落方位以及所有人的名字和村庄写在另一面。副本由税官、水社的首领和拥有者〔们〕保存。)

施华兹(Schwartz,1901)根据他从塔巴南大菩犁的大税官那里听到的信息,他说,税额大约占税田总收获量的一成;因此,尽管从理论上说,税收是以水量而不是土地或水稻为基准的,对水社土地实际产量的估计也会影响税收率。但是,考虑到水稻农业的实质(C. Geertz,1963a),产量一旦估定,在通常的情况下,就不会变动很大,或说变动会极为缓慢。(修建一个水社要花费大量劳力,新建水社极少;考虑到这一点,在新水社开始运作的头三年,不对它们征收任何税种,虽然有时会将水社中的一块田地奖赐给一两个王公。)简短地说,虽然税额估算会随时间和地方发生一定幅度的变化,但这种变化更多地反映了征税王公与交税水社之相对权力的变化,而不是反映了这些税额加于其上的异常稳定、精密组织起来的生态系统。在此 180
重申一遍,相关特定过程的细节(编年史)基本上不可能复原。但尽我所能收集到的零散资料(从吉安雅比从塔巴南收集到的更多),已经十分清楚地表明了:较之于世界其他地方,古代巴厘的税收政策不是一个易于引爆的敏感政治问题。

〔53〕但一般来说都不基于同一些土地,因为王公们在一般都不征收其他王公土地的税。不过,土地如果是从一个平民转让给一个王公,仍要交税(而如果是转让到其他人则可免税);因此连这种情况也是很少发生的。从总体实施情况看,税收总会出现很多意外(在年景不好时,不能收税;土地若是属于寺庙、僧正、手艺人、王公近亲等,通常也不抽税);整个体系是怎样分散的,它的运作效率怎么样,都很难确定。

施华兹(Schwartz,1901)说,塔巴南大菩犁的大税官(可以断定,他在一位来访的荷兰官员面前显然大大瞒报了王室收入)告诉他,只有四分之一的稻田是抽税的。我的一个访谈人是须巴蔑耶罗的一个税官,他每年从三个分散水社中收取 90 亭磅税款,佣金是 15 亭磅(其他访谈人说,税官拿六分之一分成是通行标准)。他还估计,我也相信这是相当普遍的,大菩犁每年约抽取 2,000 亭磅(或大约是那位告诉施华兹情况的从中渔利的大菩犁税官估算的 100 万个崩的 20 倍),而克伦碧昙则要抽取 5,000 亭磅。即使在王族内,大菩犁的税收也不是最多的。有些其他家系,尤其是卡来伦,显然也接近 4,000 或 5,000 亭磅;无论如何,正像侏乌拉的所有物和土地所有权一样,王公们的税额也等等不一。通过一系列参照、假设和全然的推算(我将不再详述,理由很简单,这些方式可能经不起深究),我自己估算,在 1900 年左右,塔巴南王公们以税收得到的水稻全部产出的分成大概在 3%到 5%之间。

〔54〕Kom,1932,p. 307。 181

〔55〕第一种观点,见 Happé,1919;第二种观点与哈佩针锋相对(孔恩称哈佩之论是一个编造的故事——*gephantaseerde wordingsgeschiedenis*),见 Korn,1932,pp. 270—273。

简单地说,我在下文中对苏巴及处于同一水系流域内的水社关系的描述,经过了必要的简化和调整,但我相信这不是误导。正如上文对“村落”的讨论,在描述时使用过去时态,并不等于是在暗示说文中所言现象已经一去不返;绝大多数现象依然延续至今。它的术语变化万千,我也有些任意地加以标准化的处理,只使用塔巴南最常用的那些术语。描写水社的著作既分散,又零碎,水平也未臻上乘,但有用的资料却时有发现，当然了，也经常混杂着无用的资料，见 Liefrinck，1886—1887，及 1921；van Eck and Liefrinck，1876；Happé，1919；Korn，1923，1927 及 1932，pp. 102—128；Wirz，1927；Fraser，1910；van de Heijden，1924—1925；Grader，1960a；C. Geertz，1959，1964，及 1972a；Stingl，1970；Birkelbach，1973。

“水社”是巴厘一种非常古老的制度。第一次有名可稽的可回溯至 1022 年的一通碑刻，但早在 896 年就已经提到了修渠的人（Goris，1954，vol. 1，p. 23；Swellengrebel，1960，pp. 10—11；又见 Korn，1932，pp. 9—10，还列出了相关参考文献）。虽说水社在技术活动及组织方面已有所改变，却极其缓慢。卡龙（Korn，1932，pp. 9—10）对一件无日期（约 1050 年）碑文所述水社的简要描述表明，它在组织方面和我们至今所知的本世纪前半叶的水社组织并无太大差别，事实上今天它依然存在于大多数地方。在他对 1876 年邦利的描述中，列夫林克（Liefrinek，1877）强调说，已经有“许多年”没有再开垦新的水稻梯田了（他显然是指水社，而不是个人所有的梯田）；在 1957—1958 年，我找不到谁还能够记得他的水社是何时建立的。到 1891—
182 1906 年间，水社体系已经以其传统方式在巴厘的每一个地方完成了；而虽然梯田小小的增减肯定一直都在继续，在现存梯田边界处也一直发生变动，但这个体系在整体上却绝对是相当稳定的。1906 年以后，尤其是 1915 年以后，由荷兰倡导的水利工程的现代化过程，主要是在低地大型水社中，在某种程度上进一步扩展了这个体系。

〔56〕由王公所有、地方分成佃户耕种的土地的存在这个事实本身与这种概括并不矛盾；因为在这些情况下，是佃户而非王公在实际上而非在法律意义上（在某些情况下，实际上也是在法律意义上）是水社的成员。文内所引是魏复古（Wittfogel，1957）其中一章的修辞性标题（其他标题还有，“强国家，弱社会”，“专制权力——极权权力和不仁慈的权力”，等等）。

〔57〕在同一条坝内拥有传统用水权、由众水社组成的团体，没有形成一个超水社的总社。大坝日常维修工作由各独立水社的水利队根据约定俗成的次序轮流执行（而从不在别的水社的水渠上工作）。在少数情况下，即必须投入大量劳动时（例如当水坝被冲毁时），这项工作会由各个水社的首领非正式地共同组织实施，但也是在老习惯的指引下。在这些事务中，会有一些协商、合作，时不时还会发生一些冲突；但无论如何都是由水社对水社。

〔58〕下文将对图中的某些条目（寺庙、辅渠等）加以解释。为简化起见，我勾勒的是那种一个主坝供应一个水社的情况。我估计（当然仍是在值得在此描述的复杂、细致的推算之基础上），1900 年左右，塔巴南大约有 450 个水社，覆盖面积约 15,000 英亩。在这些水社中，大约 80％的水社面积在 50 英亩以下，它们负责约 40％的土地；而
183 大约 98％的水社面积在 150 英亩以下，它们负责约 95％的土地。水社的平均面积在 35 英亩左右，典型的水社在 15 英亩左右，从一两英亩到近 300 英亩等等不一。水社规模与它所处的地形高度相关：地势较高的和（因而）不平整的水社规模一般都较小；地势较低和平整的水社规模显然会更大（见图 6—10）。

〔59〕因为丹乃（tenah）是任何一个水社内部的标准单位（虽然其大小会随水社的不同而

有所不同),它不仅是一个水量标准,也是一个土地、种子和稻米的测量标准。1丹乃田地是由1丹乃水浇灌的田地。(巴厘田主仍然喜欢用丹乃表示田地的数量,这是一个相对单位,不像英亩是一个绝对单位。)1丹乃的种子足够播种1丹乃的田地。1丹乃的稻米是播种了1丹乃种子、用1丹乃水灌溉的1丹乃田地的收获量。水社内当然也有生态变化,水量控制也不可能那么精确无误,实际的水网也不会像它们的观念体现那样井井有条。所有这些都减少了丹乃在规模上的变通——在它的水、种子或谷物等方面,以及这些方面之间的内在不一致——还有各种应急的矫正法。此外,梯田—丹乃关系也随时随地发生变化,即使在一个客考兰内部也是如此。在少数情况下,1丹乃水可能会浇灌一块梯田(tebih)。但一般它都会浇灌几块梯田,这些梯田可能属于也可能不属于同一个田主。如果是后一种情况,就有必要进行地方的、人际的协调。然而,所有这些复杂之事都是水社微观结构上的事务。虽然出于现实主义的考虑,它们应该在我们的脑海里占据一席之地,但它们没有对国家组织造成压力,也就不必要在此深究了。

〔60〕这个图表要大于一般的水社,出于简化的考虑,在这里只显示一个客考兰(Aa)的全部水网。其他水社也会显示出同样的总体模式;但是,由于它们的地形和发展史各不相同,因此,精确的划分次序如何造成最后的丹乃,都是十分不同的。

〔61〕旱作作物(玉蜀黍、薯类、蔬菜)也在一年部分时间里在梯田中种植,虽然无论如何 184
也达不到今天的程度。由于这些作物也大都需要一些浇灌,水社组织也在有限的程度上予以考虑。见 Liefrinck,1886—1887。

〔62〕应提请注意的是,水社能够往下划分到什么程度,随水社而各有差别。在小水社中,它们大都处在高地,有时并不存在客考兰与腾培之别,在这种情况下,"水利队"由水社全部社员组成,而不是它内部的一个次级团体。伴随铸钱技术的进步、人口过度膨胀、土地分割、租佃制和不在地主所有权,这种工作分配,从全体成员到一部分成员,近来已经逐渐开始增加。但 seka yèk 模式在很长时间内都是占支配地位的模式,这从有关著作中也可知道:Korn,1932,p. 252;Liefrinck,1886—1887;Happé,191。

〔63〕大部分工作包括:清理小渠、开关水门以控制水流流向、维修堤坝和道路,还要对所有这些方面做些修修补补的工作,虽然冗长而繁重,但其实这都不算大型劳动。的确,典型的安排(或一种典型的安排)是,安排两个人负责一块"腾培",两人轮班,以12个小时为一段,他们从事所有必需的活计。水利队每(巴厘)月集合一次,完成必要的大活,如清理干渠,修理河岸。

描述水利队员的常用词汇是 *pekasih*。但在巴厘,这个词也有多种意义。在有些地区,它指水利队长(更常称 *klian seka yèh*),而不是水利队员。在其他地区,它指整个水社的社首(klian subak),有时候指一个超水社官员,税官。水利队员有时也称 *Sinoman* 或 *pengayah subak*。

〔64〕正如国家税收(注释,页178),水社税收在组织方面既复杂又多样,而有关税收的论著更令人迷惑不解,也自相矛盾。相关讨论可见 Kom,1932,pp. 293—300;van Bloe- 185 men Waanders，1859；Schwartz，1901；Liefrinck，1886—1887；及 van Eck，1878—1880。

在总体上可区分出两种主要的税收：偏重于世俗的税收和偏重于宗教的税收，这两种税收都根据社员使用的水社水量比例来征收（因而也是根据他拥有的相对土地数量，他下到地里的种子，收获的稻米）。虽然我们不应忘记，“世俗”一词在巴厘只有非常相对的意义；最终，没有什么物事是全然不受宗教意义浸染的。前一种税收通常称 *pajeg*，这是一个总类别，正像我们已经解释过的（正文，页 68），税收有一部分流进了水社应向之缴税的王公囊中，另一部分由水社截留，供日常开支。虽然社首也负责征收王公的 *pajeg* 分成并交付给税官，但社员们实际控制的只有水社所得分成，包括数量和开销。第二种税收称 *suminih* 或 *upeti toya*，用于支付复杂的、多层次的仪式体系，它是与随后讨论的水稻农业密切相关的（正文，页 75）。

水社议事会（*awig-awig subak*，*kertasima*）决定罚金，根据轻重缓急确定金额，从缺席水社议事，到偷水事。与水社所得 *pajeg* 分成一样，这些罚金是水社总财政的一部分。

纠纷大都围绕边界、用水权等，通常都在“庭外”和解。但在事态严重或难于处理的情况下，卡赖麻苏巴（*krama subak*）直接介入主持调解，它的裁决必须执行，否则它会以收回用水权相威胁——这意思是说，逐出水社。

当然，“土地转让”仅指水社梯田。交易都私下进行。水社的公共角色仅限于充当集体见证，在有纠纷时行使集体“记忆”的职责。“国际关系”，可见下文。

〔65〕水社社首（*klian subak*）通常经选举产生，但有时也由前任指定；在有些情况下，该职务似乎曾经是半世袭的，而在少数散见的例子中——据我所知，在塔巴南一个也

186 没有——由王公在水社提交的候选名单中任命。首领的报酬有时由水社财政支出，有时赠他一些水社公田（经常用水社财政基金购买），有时兼而有之，但有时也没有报酬。社首通常还有一群幕僚，包括不同“腾培”甚或“客考兰”的头头，加上“信差”“捕快”等。这些人通常都由他任命，虽然要经过水社大会认可。再一次，有些水社内部分化程度并不严重；因而组织的技术层面和政治层面可能会彼此重叠。但这决不像有些模式化的著作（如，Covarrubias，1956，pp. 72ff.）所说的，这不是一种规则，实际上这仅是例外。

卡赖麻苏巴内部的决策通常是“由集体一致达成的”，在理论上，每个人都有平等的发言权。占有田地的数量、地位（“种姓”）、性别或任何“外在”因素的差别都不影响这个平等原则。当然，在具体过程中，这些因素确实是起作用的，好比它们也会在任何政治体系中起作用一样。但从目前状况判断，能达到的理想的平等程度是相当大的；水社成员间的财富和地位差别如今要远甚于以往任何时候，但发言权的平等原则仍然异常强大。最近的一项研究也证实了这种观点，见 Birkelbach，1973；当代学者对巴厘的集体决策过程的总体深刻讨论，见 Hobart，1975。

〔66〕对巴厘“水稻崇拜”的总体评论（但这评论实则是对泛印度尼西亚的“稻母”或“稻婚”模式的修正、细化和印度教化处理——Wilken，1912b），见 Wirz，1927。对一次实际的、以著名“稻母（*Dèwi Sri*）”神像为结束的收获礼的简要描述，可见 Covarrubias,1956,pp.79—81;又见 Liefrinck,1886—1887。

在这里,我们应再次强调,尽管(当然也正是由于)巴厘呈现一个圆桶盒状地形,巴厘范围内存在着无数的细节变化(仪式、组织、术语等方面),还应强调指出,为了解释得更明白,在此描绘的图景是经过了一定修整的。水社仪式体系在总体模式内的变化程度,见 G.J.Grader,1960a,虽然他处理的是 20 世纪而不是 19 世纪的材料。

〔67〕人们认为,"贝都古"(也称 *tugu tèmpèk* 或 *catu*)是诸神在乡村巡游时"驻跸"或"休憩"之地。"驿站"概念在巴厘庙宇体系中相当普遍,连主庙(及庙内祭坛)也被看成联通更大庙宇的驿站。所有这些都是巴厘人的典范中心——副本总体观的一部分,但惜乎在大量研究巴厘宗教的著作中尚未充分探讨,虽然在我看来它是其宗教结构的核心(这种观念在与其族庙联系中的角色,见 Geertz and Geertz,1975,尤其是 p.160)。 187

还要强调的是,除了其他替代词(*Mesceti*,*Pura Subak*)外,乌伦嘎里庙(*Pura Ulun Carik*)有时也称贝都古庙(*Pura Bedugul*,相对于没有前缀 *pura*〔庙〕的"*Bedugul*")。巴厘拥有数不胜数的词汇变体的一个主要原因(其他原因还有地位、炫耀、集团间忌妒、内婚制,以及只能如此称呼的痴迷游戏精神)正在于这种典范中心——副本模式,不论在其上、其下都可使用几乎任何词汇。任何寺庙、亲属集团、官员、组织、头衔或游离于中心的任何事物都无非是一个副本,是在中心处或近中心处更熠熠生辉的同一物事的衰变意象。因而,"贝都古"可用于任何物事,小到一个小石坛,大到一个庞大的、重要的地区农业庙;*pekasih* 也可用在任何人身上,从一个水利队成员到一个王室税官。无数围绕着巴厘国家体系(尼加拉)与巴厘村落体系(德萨,也有可调整的词汇)之关系的论争,以及那些关于其关系的极端观点("村落共同体"或"东方专制主义"),恰恰是由于没能充分洞察这个事实,没能透过巴厘人构织的异常复杂的词汇迷幕洞察到它体现的社会实在。如果不能确定谈论的究竟是哪一类 *pekasih*,那么,刺刺不休地争论 *pekasih* 究竟是国家官僚还是水社官员(甚或水社劳动者!),又有什么意义呢。这对巴厘的任何事物都是一样,从仪式行为、社会分层或政治结构,到土地租佃、亲属组织或法律——一切皆然。

〔68〕水社成员不一定都参加所有祭礼;他们经常只送去供品,让僧正和水利队去为庙会操办,担任实际的祭主,举办其他仪式。与税收不同,供品(著名的"万丹"〔*banten*〕,——见 Belo,1953)与土地规模、用水量都没有关系,对所有水社成员都一样,这也反映了所有成员在法律上的地位是平等的。这些"万丹"供品绝对是强制的。人们可以试图甚至成功地逃避一次税收、一件工作任务或一次罚金,却从不逃避一次献供命令。 188

〔69〕见上文,页 52。与前文所说的其他庙宇不同,对村庄和水社而言,大议庙(*Pura Balai Agung*)不惟与自动循环的"置换历(permutational calendar)"相关(见 C.Geertz,1973b;Boris,1960b),也与阴历相关;阴历与置换历的不同之处在于,它与季节的自然更替密不可分。由于它是三神宫之一(正文,页 52),议会庙并不坐落在苏巴内,而在邻近居住区的边缘(或边缘以外)。一种十分常见的安排是,"风俗村

落”的成员（德萨共同体的会众们）在议会庙中表演仪式，但供物和其他必需物品却是由一个或多个水社（好比村庄〔班家〕也与多个水社有关一样）成员提供的。大议庙是最有趣味、但又最少为人理解的巴厘寺庙之一；有些（推测性的）讨论，见 Goris，1938 及 1960a；Kom，1932，pp. 83ff. 。

〔70〕词汇当然也有所变化。*Pura Ulun Suwi*（或 *siwi*）有时又称 *Pura Kayenan*，“水庙”，或更简单地称 *Pura Empelan*，“坝庙”。

〔71〕为清楚起见，该图（基于巴厘水利局地图）已经简化处理，图中本由各个不连续部分组成的各水社画成了连续组成的；水社本来两相毗连，现在画成了中间有些许空隙；边界轮廓线也画得更为平滑。不过，本图是严格按比例尺绘成的。

189 当然，该图代表的是当前（1957—1958 年）的状况。因在荷兰统治下，水社已经稳固，并仍有新的扩展，当代水社面积与 19 世纪相比有两倍之大（平均 77 英亩比平均 35 英亩），同时数量也减少了 40％（326 个比 450 个）。5 幅绘图全都如此，但低地水社的变形要远甚于高地水社，盖因稳固和扩展影响主要是在低地。然而，关键在于，虽然在 1957—1958 年图中低地到高地水社规模的对比多少有些夸大，但总体的级差——低地水社较大且密集，高地水社较小且分散——早在 19 世纪（当然更早时期也是同样）就已经形成，而且的确更为平滑。

〔72〕又见正文，页 67，及注释，页 177。在荷兰人到来后，税官体系变得更合理，且因收税官已变为土著公仆，他们也就用来界定“水利区域”，每个地区都分配一个大税官（塔巴南、巴塘等），他的下面是该地区所有的税官（注释，页 254）。

〔73〕显然，我不是说这些“百分比”都是真实无误的数字，而仅是一种表达我对该体系每个层次劳动量投入的总体比例的定性估量，或说是松散估量。我还要补充一点，在少数情况下，两、三个水社，或通常是其水利队，确实会共同完成对它们都有益处的联合工作。但这都是小规模的、不经常的。就它们所能而论，不同水利队或水社成员在完成联合任务时更倾向于选择轮流工作，而不是联合工作。无论如何，所有这类水社间的活动都在水利队或水社的非正式基础上安排的，而不是来自上方的协调。

〔74〕只有“总体上确定的”，因为是历法计算而不是自然观察的判断决定着各阶段的次序。当然，这些历法计算这样安排是为了能够与生态周期尽可能合拍，以便这个系
190 统良好运转（但如果出于某种原因，一时出现问题，也会有相应的调整办法）。无论如何，我们该牢记在心的是，巴厘人绝不是他们的仪式体系的牺牲品；是他们在运用它。它的可用性已经证明了这个事实，这是因为，如果它是一个长期的纠错过程，而不是偶然关注一下农业细节即可，这个体系是决不会长成的。它的各个发展阶段当然是不可能复原的（除非有细致入微的考古学工作，但考古学家们看起来不愿将之用于“历史”材料）。

巴厘人用来描述庆典各个阶段的名字有：（1）*Amapeg Toya*；（2）*Nyamu Ngempelin Toya*；（3）*Mubuhin*；（4）*Toya Suci*；（5）*Ngerestiti*（更口头的说法是 *Ngrahinin*）；（6）*Membiyu Kukung*。（7）、（8）和（9）都包括在总词 *Ngasaba* 下，不过

是加上了相应的修饰词，因而，它们实际上都是同一个阶段的词汇。九段程式（与七段程式相对，或者如果我们忽略 *Ngerestiti* 这个重复的、依赖周期的因素，即是与六段程式相对）的主要调整办法是我的所有访谈人都使用的概念化方式。在任何情况下，一旦阶段（1）在某个历法日开始发动，第（2）、（3）、（4）阶段的时间就会由置换历自动设定；而阶段（6）、（7）、（8）和（9）也会由阴历，或更确切地说由阴阳历与实际田间事务一道确定下来。（田间实际事务一般都根据阶段（3）即种植时间确定。其实，对于这个体系，有一种更简练的概念化方式，但这显然不符合巴厘人的规划，它只需阶段（1）和（3）就够了，只要它们按照阳历年在时间上互相固定即可。）阶段（5）对每个乌伦嘎里庙（Pura Ulun Tjarik）都是独立确定的，每年（210 天）一度的庙庆（"沃达兰"〔*odalan*〕）即在这天开始（见注释，页 158）。在水社层次上，阶段（1）与水庙（乌伦喜威庙）的"沃达兰"日相配合；阶段（（7）、（8）、（9）），与根据阴阳历确定的议会庙（巴来阿贡庙）年度节庆相配合。

为了弄清所有这些是如何具体运转的，有必要进一步转入巴厘的时间计算体系，在历法层次上有两套体系：一套体系是不受自然季节制约的置换历；另一套体系则寓于自然季节当中，但在运用时仍是结合性的。两套体系交互运作。这也涉 191
及对相关的"满"日和"空"日的隐喻观念的探究，在此不予讨论。这些方面可见 C. Geertz，1973b；Goris，1960b。类似的爪哇体系，见 Ricklets，1978，pp. 223—238。然而，布洛克（Bloch，1977）提出了一种对于巴厘时间计算体系看似标新立异，实则拾马克思之牙慧的摇椅式观念，毫无疑问是错误的，他将它分为"仪式"和"实践"情境两部分，他们运用置换历的方法及其在前者制约下的时间感，这不过是他自己的推论。对于这个主题的其他更系统一些的讨论，见 C. Geertz，1972a（此书中将它与迥然相异的、北非的水利时间体系做了一个比较）；C. J. Grader，1960a；Soekawati，1924；Wirz，1927；van Geuns，1906，pp. 56—59。

〔75〕这个体系的"顶峰"，巴厘的水稻最高生长点，大约是 3,500 英尺；但塔巴南（该岛别处也是一样）的大量稻田（*padi*）都处在 2,000 英尺以下（见 Raka，1955）。这个体系的"低部"当然是在海平线上。

〔76〕尤其在沿着一条河谷之处，"放水"都会十分精确地测定。然而，在河谷与河谷间的地段，各个序列就不一定那么严密地彼此密切相关；因为各段的环境（有多少水社，河流的水量、地貌等）并不完全相同。但仍有广泛的协调，所以在任何海拔高度，该区域的各个水社在任何时间内都会处在同一个总体耕作阶段。

我们还要明白，仪式周期不仅确定了它所校准的各项任务时间（灌水、种植、收获等），而且整个耕作次序（翻耕、下种、清地等）也以渐次推衍的方式在总体上与它吻合。

〔77〕稻作技术和生态要比这里描述的情况更为复杂。这个主题的总体状况，可见 Grist，1959；印度尼西亚的具体情况，见 C. Geertz，1963a；巴厘的情况，见 Ravenholt，1973。

巴厘属于季风气候；但只有在北部、西部和东部周边地区有一个明显的旱季。 192
（在东北部和西北部，气候太旱而无法种稻。）南部腹地全年降水量相当大（在稻区约1,500—2,000 毫米)，能够种植水浇非稻类作物(玉米、黄豆等)，而在适当地方，在(较)干旱的季节也可种二季稻。不过，正如前文所说，(较)旱作庄稼的种植今天比 19 世纪要更广泛，这是旱地种植的总体情况。在 1948 年，大约 80%的巴厘稻田都集中在南部腹地；因而，由于北部和西部在扩大水浇地的过程中大多受益于欧洲技术(无论如何，这在巴厘都不是普遍的)，在 19 世纪局部的比例肯定要相对较高。然而，不管怎样，与爪哇不同(见 C. Geertz，1963a)，巴厘稻田在殖民时代前后的分布大体上相差不大。近期对巴厘农业的总体精彩论述，见 Rako，1955。

"制约因素"的概念，也就是首先阻碍生态系统传播的因素，见 Clarke，1954。当然，在巴厘的特定状况下，合适的土壤尤其是气温一直都是制约因素。但在大多数时候，任何因素都不如水来得重要。在总体上，相比于土质或(除非是在系统〔地形〕顶处)气温，水稻分布更是由可用水量决定的。(与亚洲大部分地区相反，巴厘人对全年均可种植、收获的非感光性稻米品种的发展已经基本止步，甚至连光照的可用性都是制约的因素。见 Revenholt，1973。)从目前的少量证据可以推断(Korn，1932，pp. 102ff.)，水社系统的扩张已经从高地往下推向了海边，这个仪式体系已经表明了这点。但是很遗憾，这种能够实际重建或消解这个事实的民族史工作——这工作要求熔考古学、生态学、文化人类学、历史学和语言学才智于一炉——至今仍未展开。

193 〔78〕*Batu Kau*("椰壳")这名字也用于庙宇，最广为人知的是就 *Pura Batu Kau*(拜都考寺)。"全巴厘庙"是"六神宫(*Sad Kahyangan*)"之一(正文，页 40；注释，页 151)。与巴厘圣阿贡山坡上最大的六神宫卜洒吉庙一样，拜都考寺是一座真正的庙群，由一组地理分立、象征有别的祭所组成。在这个庙群内，祭水源仅仅是以地区为中心的大型"国家"庆典体系的一部分；在下文中仍将加以讨论。

无论如何，与其他六神宫一样，拜都考寺都确定无疑地与这种祭水源仪式(湖、河、泉等)有关，用来保障对灌溉用水的神圣祝颂。在巴厘的子庙洒沙庙(*Pura Sasah*，"下种庙")中，设有奉祀最重要的山地湖神明的祭坛，还有以人工池沼出现的"微观宇宙"湖。地区放水礼在这座下种庙里举行。社首和僧正(客连与婆莽古)，都会在祭礼中得到一罐已受祝福的水。他们各自将水带回水社，然后再次在乌伦喜威庙中举行同样的仪式，产生同样的水，分发给每个腾培或客考兰首领，他们再各自带回贝都古举行同样的仪式，并最终分发给每个梯田田主——这是"圣水的复制"，从最遥远的水源地，到最终的使用。

拜都考寺的实际仪式以及日常维修都是由附近的 Kebayan Wong Aya Gde 村(见地图 3)的一个准僧正(实则是首陀罗)家系负责的。据说是哈流·达磨犁亲自将这项任务交付这个家系，它"代表塔巴南子民，并(暧昧地想象)代表巴厘子民完成它"。在有卡高陀与崩加瓦亲自参加，尤其在前一年情况下他们必须参加的放水礼后，这个平民集团即在没有税官或社首在场的情况下依次进行其他八个步骤。在特殊情况下(歉收等)，单个农民(偶尔也有来自塔巴南以外的农民)也会朝山进香，前来参加这道或那道依次进行的仪式，如果有必要的话，国王、王公或税官们也是如此。

拜都考寺的一般资料数量很有限，见 C. J. Grader，1960b，及 n. d. ，pp. 7，21，26；Hooykaas，1964a，p. 187；Peddlemars，1932。在此特别感谢我的印尼研究助手 194
R. Rukajah，他曾在拜都考寺附近村庄中生活了数周之久。

〔79〕这个体系不像文中表明的那样有整齐划一的阶序性。在任何阶段（如插秧），祭仪同时在寺庙、各分坛、腾培和客考兰及梯田中举行；参加者也会重合。再一次，成员们将从苏巴庙祝那里分圣水，在贝都古坛前供奉，并自愿在田坝上向鬼魂施食。社首及其幕僚（包括婆莽古）的责任，分社水利队以及梯田田主们各自分担的任务，不过是为免遭自然灾害（地震、鼠疫、火山喷发、庄稼病等）而确保每个人都要完成分内之事。对每一个水社，仪式周期中的任何一个阶段都可以一眼判断出来，作为一场大型祭礼，有些阶段在水社庙中举行，有些在分社祭坛上举行，有些则在梯田中举行——恰如我在正文分析中描绘的逐级推进过程。

〔80〕不存在更广的、全巴厘的甚至全巴厘南部的各地区周期的联锁现象，无疑是由于实无需要。不过，卜洒吉仪式确实包括为整个巴厘提供充足而肥沃的灌溉用水——这个放水礼是面向全岛的（C. J. Grader，1960b）。

〔81〕引自 Wheatley，1971，p. 457。

〔82〕仪式体系反过来由于超世俗（“宗教的”）强制而大大增强了。在这里无法深究我们
（但不是巴厘人）所称的超自然强制力量。只能说，它们过去和今天都是巴厘的非 195
凡力量，即使对所谓传统社会也是如此。对神圣自然律的不敬行为的惩罚都非常迅速、明确而令人害怕，这些自然律大多表现在细致、明确且惊人地精微的仪式役务当中。我从未听说哪个巴厘人在接到仪式指令时胆敢漠不经心，哪怕是微不足道的指令。即使是今天那些已经不信鬼神的人（在不相信关于诸神的神话甚至不相信诸神真实“存在”的意义上），他们仍然会以仪式役务的形式去做这些“本不存在的”诸神（以及为免灾）要求的事情。

巴厘宗教的研究著作可谓汗牛充栋，但大都是风俗描述、经典文献分析或“巴厘宇宙观”的臆测性整理。对巴厘宗教的总体介绍（不过尚无令人满意者），见 Swellengrebel，1960，1948；Covarrubias，1956；Stöhr and Zoetmulder，1968，pp. 346—374；Kersten，1947，pp. 125—170；Goris，n. d. ；Mershon，1971；Hooykaas，1964a，1913a；Gonda，1975，pt. 2。一部现代主义风格的、颇有道德说教色彩的巴厘汇编本，见 Sugriwa，n. d. 。一部真正领悟了巴厘“宗教性”为何、但可惜（由此观点看）只关注了其中一个方面的著作，是 Belo，1960。我也曾花费适当篇幅尝试着描述巴厘人的宗教态度，见 C. Geertz，1973 及 1973e。对这个地区不经意的、然则十分深刻的洞察，见 Bateson and Mead，1942；Bateson，1937；Belo，1949，1953；Mershon，1970。然而，从现代人类学的、理解的角度尚未写出一部巴厘宗教的综合性著作。

〔83〕对巴厘“水利法”的总体论述，在其中，水社间的和水社内部的调整未加区别地杂陈一处，见 Korn，1932，pp. 604—616。又见列夫林克编辑的第二部协议集（Liefrieck，1921）。

如其他习惯法,这些规则经常包含在尼加拉之间缔结的"结盟"协议之中(正文,页 41);然而,正像文中所言,这些协约既不是王室立法主体,更不是现代意义上的外交磋商的结果。它们是长期形成的(农民的)惯行的公共宣示。这些规则也写在每个相关苏巴的社规中(正文,页 50)。

196 还值得注意的是,在地方层次上彼此关联的水社,包括偶然的水社联盟,有各种特殊的安排。联盟形成了一层微弱的法人组织,它在紧密合作的水社和非合作的地区间发挥着中介作用。甚至在少数情况下,还有优先权规则,据此,分社也可享有被认为源于其他水社享有的权利。如此等等,几乎无穷无尽。所有这些的复杂性堪与巴厘地形及巴厘人心灵的复杂性比肩;正如我已经在别处评论过的一样(C. Geertz,1959),后者可决不奉简洁、明朗、规整甚或一致是美德。

〔84〕"如坤"是名词,它的意思是"和谐"、"和平"、"一致"或"统一",虽然它实际上表明的是达到这些愉悦状态的过程。对社会情境中"如坤"概念的深刻论证,见 Koentjaraningrat,1961。这是一项爪哇人的研究,但从"如坤"这个话题来讲,抛开制度细节不论,巴厘人的状况与爪哇基本是一样的。我曾在 C. Geertz,1965 一书"附录"中评论过爪哇的如坤过程。

〔85〕与卡赖麻班家一样(正文,页 49),卡赖麻苏巴在"宪法"中也明文禁止其他任何团体或机构的干涉,包括尼加拉,更以明确的术语宣称它们在处理自家事务时拥有绝对的主权。因之,国家在水社内部没有什么法律权利,王公们不惟毫无保留地接受这个事实,也像农民一样觉得此乃"天经地义之事"。在水社内,无论王公的地位多么高贵,但在法律意义上,却与其他成员别无二致。如果他仗恃在国家体系中的政治地位,公开提出非分的要求,马上会被斥为无关之事而遭到严厉的抵制,就像其他也会立刻遭拒的特出案例一样。再一次,这不是说,政治高位及其权力在巴厘不像在世界其他地方那样重要,而仅仅表明它实际上是被迫如何运作的。(尽管如此,在水社与庄社中,这些政治高位及其权力受牵制的程度,若以比较的眼光视之,仍是相当令人震惊的。)

197 〔86〕然而,它们不是唯一重要甚至最重要的暴力源泉。考虑到前文所述巴厘国家组织的易燃特征,任何小规模社会冲突都有可能转瞬升级为更高层次的军事敌对状态。一篇国家碑文即涉及水社权利的定位,可能就是由于地方控制机制无力掌控的竞争才造成的,见 Goris,1954,vol. 2,pp. 171—172。

〔87〕无头领政体,见 Middleton and Tait,1958;Southall,1954。

〔88〕再次指出,本表也是理想状态,目的是描绘一幅总体图景。

也许还应该触及水社体系的另外两个方面。其一,最高君王作为该地的水的"所有者"的象征角色,将在下文论述,可见正文,页 127。另一个方面的问题则关乎水社如何形成,以及国家取向和规划在此中可能扮演何种角色。

实际上,国家在稻田和水利工程修建中扮演的角色可能是微不足道的(Happé,1919;van Steiń Callenfels,1947—1948)。首先,水社体系之生成大致可确定为一个循序渐进的、零敲碎打的过程,而不是由权威机构驱集大批人力朝夕之间集体完成的。到 19 世纪，这个体系已经基本完成，但即使在 19 世纪以前，它的扩展过程也是缓慢、稳定的，几乎难以察觉。大型水利工程需要高度集权的国家主持修建，这个看法忽略了一个事实：这些工程决不是一下竣工的（见 Leach，1959，关系到锡兰水利工程的"涂尔干式集体心智"观。吕宋北部的依富高〔Ifugao〕水利系统〔见 Barton，1922〕并不存在集权国家的问题，也证明了这一点。关于总体上水利与政治集权的问题，见 Wheatley，1971，pp. 289ff.；Adams，1966；Millon，1962。）

其次，水稻种植业的微生态需求实际上阻止了大规模的集权化运作，而大量技术工作（勘测、修渠、筑坝、建引水渠等）都是由专长于这些工作的农民群体完成的， 198
他们靠此领取报酬。这些专家的工程知识、甚至技术设备（勘测工具等）也达到了相当高的水平。巴厘"水利工程"确实是一个令人着迷的主题，但在此不能详述细节，不过，与修渠（有些水渠长达 3 公里，深达 40 米）有关的某些富有启发的表述，见 Korn，1927。不过，至今仍未见到从技术角度对这个主题的深入研究。

简言之，巴厘水社的修建方式与维护方式同出一辙：也是地方性的、零敲碎打的。很难在这两种类型的活动中间清晰地划出一条线。我从未在哪本描述前荷兰时期"无政府的"水社修建工作的著作中发现单独的描述。我的访谈人也想不起有这样的任务，当然，他们能够准确地记住当前水社的扩张、缩减、劈分、重组等过程。

〔89〕这种分类以及随后的整个分析思路无疑应归功于卡尔·波兰尼建构的分析框架（Polanyi，et al.，1957；Polanyi，1977）。或许部分原因在于，他的声音带有过多的论辩色彩，因此围绕他的著作，出现了在分析"前现代"经济时所谓实质主义方法与所谓形式主义方法的争论，这场论争旷日持久，带有奇怪的愤激意味，却不深入（有关评论，见 Dalton，1971；Le Clair and Schneider，1968）——坦白地说，我对这种争论没有多大兴趣。我的看法是，最大化、最小化或最大—最小化等诸种模式只有在存在适用条件时才会有相当的解释力，假如用来解释适用条件并不存在的状况，也必然是极大的误导，而这种条件有时存在于（但更多时候并非如此）"古代的"、"原始的"或随你怎么称呼的经济形态之中，那里可没有什么中央银行、国家计划委员会或事务委员会。像那位给伯特兰·罗素写信讨论唯我论的小老太太一样，我也无法理解何以每个人都不肯坚持这种切实的立场。

古代巴厘的市场体系仅限于小规模的零售生意，如供日常消费的食品、简单器 199
具、燃料等，几乎全是妇女，既有首陀罗，也有"三贤"，叫卖自家产品。这些市场（*tèn-tèn*）在早晨开张，每三日"集周（market-week）"轮流一次，因而，一个集市大约仅有七八个德萨共同体。从有关碑铭可断定，许多开集日都是根据"集周"日，通常都维系于作为一个整体之集区的各德萨共同体，这个市场区域单位在尼加拉体系中显然发挥着一定的政治影响力；但究竟为何却依然是暧昧不明（Goris，1954；首先提及市场和集周是在 9 世纪：vol. 2，pp. 119—120）。市场位置通常坐落在某个王公房前的空地上（在塔巴南是阿奴善犁；见图 3）。此外，与其他任何物事一样（土地、水、人民等），俗话说，王公"拥有"市场。无论如何，他从集市上征税，就像他从斗鸡赛中抽税一样，斗鸡通常都在集日午后在市场附近的斗鸡场（*wantilan*）举行。（在古代巴厘,斗鸡和集市是密切地联系在一起的,见 Liefrinck,1877;van Bleomen Waanders,1859;以及 C. Geertz,1973i,n. 18。)集市交易货币和斗鸡赌注都用中国铜钱(个崩),我们在说到农业税时已经提及过(注释,页 178,在下文仍将加以讨论,正文,页 91)。一些关于市场交易的散见"皇家法令"(*paswara*)也能发现(如,Liefrinck,1921,p. 201);但总的来说极为少见,这表明王公其实不怎么在意控制集市,相反,他们不过是认可集市的存在。对 1812 年左右巴塘较大市场的简明描述,见 van den Broek,1834,pp. 228—229(虽然在说到巴厘的事情时,他常常夸大其词)。

说到传统的固定交换关系,它们存在于行业手艺人(铁匠、织工、泥瓦匠、乐师、舞蹈者、演员等)或礼生与普通村民之间。交换关系一经确立,通常是在群体之间而非在个人之间,会永久保持下去(许多关系依然未受触动),这种互惠交易通常是用稻米和其他生活用品换取相应的服务或手艺品。而且,王公地位越是显赫,他与
200 之建立"庇护关系"(正文,页 34)的手艺人群体和艺术团体的水平就越是高超,后者提供产品或技艺,前者则给予政治庇护——免除某些税收、仪式服务、军事役务,允许他们拥有一定的奢侈消费权、名号等。(与婆罗门一样,这些团体经常可以自行选择庄头,而不是听命于由菩犁、耶罗任命的庄头。)在塔巴南,织工、铁匠和金匠等平民集团拥有这种"任命给王室"的地位,是六七个支配家支的"受庇人";它们的特权位置直到今天仍存活在人们的记忆中,并对社会关系产生一定的影响(如,婚姻)。对这些集团的总体探讨,见 de Kat Angelino,1921 c—1922;参看 Goris,1960c;C. Geertz,1963b,pp. 93—97;Moojen,1920,pp. 11—16。

〔90〕古代马来亚世界的"海权",见 Wheatley,1961;爪哇的"市场国家",见 C. Geertz,1956。早期印度尼西亚国家的总体状况,见 Cedès,1948 ;Hall,1955,chap. 3;室利佛逝,见 Wolters,1967 及 1970。

印度尼西亚早期贸易的经典著作见 van Leur (1955),不过须以 Meilink-Roelofsz,1962 作为补充(简明的总体评论,见 Brissenden,1976)。施里克(Schrieke,1955,pp. 3—82)勾勒了 1300—1700 年期间的爪哇景象。至于 19 世纪,赖辛对"康拉德眼中的群岛"的描述(Resink,1968,p. 322)表明,总体模式并未因苏伊士运河的通航和开放而全然改变,至少在其初期仍是这样的。

> 只有当亲临拔沓乡村、小龚他群岛或望加锡腹地后,你才会开始真正认识到这个事实:在康拉德的年代里〔他于 1883—1898 年间往返于马来亚海域〕,沿着印尼诸岛沿岸兴起了一种国际的、短期的、边缘的和混合的"白人与棕人"的航海与贸易经济,但仅仅向内陆几公里,就让位给印尼领土上那些黑暗的、单一的微型经济。

商港的总体情况,见 Polanyi,1963,1966;对随后的讨论的评论,见 Dalton,1958;Masselman,1963。

201 〔91〕van Leur,1955,p. 86。欧洲尤其是荷兰的香料贸易,见 Glamann,1958;Masselman,1963。

〔92〕吉本的引文见 van Leur, 1955, p. 85。

〔93〕巴厘商业相对隔绝状态的最好标志或许是下述事实，与整个印度尼西亚的华人相比，那里的华人数量一直非常少。即使到 1921 年，荷兰直接统治机构已经为外国商人在本岛大开门户的 16 年后，华人数量仍然只有 7,000 人（或巴厘总人口的 0.4％——而全印度尼西亚则达到 1.05％——除打巴奴里和帝汶外，算是印尼群岛所有地区中比例最低的了）。对 1900 年左右巴厘南部诸国华人人口的估计，见 Schwartz, 1901。对他们在荷兰东印度政府中之角色的总体评论，见 van Vlaming, 1925。

〔94〕de Graaf, 1949, pp. 245—246, 272。卜兰邦安是抵制伊斯兰化和荷兰的最后一个爪哇尼加拉，在巴厘军队的奋战下直到 1777 年才宣告失败。

〔95〕Schrieke, 1955, pp. 21, 29, 32, 227。又见 Meilink-Roelafsz, 1962, pp. 102, 403。

〔96〕Tarling, 1962, p. 70。

〔97〕de Graaf, 1949, pp. 432—434。

〔98〕van Bloemen Waander, 1859（部分英文摘要，见 Hama, 1976, pp. 64—65）。万安德 202
没有解释贸易逆差是如何抵消的，但无论如何这些数字不可能准确无误。不惟它们只是大体的估计，也是由于大量贸易都是在官方体系外进行的。更重要的是，作为巴厘最大港口——的确，它唯一的重要港口——新加拉惹，尤其在 19 世纪 50 年代以后，是行政贸易体系的一个组成部分。在这个体系中，王公统管王公（而华人统管华人），遍及全岛范围；因此很难说它是隔绝的。万安德估计，每年 3 万比索的大宗出口货物大米，将近 2 万比索不是来自卜来伦，而是巴厘南部；而在 300 箱主要进口货物阿芙蓉中，约有一半流向巴厘南方。

Bandar 是一个描述"大市场"或"贸易中心"的波斯语词；*su* 是 *shah* 即波斯语"国王"或"王公"的巴厘译法（Purnadi, 1961）。"贸易特区"（*Bebandaran*）的内部组织尚不清楚，但它们似乎不是以地域为特征的。由于赢利机会等等不一，两个最昂贵的特区每年要支付 1,300 弗罗林，而两个最便宜的特区则只需 120 弗罗林；租金总数达到 4,825 弗罗林，虽然每项租金显然都流入了"拥有"特区的王公腰包里。除了收取"贸易租金"外，王公们也向往来于南部、西部和东部的行人收过路费；还向市场、斗鸡、舞伎和盐贩子抽税；出售官方盖戳的信封，对非法商业活动客以罚金。

19 世纪一系列龙目巴厘地区的国家法令都详细地规定了"商主"的垄断地位，以及制约外来贸易的法规，见 Liefriack, 1915, pp. 1—25，尤其是 pp. 13—19。巴厘本国（克伦孔—卡琅噶森）的情况，见 Korn, 1922, pp. 55—56。

〔99〕Liefrieck, 1877。进口货物（大多经由新加拉惹）据说达到约 10 万弗罗林，大宗货物当然是阿芙蓉（价值约占 50％），其余货物主要包括棉布（35％）、香料（在这个高地地区，尤其是盐）和还有少量的吉本所说的"漂亮的小玩意儿"如金器和瓷器等。出口货物（路线略为分散，但也大多经由新加拉惹）总价值约 20 万弗罗林，包括咖啡（价值 60％）、牛（20％）、大米（10％），还有皮革和玉米（各约 5％）。在这里，贸易也 203
掌握在大约十个持约华商主手里（华人总人口在这一内陆地区据说有"大约一

半”),他们从至少 13 个独立的王公那里租来“特区”,租金总额每年约 4,000 弗罗林,虽然正像列夫林克干巴巴地评论的,这些华人“时不时还要被勒索其他某些贡物”。但他没有说明这 4,000 弗罗林在这些王公或特区间是怎样分配的,但可以想见,从总体模式来说,当然也会非常不对等。

不管怎样,虽然这些数字不可能精确到小数点,但王公们的商业租金总收入几乎相当于规模更大的新加拉惹此前 17 年的总收入,而租金在贸易总额中所占百分比达到了一成或一成半,而新加拉惹也只有一成半——所有这些都在某种程度上表明了贸易的迅速扩展,也表明王公对商业越来越浓厚的兴趣是毫不逊色的。列夫林克给出了另外一些证据:新加拉惹的邦利牛价格在十年内上涨了一倍。邦利和新加拉惹之间“如今”有五座归王公所有的交通收费站。阿芙蓉进口量在二三十年内也由每年一两箱增加到每年 30 箱。除了垄断体系外,收购咖啡的华人和咖啡走私者的竞争也是相当激烈的。大量独立华商主都只能各领数年风骚,依附于最高王公的华人以前曾经控制了整个交通,如今却迅速衰落。如今的华商大都是在中国出生的,不像以前那样大都是在巴厘本土出生的。即使是作为巴厘经济之晴雨表的斗鸡,据说其规模和举行频次也戏剧性地大为增长,以至于“在首都商业区,几乎每一天”都要举行一场大型斗鸡赛。

至于要说到同一时间内新加拉惹究竟发生了什么事情,那么,可以说,它仍然是一个商业集散地,列夫林克注意到,“去年”大约有 2,000 个从邦利来的人在这里打短工,这可是一个引人注目的、前所未有的发展。

〔100〕Schwartz,1901。1830 年以后巴厘贸易的驱动力是阿芙蓉(正如 1815 年前奴隶贸易之为其驱动力一样,莱佛士多少总算给它画上了句号——注释,页 169),这一点
204 从这些地区也看得很清楚。通过允许出售阿芙蓉的商业协议,克伦孔王公们每月收取不少于 1,000 弗罗林;卡琅噶森王公们收取 2,500 弗罗林;施华兹曾在该岛有些最偏远的村落中遇见过兜售阿芙蓉的华人。(紧接荷兰接管之后,van Genus〔1906,p. 28〕给出巴塘的阿芙蓉消费量“每年几近半吨之多”。)当然,这些数字毫无疑问也是大概的估算;而且由于荷兰人视阿芙蓉贸易为主要的社会恶魔(阿芙蓉对巴厘之总体影响的讨论,见 Jacobs,1883;参看 Kol,1913),这些数字当然是被夸大了。但我的访谈人都十分肯定地说,阿芙蓉使用惊人地广泛,大部分人都说,到 19 世纪后期,几乎每个巴厘成年男女都成了瘾君子;而在克伦孔,我的一个访谈人,那时他还是个孩子,回忆说,王宫里整日烟雾缭绕,连壁虎都熏晕了,从墙上掉了下来。不过,阿芙蓉对经济却产生了催眠剂的效果,从一开始,对阿芙蓉的需求似乎已经成了商品出口扩张的主要刺激力:咖啡、家畜、烟草、可可制品、糖等。颇具讽刺意味的是,巴厘传统贸易迎合了内向的人民,却是从一种麻醉剂那里获得了最强劲的刺激。(Korn〔1932,p. 538〕报道说,在 1844 年的巴厘,“愿你别沦为烟贩子”,居然成了为人父母者的祝福之语。)

〔101〕蓝戈的两种主要资料,随后对库塔商港的描述也以此为基础,主要来源于:Nielsen,1928(由一部丹麦传记译为荷兰语);更重要的是 Helms,1882,pp. 1—71,

196—200(这是恰值1847—1849年间该地发展高潮之时关于该地生活的生动详尽的记忆,霍姆士也是丹麦人,他当时正担任蓝戈在该地的助手)。又见 vanHoevell,1849—1854(他乘坐蓝戈的一条船,对巴厘作了一次著名的访问)。对蓝戈职业生涯的简明通俗的概述,可见 Hanna,1976,pp. 50—59。蓝戈某些饶有趣味的往来信件(回信者包括他的巴厘妻子、一个主要巴塘柯西曼家系〔Kesiman〕的王公们、塔巴南和明关威的王公,以及各种巴厘商业往来者)可见于 van Naerssen, Pigeaud, and Voorhoeve, 1977, pp. 147—155。

〔102〕早在19世纪20年代,有一个小型锚地,该地约有30个华人和同样多的"穆斯林"坐地商,而欧洲人只是偶尔到访此地。在1840年,大致与蓝戈到达时间同时,而 205
且也许是受他的刺激,半官方的荷兰贸易公司(*Nederlandsche Handelmaatschappij*,简写为N. H. M)在该地从一个柯西曼地方王公那里以1,000盾租得了垄断贸易权。正因如此,荷兰视蓝戈为一个闯入者。但侵扰了他一段时间后,殖民政府最终决定,如果任命他而不是荷兰贸易公司为该地代理商,那将更是勇武之举,后者的努力从未真正落实;因此,在1844年,首先将他转为荷兰公民后,他们真的这么做了。这样一来,这个场所到这时已经不再是1,000盾就能解决的问题了,这从下面的价格可以看得很清楚,东印度政府不得不付给荷兰贸易公司一大笔钱以转让其权利:17.5万盾。最后,随着荷兰在巴厘北方的军事胜利,荷兰在1848—1849年间袭击了巴厘南方,但在此过程中,他们损失了指挥官和大量士兵,最终由于疾病而搁浅,蓝戈促成签署了一项和平停战协议——霍姆士说,总共邀请了"所有王子,将近40,000名随行人员(荷兰资料说,'只有20,000人')……代表着巴塘'王公(*Radjah*)'"——允许荷兰人撤军,没有更大的损失。不过,入侵伴随着封锁;这对贸易的损害极大,正是它导致了库塔的衰落(注释,页210)。到蓝戈于1856年去世时(霍姆士说是由于心脏病突发,但有人暗示说他是遭人下毒),库塔重新变成了一个小小的、不那么活跃、也十分边缘的"工厂",先是由蓝戈的兄弟、后来由他的侄子掌管,他最终清理了业务,将他的权利卖给了一位华人(Nielsen, 1928, pp. 62—76, 149—177; Helms, 1882, pp. 66—71, 198)。当施华兹(见 Schwartz, 1901;参看 van Geuns, 1906),他是一个住在卜来伦的荷兰人,在本世纪转折时期最后回到巴塘时,库塔已经丧失了它此前的重要地位,而让位于卡松巴,后者是克伦孔王的东部新兴商港,也让位于更北的、新兴的经由邦利的陆路出口新加拉惹(注释,页202)。确实,它已经一败不可收拾,他说,"王公们"从蓝戈的后继华人那里撤回了协议,打算自己经营该地,但这只不过完成了那场灾难。

〔103〕霍姆士(Helms, 1882)确实提到了"曼彻斯特货物"(p. 40),因此,布匹很可能也是 206
极为重要的,无疑还有武器(虽然在他描述1848—1849年战争时根本没有提及)。尼尔森(Nielsen, 1928)像霍姆士一样视蓝戈为巴厘自由的坚定捍卫者,和平的推动者和荷兰利益的忠诚代表,也提到说(p. 158),此时巴厘人拥有1,000条来复枪,25门大炮;但他没有深究那个微妙的、不言自明的问题,即他们是怎样经由荷兰贸易公司在巴厘南部的商业代理官员得到它们的,弹药又是到他们手里的。汉

纳(Hanna,1976,p.55)说,“在19世纪40年代中期,当生意最红火时”,蓝戈每年单是同爪哇就做成价值100万盾的生意,而与“新加坡和中国的贸易必定更大”。

明关威王公写给蓝戈的信件中曾简略提到过军火贸易,见 van Naerssen, Pigeaud, and Voorhoeve, 1977, p.153。

〔104〕Helms,1882,引自 p.40。因霍姆士在库塔只待了两年半,他很难观察到长期的价格波动。但关键在于,价格是尽可能人为固定的,显然也不受人操纵,而且隔绝于外界;这一切都通过货币手段来完成。这些货币从国外由私人作为商品买进,也作为商品在地方社会中出售,而不是通过一般意义上的可以以价值估算的“国家”通货方式——当然,就我的发现而言,尼加拉没有丝毫国家通货的迹象,在印度尼西亚任何别处也是同样。确实,施里克(Schrieke,1955,p.247)曾经说过,在17世纪,中国铜钱源源不断地流入印度尼西亚,以致于中国政府徒劳地试图“采取强硬手段”限制铜钱外流;而范·勒尔(van Leur,1955)曾引证过东印度公司的人就简单的、通货的缺乏发表的见解——例如,下文引自 Jan Pieterszoon Coen,东印度公司受命于亨利十七世、其管理委员会的首任总督:

> 先生们将会明白〔他其实是说他们一点也不明白〕,在东印度群岛……如果没有现金的话,任何地方的商业都不会良好运转,即使供应这些地方以十倍的商品;不止如此,还有很多地方,商品供应越是充足,情况就越是严重,除了没有现金以外,原因还在于,在印度群岛所有地方都只有日常的零售。(引自 p.220)

207 〔105〕“比价(equivalencies)”的说法也来自波拉尼:

> 至于通常称之为“价格”的这种市场因素,在此也(被)归入比价范畴之中。使用这个一般术语有助于避免误解。价格体现波动,而比价则缺乏这种关联。“固定”或“确定的”价格这个术语表明,价格在确定或固定下来之前容易随时变动。因而,语言本身很难传达出真实的状况,也就是说,“价格”在其原初之时就是一个严格确定的标量,若无“价格”,贸易就不可能起步。具有竞争特征的变动或波动的价格,相比较而言,本是近期发展的结果,而价格之出现也形成了古代经济史的主要兴趣之一。……
>
> 价格体系,因它们随时间而向前发展,可能包含着几个层次的比价,它们各自以不同形式的一体化方式历史性地形成。希腊贸易价格充分证明,它们发源于此前各楔形文字文明中的(习惯)比价。犹大以作为一个人的价格的30个银币出卖了耶稣,这显然是1700年前《汉谟拉比法典》中以比价方式出售一个奴隶的非常近似的变化形式。另一方面,苏维埃(行政性)比价曾在很长时间内重复着19世纪的世界市场价格。反过来说,所有这些也都有先例。马克斯·韦伯强调说,由于缺乏成本核算基础,假如没有中世纪的设定、受控制的价格、习惯租金等网络这些行会和采邑的遗产,西方资本主义是不可能产生的。因而,通过各自自成一体的比价类

型，各价格体系都各有其自身的制度化历史。(Polanyi et al. ,1957,pp. 266—269)

在这里，有些地方有点言过其实了(如"严格确定的"等)，有些历史事实也有争议(如犹大的例子表现出更多的辛辣意味)。但是，剥去辩论的热情，这种观察澄清了印度尼西亚的商业历史，而仅仅徘徊于买空卖空类型的价格理论，无论如何都将无法理解这个过程。

另一方面，所有这一切都不是说，一个港口的价格无论如何都不会对另一个港口的价格产生影响，即使在古代时期也不会如此；梅林-洛罗夫斯基(Meilink-Roelofsz,1962)已经表明这种影响当然是存在的。关于此事(以及印度群岛的"古 208
代贸易"之整体本质)的争论主要发生在她和范·勒尔(Leur,1955)之间，这场论争相当复杂，远非一个简单的非此即彼的问题。但巴厘材料，尤其是因为它来自一个交流空前频繁、商贸也变得显著理性化的世纪，似乎更支持范·勒尔的"散在市场"，而不是梅林-洛罗夫斯基的"一体化大卖场"。

〔106〕Polanyi et al,1957,p. 268.

〔107〕虽然"个崩"(指各种"铅"、"紫铜"和"青铜"中国钱)在古代印度尼西亚商港经济中是通行支付手段，而且似乎是库塔唯一重要的通货，但在那种经济中，特别是在早期，各种钱币可谓名目繁多。

小爪哇岛上，且极有可能是在那些爪哇船只跑生意的港口，流通着从中国进口的铅制现金，都用细绳穿过方孔串成一串，数千个兑换 1/8 里亚尔；和它一道流通的，还有西班牙和葡萄牙钱币、中国贸易钱币银锭、波斯拉林(*larrins*)、马蹄小银锭。在亚齐，人们用黄金两(taels)结算；在苏门答腊西海岸，贸易最初形式是在货币换算基础上的直接易货；盘檀(Banda)也是同样，却是以豆蔻为计量手段；在安汶，有货币结算和货币交易；在宋巴洼，金银镯充当货币；在毕马(Bima)，物物交换以小石头为交易手段；在占碑，淡色胡椒粉充当小型兑换手段；在布敦(Buton)，布匹充当交换手段和价值标准。(van Leur,1955,p. 136)

如范·勒尔提到的(van Leur,1955,p. 136)，同样变化多端的重量和标准将零散的商港经济变成了诸多不相连贯的、却又互相激活的单位。(在库塔，中国铜钱也用作重量单位，而巴厘重量单位〔如稻谷〕在今日还经常使用；注释，页 178。)对 209
"康拉德的群岛"(19 世纪晚期)上多种货币(如今的新加坡币、荷兰盾等)的简明描述，见 Resink,1968,p. 320。在本世纪初，铜钱与荷兰币的比率，见"Muntwezen",1934；荷兰接管后巴厘南方的情况，见 van Geuns,1906,pp. 7—8。最后，还应提到，即使在巴厘，也不止有一种铜钱流通。

〔108〕Helms,1892,p. 45。当然，他指的是"普通巴厘人"。不仅霍姆士和蓝戈经常受邀参加王室庆典，那些身穿莎笼、头打阳伞的王公们也经常与"船长、商人、学者……爪哇官员……荷兰海军军官……高雅而有权势的人们"一道围坐在"蓝戈先生慷慨的餐桌周围"(p. 44)。"真是棒极了"，霍姆士继续写道，对他而言，在库塔的生活就是一个又一个奇迹：

>……大家围坐在桌边讲故事；但通常接下来大家就大展歌喉，多少个世界舞会之夜就这样和谐欢快地度过了。歌唱真是一种无上的享受。可以说，每个人都有义务贡献上自己的歌声。蓝戈先生的英格兰主管秘书叨陪末座，他极富演唱喜剧的才华，总是由他来执行歌唱的规则，他可是丝毫也不通融。就这样，人们用欧洲的一半语言（巴厘人当然除外），滑稽、欢快或者悲伤，一个接着一个地唱。通常每个夜晚都以一局台球游戏宣布结束。

霍姆士没有夸大那些高雅而有权势的人们：印度学家和第一个真正的巴厘文化学家弗雷德里希（Friederich，1959），植物学家卓林格（Zollinger，1849）和冯·霍威尔男爵（van Höevell，1849—1854，vol. 3）都是蓝戈的座上宾（Nielsen，1928，p. 77）。除了霍姆士和那个英国职员以外，常任雇员还有一名英国医生（Nielsen，1928，p. 100）和一个"红眼独臂"的马来"海上吉卜赛"凶徒，从龙目就一直追随蓝戈（Helms，1882，p. 13）。

210 〔109〕引自 Helms，1882，p. 70。整页篇幅都能够唤起人们对蓝戈（以及霍姆士）的"资产阶级冒险家"风格的想象，同时也表明，他促成了这个商港的发展，但又沦为这一发展的牺牲品，就像他的保护人巴厘王公们一样；这段文字值得引用：

>（荷兰人）在他们迟缓的军事行动期间（1848—1849 年）对巴厘实行的漫长封锁已经把这个岛屿的贸易送上了绝路，他损失惨重，再也不能重振雄风。他适应不了荷兰人的进军带给他的那种截然不同的环境；他不是那种靠精打细算来挽回昔日盛况的人。他的本性更像粗野的北欧海盗而非精明审慎的商人。他喜欢驾驶着他的小游艇"维纳斯"出没在风波里，他那么喜爱它，仿佛它是一件活物。他熟悉他那庞大船队的每一根缆索，每一根桅杆，没有哪个船长敢在一次无谓延迟的出航以后还能泰然自若地回来。他乐于克服所有的困难，更不用说那些商业中的困难了。他不是一个技巧型骑手，而是一个鲁莽的骑手，我就曾亲眼见他如何一意孤行地训练那些脾气倔强、性子暴烈的马。

〔110〕主要的例外（"但即使在这种贸易中，女人们拿的也比她们应得的要多"——Helms，1882，p. 42）是牛交易。牛贸易非常之大，巴厘人卖出了那么多牛。在库塔，这些买下的野性未改的牛群都保管在库塔南部武基石灰岩高原上（见图 4），它们咆哮着，成群结队地和野牛混杂一处，"那可真是野性未驯"，那个地方也变成了一个"本国的险地"（Helms，1882，p. 43）。这块地方是"废地"（未垦种的），掌握在王公手里。他们有拥有这些牛群。霍姆士（1882，p. 44）对此感到非常惊诧不已，牛群没有标签，又没有记号，这些王公却可以明白无误地说出哪些牛群是谁的。"虽然在这一点上会有很多纠纷，但没有想象的那么多，就算有了纠纷，等级和权力通常都能了事。"

211 这些贸易养牛显然十分晚近，是受蓝戈活动的刺激。（他在库塔也有两个屠场，牛在那里宰杀，为爪哇的荷兰驻军供应牛肉；这显然是他的生意支柱。）但它何时开始，规模有多大，而且最关键的是，它是怎样组织起来的——几乎可以肯定，它必定类似于前文所述王室役务、税收、土地租佃等多元专门化纽带——我却无法肯定。万安德（van Bloemen Waanders，1859）也注意到巴厘妇女因新加拉惹突然激增的贸易而获有的突出地位。在那里，几乎每个家庭主妇都和华商主有一些生意上的来往。

〔111〕Helms，1882，pp. 42—43。我改变了段落方式。在描述这些妇女的随行人员时，“随从”可能是比“奴隶”更确切，毫无疑问，他们都是巴莱艮，甚至可能是付酬的雇工（注释，页 169）。

〔112〕我的塔巴南材料主要来自口述资料，见注释（页 142）的描述；但除了彼处提到的访谈人以外，我还与后者、塔巴南最大的蕃商主（即下文中的“钟新客”）的儿子（一座地方电影院的经理）讨论过这些事情。在有些著作中还有一些偶见的、却颇有价值的前殖民时代塔巴南贸易文献，其中最重要的著作大概是 Schwartz，1901。又见 Liefrinck，1921，pp. 7—85；Peddlemars，1932；van den Broek，1834（这是我看到的最早关于华人从事“国内”贸易即稻米、布、棉花和〔“作为走私者”〕“奴隶”贩卖的记载）；有些细碎事实见于 Korn，1932 一书中各处，但非常零散、杂乱，也没有出处。

〔113〕“新客”（*Singkeh*）指在中国出生的印度尼西亚华人，而在印度尼西亚出生的华人则称“娘惹”（*peranakan*）。“Cong”是英语中通常译为“Chung”的中国姓氏（钟）的巴厘发音。“耶罗”（*jero*）的含义，见正文，页 26。

〔114〕至少租金都按年度结算。如下文所说，它在庆典场合支付给各位王公，数额当然 212
也有所不同：因此，在支付时也无一定之规。此外，虽然租金是以铜钱计算的，但通常都是以商品支付：稻米、咖啡、猪肉、阿芙蓉、瓷器、珠宝等。在尼加拉方面，所有这些事务中的账目都由担任职员角色的首陀罗家系经手：秘书令、丹金婆艮和马康金（注释，页 166）。

施华兹说（Schwartz，1901），在世纪转折前后，在王公们的收入中，贸易收入要超过地租；他估计地租大约在 100 万“个崩”（稻米比价）左右，这颇有说服力，虽然税收数字本身只是粗略的估计，多多少少的高估或低估都是合理的。

“贸易特区”（*kebandaran*）体系（注释，页 202）在这里也存在，王公们在各地“拥有”贸易权，签约租给华人。然而，就像婆拜客兰（*perbekelans*）一样，不可能精确地复原这些单位。但它们显然不是地域单位；它们的数量也不是很多；两个重要大区是两个咖啡种植区，东北的马儿贾和西北的步步安（见地图 3），还有紧绕着京都的地区。马儿贾上方的东北咖啡地大都在“副王”Pemadè Kalèran（正文，页 60）的庇护下；而步步安西北部的咖啡地则在大菩犁的庇护下，由当地的贵族须巴蔑担任代理人（注释，页 166）。围绕着京都，形成了十分复杂的交错、重叠局面。

〔115〕其他进口货物包括棉布（最多）、中国瓷器、香料，还有个崩和武器。其他出口货物包括干牛肉、棕榈粗糖、棕榈油、某些铁器，还有牛，后一种贸易似乎远不如巴塘重

要,事实上它也的确微不足道。这些货物不是非得经过钟新客的关卡不可,但可能大部分还是要经过。另一方面,也有一些咖啡和阿芙蓉走私。但考虑到运输问题,规模不可能很大;对走私的处罚也是相当严厉的,不排除处死。

213 〔116〕任抹是距爪哇最近的巴厘港口,从本世纪中叶伊始,就处在荷兰人控制之下,虽然贸易者主要是华人、爪哇人、武吉人和(在某些情况下)伊斯兰化的巴厘人。

巴厘船(*jukung*)大都是渔船,现在改为运输服务。它大概10英尺长,在当地建造,由不怎么熟练的水手驾驶(巴厘人不喜欢海),他们从不冒险驶离海岸到几千码以外。大部分船都由造船者私有,也就是海岸渔村的巴厘男人;但有些船是华人出资的,大菩犁的卡高陀拥有两条("皇家舰队"),他主要用来访问巴塘。

最后,许多货物都是徒步运往北方的(在塔巴南,马匹运输很少见),经过拜都礼地(Baturiti)和京打马尼(Kintamani)运往新加拉惹(见地图1)以供出口。但这条路线十分艰苦,也非常危险,政治局势总是动荡不安(直到1891年时,通往库塔的陆路完全不通,这是明关威战争造成的,也一直不太平),它远不如南海岸路线那么重要。

〔117〕显然,大量交易都是在这个关卡内进行的,它不仅管理贸易,实际上也是一个交易市场。但说到这些,说到钟大人关卡的内部运作机制,我们就没有像霍姆士那样熟知内情的人了;我手边也只有最常见的材料。

〔118〕施华兹(Schwartz,1901)曾经在一个人烟稀少的偏远地方遇见两个华人鸦片贩子;我所有的访谈人都说,巴厘的阿芙蓉贩子数不胜数,大多数都是妇女。(华人阿芙蓉贩子在全国各地都开设了大烟馆;但许多人也在家里抽烟。)在步步安,施华兹在一个村子里就发现了15个收购咖啡的华人,在另一个村子里发现16个。他还报道了棉花的增长情况。

从事专门手艺和小生意的村庄(或亲属集团)在巴厘有着悠久的历史。除了手艺人的特殊技艺如锻铁、雕刻和纺织,访谈人们提到的村庄其他专门手艺尚有
214 制作屋顶、椰子油、棕榈粗糖、砖、陶罐、芦席、盐和石灰(嚼槟榔用),以及捕鱼。如前所说(注释,页199),许多专门物品都是通过既定的互惠交换体系分配的,即以稻米换取手艺。但到19世纪末期,这些物品越来越经过市场流通,市场作为一种机制变得逐渐重要起来。不过,许多地方的专门化生产即使在今天也仍然存在,而某些生产(例如,制作嘎麦兰乐器;见C. Geertz,1963b)也仍然通过传统交换模式运转,虽然是用货币支付而不是实物交换。

第四章

〔1〕Helms,1882,pp. 59—66。以前我曾引用过这篇文章,见C. Geertz,1976b,并从总体上讨论了巴厘的火葬仪式。其他早期对于火葬(*ngabèn*)以及寡妇自焚(*mesatia*)的描述——其一是一位荷兰使节在1663年的报道,其二是弗里德里希(与霍姆士所见相似)在1847年的报道——也见引于Covarrubias,1956,pp. 377—383(参见van Geuns,1906,pp. 65—71)。又见Anonymous,1849。根据范·艾德(van Eerde,

1910)的说法,一份中国文件曾提及 1416 年爪哇的一次寡妇自焚事件。荷兰人的入侵终结了寡妇自焚(火葬则不然,它一直延续至今),虽然访谈人都说,秘密自焚一直到 1920 年代仍时有发生。塔巴南最高王公死于 1903 年,他的两个妻子以身相殉(XVI on fig. 3),这个事件似乎在促使荷兰人决定直接介入南部巴厘时起了重要作用(Hanna,1976,p. 74),见 Tabanan,n. d. ,p. 110。

霍姆士将妇女概括为"女奴",显然大谬。女性奴仆巴莱艮偶尔在其王公的火葬中殉葬,却是在扔进火葬堆之前就被刺死了;只有王公明媒正娶的妻子才能拥有活着跳入大火的充分地位,当然有时候她们在纵身一跃的同时也会自刺。霍姆士将"苏里耶(*Surya*,太阳)"翻译成"因陀罗"(他确是"天界之王")也不正确:它应该是"湿婆",巴厘人将其与太阳等同起来。所谓巴厘死亡崇拜的总体情况,见 Wirz,1928;Cruzq,1928;Covarrubia,1956,pp. 357—388;Kersten,1947,pp. 155—170;Lamster,1933,pp. 52—65;Friederich,1959,pp. 83—99;Hooykaas-van Leeuwen Boomkamp,1956;及正文,页 116。一次火葬的系列照片,见 Goris,n. d. ,plates 4. 80—4. 93;参看 Bateson and Mead,1942,plates 94—96。一幅由德国人在 1620 年 215
所画的巴厘火葬(臆想性)版画被 Boon,1977 一书用作卷首插图。

〔2〕学者过分强调了巴厘宗教的"信念"方面(宇宙论、宗教心理、神圣文学、精神观念、巫术等),这意味着至今仍缺少对巴厘仪式生活尤其是王室庆典的细微描述。时至今日,仍然没有关于王室火葬(*ngabèn*)的真正的学术叙述(最近〔1947 年〕一次特殊的非王室火葬,见 Franken,1960;参看 Merson,1971,pp. 202 ff.);而对锉齿仪式(*metatah*)连通俗叙述都不曾有过。(对一次"三贤"锉齿礼的异常简单的叙述,见 Vroklage,1937;参看 Bateson,and Mead,1942,plate 86;Mershon,1971,pp. 147ff.,以及 p. 149 上的插图。莫尔松曾进一步运用叙事体笔法描述了 1937 年卡琅噶森的一次宫廷仪式,一次称作 *Baligia* 的领土净化礼,见 pp. 257—368。)史韦伦格列伯(Swellengrebel,1947;参见 1960,pp. 47—50)的叙述虽然稍嫌零散,但也可利用,他基于施华兹对一次授圣职的叙述(并不像有时所说的是一种"加冕",巴厘人不曾实行过加冕礼:它是在神化国王,而不是任命国王——参见 Gonda,1952,pp. 236,252)。对这个仪式即"湿婆之夜"(*Siva-ratri*)的文本分析,见 Hooykaas,1964a,pp. 193—236;C. J. 葛雷德(Grader,1960b)也零零散散地提到了国庙中的仪式。然而,对印度尼西亚宫廷印度教庆典最有价值的"目击"叙述,仍然是菩拉梵伽(Prapanca)对 1362 年于满者伯夷举行的 *Shrāddha*(王室纪念仪式)和 *Phālguna-Caitra*(年度宫廷)仪式的描述(Pigeaud,1960—1963,chaps. 9 and 14)。巴厘宗教的参考文献,见注释,页 194。

〔3〕各种庆典形式都各有其不同的"要旨",其中最重要者当推:村庙庆典(Bateson,1937;Belo,1953;Hooykaas,1977);著名的皮影戏(McPhee,1970;Hooykaas,1960 and 1973c);更享盛誉的巫龙舞(Belo,1949;Bateson and Mead,942;Mead,1970;de Zoete and Spies,1938;C. Geertz,1973c;Richner,1972);驱鬼"默日"(Covarrubias,1956,pp. 272—282;Sugriwa,1957a,pp. 42—51;Sudharsana,1967);大僧正为使湿婆附体 216

而表演的舞歌(Korn,1960;de Kat Angelino and de Kleen,1923;Hooykaas,1966;Goudriaan and Hooykaas,1971);成人礼(Merson,1971);和农业周期的耕作祭礼(正文,页 180)。更多对巴厘各种文化形式所"言"之事的变体,以及不可能将巴厘文化统合在单一主题下面的原因的讨论,见 C. Geertz,1977b;参看 1973h。对于"实在"的实质,各种文化制度"宣示"了不同的甚至是彼此冲突的意旨,由于不能理解到这一点,在我看来,已经极大地损害了路易·杜蒙(Dumont,1970a)从总体上对"阶序制原则"的精辟讨论——我从他的观点中获益良多。

〔4〕Du Bois,1959,p. 31。

〔5〕"解读"国家仪式(15 和 16 世纪法国王室葬礼)的政治意义的一个精彩例子,见 Giesey,1960,在本书前言中,他评论道:

> 一次又一次……我坚信,葬礼中真正的新花样儿都首先是非常偶然的……而后来人在重操此术时却会赋予它以确定的象征意义。也就是说,在事件本身的层次上,机会经常会不期而至;然而,一旦人们在以后的葬礼中有意识地(即精心地)重复这些事件,象征形式就会对关乎事件的观念发生特别的影响。因此,一方面,我敢断言,大量新花样儿都是不经意的,要么事出偶然,但另一方面,我又看到,一种观念模式的表现与理智的反复确认是密不可分的。尽管或许事出偶然,那些观念却在仪式中得以戏剧化,并由此得以表达出来。因而,我不得不由庆典行为来推断王室葬礼的"宪政"(即,"政治")方面,就像礼拜史专家在仪式中发现宗教信念或艺术史家在画作中发掘画家的思想一样。

如果我们有巴厘王室庆典的"编年"史可资利用,一幅类似的非正式演化画面(我认为,"机会"这词并不准确),当然也必然经过了事后阐释和修正,毫无疑问也会
217 出现在我们眼前。因而,19 世纪对于巴厘国家之高度一致的政治—宗教思想绝非是一成不变的模式,好像一直未受历史进程的触动而横越各个年代似的;毋宁说,它们是持续变迁过程的产物,这既表现在具体的仪式形式方面,也体现在赋予它们的象征的、在很大程度上又十分含混的意义方面。

宫廷仪式在总体上作为政治表述的问题(在这一方面,如英国、爪哇和摩洛哥国王的"巡狩"),见 C. Geertz,1977a。对于运用这里所用术语进行文化阐释的问题的总体讨论,见 C. Geertz,1973b,1973c,1973d,1973f,1973h,1973i,1975,1976a,1976b。社会科学领域中的一般解释学路径,见 Radnitsky,1970;Giddens,1976;Bernstein,1976;Taylor,1971;Ricoeur,1970;Gadamer,1976。

〔6〕以下数个段落的一部分曾以同样的方式发表于 C. Geertz,1976a。

〔7〕对各种意象—观念的总体的、语文学的探讨(我从中获益匪浅),见 Hooykaas,1964a。*sekti* 的概念,又见 Gonda,1952,p. 134。莲花座(*padmasana*),见前揭书,1952,pp. 135—196。林伽(*lingga*),见前揭书,1952,pp. 55,196;Stutterheim,1929;及(虽然只限于爪哇)Bosch,1924。*Buwana*(*bhuwana*,*bhuvana*)*agung* / *buwana alit*，见 Gonda，1952，pp. 111—112；Hooykaas，1966，pp. 29—30，33，73—75，及 plate 27。除非是原文引用，我一律遵照巴厘发音标准引用这些梵语词；正文中“神”(God)一词可随意换为“诸神(Gods)”，因为巴厘人可以在神性的一神论、泛神论和多神论之间游刃有余地变来变去(无论如何，这都是西方世界的分类)；林伽当然可被视为湿婆的林伽(因而更准确地说是湿婆—林伽)，而非一般意义上的“神的”林伽。巴厘的印度教诸神名讳，见 Covarrubias，1956，pp. 316—318；参见 Sugriwa，n. d.，pp. 17—21。

〔8〕对于宗教符号之多义性的总体探讨，见 Turner，1967。

〔9〕

莲　台

神——(风)方位——颜色(等)体系十分复杂，不是一成不变的，也不是永久存 218 在的。正文中给出的、大多数巴厘庙祝都熟知的说法，见 Swellengrebel，1960，p. 47；Belo，1953，p. 27。另一种说法，在某些意义上更为重要，是围绕中心的九位神灵和八个方位的“八瓣”说(北、东北、东、东南、南……)(见 Gonda，1952，p. 132；Hooykaas，1964a，p. 52；Moojen，1926，p. 28；van Eerde，1910；及 Swellengrebel，1947——最后一本书的描述尤为全面，包括各种彼此相关的植物、花、树木、祭牲等)。一神多名、异名诸神之多重认同以及诸神归一的印度教观念象征着神既是一、又是多的观念，它遍行于巴厘，并将表面模式变得更为复杂(见 Gonda，952，p. 132；Hooykaas，1964a，p. 28)。但诸神环绕的莲心至高神的基本意象却是固定不变的，而且正如巴厘的万事万物，也是十分清楚的。

与巴厘所有庙坛一样，也是其中最重要的，根据该庙的总体重要性和宏伟程度，莲台在雕刻饰物之精美程度方面也是最为多变的——当然，王室庙宇总是最精美的。柱础通常是一座海龟像，宇宙驮在它的身上。柱身上盘绕着一两条神话怪蛇，象征着性、生命和兽性暴力。在蛇的上方是山脉的母题，代表在地界生活的人类领域。最后，王座本身——通常离地 6 英尺，正好高于站立的祭拜者头顶，但也没有高到够不到的地步(更精美者可能会更高，须拾阶而上)——不过是一座石椅，敞露在太阳之下，朝向庙宇的中心。从肖像角度来说，整个祭坛就是宇宙的表象，从两栖海龟到至高神，“他完满无瑕，净无尘垢……不可思议”(Hooykaas，1964a，p. 140；参看 Covarrubias，1956，pp. 6—7，以及 Ardana，l971，pp. 19—20)。在更宏伟的庙宇中，世界——意象的象征体系要比这里描述的更精微。

一幅显示莲台方位的典型寺庙简图(*kaja-kangin*：在巴厘南方是庙庭的东北角，在巴厘北方则是西南角——即面朝阿贡山，湿婆/苏里耶高距山上俯视 *swerga*，也就是神界)可见于 Covarrubias，1956，p. 265，而一幅由画家创作的作品可见于 p. 266 219 处。一幅类似的素描，附有更可靠的文字，见于 Belo，1953，p. 15；莲台在庙坛布局中的坐落位置在 van der Kaaken，1937 中描绘得更为深入。巴厘北方一座寺庙的简图，莲台在庙的西南角，见 Lamster，1933，p. 33。莲台照片可见于 Goris，n. d.，plate 4. 28；Moojen，1926，plates 19，124—128，162，177，185；而在 Hooykaas，1964a，fig. 7—11 处，其中一幅照片(fig. 9)极好地表明了国庙能够达到怎样的精美程度，另一幅巴厘卜洒吉国庙的照片(fig. 10)上有一张三座椅(为湿婆、毗湿奴和梵天而设)。后者又见于 Moojen,1926,plates 203,204 处;他指出(p. 123),这座庙是"新的",建于 1917 年。一座更新(约在 1960 年)、更宏丽的莲台,系用白珊瑚制成,约 30 或 40 英尺高,椅背绘有浮雕湿婆金像,由巴厘宗教改革运动协会修建(这一方面可见 C. Geertz,1972b 及 1973e;Bagus,n. d. ;Astawa,1970;Parisada,1970),如今紧挨着巴厘首都登巴萨的主广场。

就我所见,至今未有对供品的系统描述(*banten*;梵语词 *bali* 的高级形式,意思是"贡物"、"礼物"、"祭品"——Hooykaas,1964a,p. 208);但有些内容散见于 Belo,1953,及 Hooykaas-vanLeeuwen Boomkamp,1961;参见 Mershon,1971,pp. 34ff. ;Stuart-Fox,1974。印度尼西亚印度教造像研究的主要著作是 Bosch,1948(莲花的象征意义,见 pp. 35—40,133—144,plates 13—16)。

莲花坐:

一种描述(源于一篇 16 世纪旧巴厘散体文;参见 van der Tuuk,1897—1912,"*padmasana*"下)——双踵贴股,双掌合十,拔背挺颈,目注鼻端,上下腭微分,舌尖轻抵——见 Hooykaas,1964a,p. 98。(在印度,莲花坐显然是莲台的广义;Zimmer,1955,vol. 1,pp. 143,371)。

观想的动作及体悟:

见 Hooykaas,1964a,pp. 98,99。另一段源自前述 16 世纪经典的文字说道:

220 天光(*Debu-teja*),谓有大力也。"天眼(*dibya-caksu*)",谓有神力也。"天眼力(*dibya-bala*)",谓有能庇大众之力也。"天眼明(*dibya-dar sanadúra*)",谓有视远彻见人心之能也。凡此等诸力,皆莲花坐所致。

虽然在原则上至高神是不可思议的,莲台造像(海龟、蛇、王座)却可以内观,助益瑜伽修行之法(Hooykaas,1964a,p. 172),如内观莲花中湿婆神相如是:

汝(修行者)内观神相,趺坐白莲,大放红光;体态完满,遍身华饰;两臂一面,慈悲喜舍,于莲花中,结跏趺坐,手执圆盘,华光彻照,腰围彩带,其面赤红。汝当内观大日湿婆,行其法如是。

这是僧正真言的译文,见 Hooykaas,1964a,p. 161,题为"祭日(湿婆)之礼"。

双修姿势:

Hooykaas,1964a,p. 102。林伽之根:同前揭书,1964,p. 213。至高神的名字:同前揭书,1964,p. 202。(其名是湿婆或太阳;但有时是梵天或其他大神。)高里士(Goris,

1931)根据假想的“文化遗留物”学说推测，到 19 世纪，巴厘已经初步完成了“湿婆化”，这是一个历史的过程，在此之前则是多教派模式，不同教派崇拜不同的神灵，如毗湿奴、梵天及其他。

宇宙意象：

见本注释第一部分。大僧正的火葬灵车：Hooykaas，1964a；Goris，n. d.，p. 198，n. to plate 4. 28；Covarrubias，1956，p. 387。

心灵之最隐秘处：

Hooykaas，1964a，p. 217；Hooykaas，1966，p. 71.

在巴厘古代时期，*padmā*（波头摩），带有一个梵语阴性词尾长音 ā，是女性的象征，指毗湿奴的妃子吉祥天女拉什姆（*Laksmī*）（见 Zimmer 1955 vol. 1 pp. 158ff.）。在巴厘，王公正妻之雅称是 *padmi*，显然混合了梵语词 *patnī*（“妻子”）和 *padmā*（“毗湿奴的配偶”）（Gonda，1952，p. 370）。波头摩也现为吉祥女天相（*Dewi Sri*），以 221
米制成，大概是巴厘诸神中最常见的一位（注释，页 186）。

〔10〕

林　伽

湿婆林伽的传说由 Hooykaas（1964a，p. 194）引自 Wilson，1892 一书，大致如下：

> 在这一天（阴历月 *Phálguna* 的第 14 天），湿婆首先化身为硕大无朋、伟长无匹的林伽，以调和梵天和毗湿奴自命不凡的大言。此前这两位神一直争执不休，究竟谁的神力更大。为裁判这场争论，他们一致同意，谁第一个确定突现眼前的这一伟物尽头在何处，他就是更伟大的。他们背向出发，毗湿奴决心要到达根部，而梵天则决心要到达顶部；但两位大神枉费数千年，仍然永无尽头，他们无计可施，只好羞愧地返回了原地，承认湿婆无与伦比的至尊地位。

巴厘石林伽的照片，见 Hooykaas，1864a，fig. 16—20。林伽也见于绘画（Hooykaas，1964a，fig. 15），还有诸神造像，文字咒语等。巴厘的林伽，又见 Stutterheim，1929；爪哇早期的“林伽崇拜”，见 Bosch，1924。

“在凡间，王者代湿婆治世”见 Hooykaas，1964a，p. 143，转引自 Krom，1931，p. 124。“深层的精神联系”可视为神性秩序、统治王朝和婆罗门僧正三者的关系。Bosch，1924 一书最早基于柬埔寨素材提出了这种观点。巴厘国王作为“世界林伽”，见 Gonda，1952，p. 196；Grader，1960b。

作为林伽的洒水器，见 Hooykaas，1964a，pp. 143，148—150。洒水器（*lis*）和洒水（*melis*，“净化”），见 Hooykaas-van Leeuwen Boomkamp，19610。整个仪礼包括，首先喷洒神坛以恭请神降，其次，待诸神入座后，敬献祭品，同时向祭者洒净水，祭拜者要向安坐于上的诸神行合十加额礼（*sembah*），躬身行礼即是与神“心有灵犀”。

222 一种简明的描述，见 Belo，1953，pp. 47—52；描述其意义及分为的简短尝试，见 C. Geertz，1973e。人人皆可制作净水（甚至可以直接从圣泉、圣湖中取水），但唯有高等僧正所制净水才有足够的效能用于宫廷庆典。高等僧正首先请湿婆降临附体，二心合一，然后才能备制净水，对这些复杂仪式的描述，见 Hooykaas，1966，pp. 35—42；Gonda，1952，pp. 167—168；参见 Goris，1926。作为“被称为圣水教（*Agama Tirtha*）的巴厘印度教之秘宝”的圣水本身，见 Hooykaas，1964a；参见 Gonda，1975。再一次，莲花林伽的象征体系也是以造像方式实现的阴阳一体。考虑到它的印度论背景，这种统一表现为 *padmayoni*（莲花生），见 Zimmer，1955，vol. 1，pp. 168ff.（参看 Bosch，1948，pp. 196—199）。

克立斯，见 Rassers，1959b（阅读时须有所谨慎）。僧正头饰，见 Gonda，p. 196；Stutterheim，1929。飞升天界的灵魂，见 Swellengrebel，1960。灵魂骑着进天界的林伽，本是“身上画满白色、黑色和金色花纹的巨蛇”的转化形式，霍姆士的书中（正文，页 198）也曾提及这条巨蛇，在火葬典礼中，僧正要用花箭将其“射杀”——见 Covarrubias，1956，p. 387。贵族火葬塔的塔尖，见 Covarrubias，1956，p. 369（见图画）。高架，见 Gonda（1952，p. 196）。宫达也曾提到“一种用铜钱、檀香木或 *lantar*（一种棕榈）制成的塑像”（Gonda，1952，p. 197），它在巴厘即称林伽，他甚至指出（p. 233）火山也可是林伽的象征（又见 Covarrubise，1956，p. 290）。林伽母题出现在各种建筑装饰之中，并遍见于祷文里。当然，林伽—神圣国王崇拜遍行于东南亚地区；最丰富的材料来自柬埔寨。对林伽的总体评论，见 Sherma，n. d.；根据吴哥窟发掘的证据，从印度教方面对这种联系所作的批评，见 Kulke，1978。

〔11〕 神力（Sekti）

考虑到其他类型的观念（波利尼西亚、阿拉伯、美洲印第安人、马来西亚、希腊或任何其他观念），*sekti* 并不是一种普遍的抽象思想，或是一种多少具有点原始意味的理论，好像可以轻易地以某些陈年旧套和苍白程式将之归纳为“精神电学”似
223 的。毋宁说，如上述观念一样，*sekti* 也是一种主音式的、变化微妙的宗教符号，正像所有其他类似符号一样，它从周围紧密环绕的仪式世界中生发自身的意义。对用类型方法定义宗教概念的进一步批评，见 C. Geertz，1968，chap. 4，以及 C. Geertz，1973c。卡里斯玛（*charisma*）的定义来自 American Heritage，1969。

Mūrta，见 Gonda，1952，pp. 357，134。在巴厘，*mūrti* 最通见的宗教用法是 *trimurti*（“有三种形式或形体”），它表明梵天、毗湿奴和湿婆三合一的印度教三位一体，以及敬奉他们的三间庙坛（Gonda，1952，p. 134）。在曼陀罗中，它也是一个敬奉阶段，霍伊卡斯（Hooykaas，1966，p. 173；参见 pp. 126，138）译为“显形，即化为神的形体”。*Sakti*，见 Gonda，1952，pp. 134—135；它们在民间仪式中的运用情况，见 Merson，1971。

梵天和毗湿奴作为湿婆的显相（*sekti*），见 Gonda，1952，p. 134；Gouariaan and Hooykaas，1971，p. 607。三位一体也通俗地解释成“梵天·湿婆（梵天）、赛义陀·湿婆（毗湿奴）和菩拉摩·湿婆（自在天）”，见 Covarrubias，1956，p. 290，他接着说，

"甚至这种三位一体由于十足的巴厘式误解而变成了一位叫作*Sanghyang*("神",见Gonda,1952,p.135)*Trimurti*或*Sanggah Tiga*("三神殿")*Sakti*的神灵。"(当然,"典型的误解",或曰"无由理解",不过是科瓦鲁维亚斯本人的想法,而不是巴厘人的想法。)

一种基于近年印度尼西亚政治而对密切相关的爪哇人权力观,包括它与公认的西方概念之对立的精彩讨论,见Aderson,1972。

〔12〕 Buwana agung / buwana alit

"宏观宇宙"/"微观宇宙"的译法,可见Korn,1960。对人界和神界的平行关系进行的宏观宇宙/微观宇宙式解释,当然广为流行于复杂的传统社会——中国、巴比伦、中美洲、古代犹太、印度。一种总体的评论强调这些不同模式的相似性,由此多少忽略了它们的多样性,见Wheatly,1971,pp.436—451。

"物质世界"/"非物质世界"的译法,可见,例如,Hooykaas,1966,pp.29,33。

雅拜/耶罗(*jaba* / *jero*)用法的经典例子,见Hooykaas,1966,pp.33,70—78。224
"soul(心灵)"不是巴厘语词*jiwa*(它源于梵语词*jiva*,"生命")的最佳译法,然而,要想在译解巴厘词汇时完全避开所有的西方含义,也是蚀米之举。如果采取直译,如"capacity to experience(体悟)"之类可能会(稍)好一些。

贵族家系、衰变型地位、"游离"等,见正文第2章,及第58页。如前文所言(正文,58页),就像人们经常以"菩犁(*puri*)"而非"耶罗(*jero*)"称呼拥有高等地位的家系一样,他们也用"答伦"(*dalem*,一个爪哇借词,义为"局内")而不用"耶罗"称呼拥有高等地位的、"王室"成员和次级家支。确实,"答伦"也许是人们称呼国王、他的近亲及宫寝的最常见方式。在爪哇,传统国家的局内/局外构想更是随处可见,见Rouffaer,1931;Moertono,1968,p.27;C. Geertz,1956,pp.47—56。它在爪哇宗教思想中的用法(如*lahir*和*batin*一样,它也变成了伊斯兰词汇),见C. Geertz,1960,pt.3。

寺庙(这种区分经常是三分法,局外王室、"半局外"王室〔*jaba tengah*〕相对于"局内"王室),见Ardana,1971,pp.16—18。耶罗(或菩犁),见van der Kaaden,1937;Moojen,1926,pp.71—78,及plates 23—59(爪哇的情况可参见Stutterheim,1948;及Pigeaud 1960—1963,chap.2,"The Capital")。莲花,见Hooykaas,1964a,p.159。其他例子均由访谈人提供。

〔13〕运用文化类型化方法对巴厘个人身份观的分析,见C. Geertz,1963b,1976a。

〔14〕*Puri*("宫殿")和*pura*("宫庙"),这两个词都源出同一个梵语词,义为"军镇";而在更早的经典中,*puri*(梵语词*puri*)确实有双重的含义(Gonda,1952,pp.196—197,又见注释,页137)。试比较爪哇宫廷官员所用《礼书》〔*Nawanataya*〕中所云:"何谓尼加拉?无越稻田,(出彼屋舍,)径达之所。何谓宫庙?红楼之内。宫殿之本,斯寻何处?于彼皇宫,主庭之内。"(Pigeaud,1960—1963,vol.3 p.121)

〔15〕对埃及、苏美尔、中国、中美洲的传统城市及王宫的"宇宙论"象征体系的全面概述,225
见Wheatley,1977,尤其是chap.5。参见Eliade,1954及1963。东南亚地区的概

况，见 von Heine-Geldern，1930。

〔16〕我此前曾以更全面的形式发表过这幅布局图（Geertz and Geertz，1975，p. 144），由 Cakorda Gdé Ijeg 绘制说明，他在宫中从出生一直长到 13 岁。那时，在位国王（提毗阿贡）还很年轻（他殒命于王室自戕），他的父王刚刚驾崩。这张布局图略去了大量细节，并经过少许修正。（吉安雅）宫殿布局更精确的译注，见 Moojen，1926，p. 73。克伦孔王宫的照片，见 Moojen，1926，plates 51，56。对塔巴南大菩犁的简述，见 van Geuns，1906，pp. 72—75。

〔17〕“王室宗庙”(2)是克伦孔整个皇室家系的寺庙，全盘托付给在位国王即提毗阿贡的家臣。“王室次级宗庙”(10)是所涉范围较窄的庙宇，在 1905 年，它包括国王的曾祖父的所有（父系）后裔（以及在仪式上同为一体的妃嫔们），当然也包括在位国王。所有这些均见 Geertz and Geertz，1975，pp. 143—152。

〔18〕王室小宗在全境内的分布，见正文，页 55 和地图 2、3。

226 〔19〕在其他神圣空间中，数字 6 和 7 是迎神之处，4 是慰抚鬼魂之所。8 象征着须弥山，它（以及门〔3、15、16〕）在特殊的时刻更是如此。5 是搭起的、上有顶棚的石台，宫廷法官在这里会面，裁决案件（注释，页 241）。如前文所述，10 是次级家支的宗庙，由在位国王的叔祖在位时建成。14 则是明关威王族的祖源庙，前文已经描述过该世系的结局（正文，页 111）。但何以后者坐落此处，还有它在 1905 年究竟起了什么作用，却无从断定。

〔20〕图上只标明了莲台祭坛，但大宗庙宇实际上还包括许多其他祭坛、阁子等，每一个都有其自身的意义。王室宫庙的详尽图表，见 van der Kaaden，1937；Mcojen，1926，p. 72。

〔21〕更确切地说，庙宇是王朝卡里斯玛／神力之座（表现形式、载体、莲花）；由吉兰(*ukiran*)是王宫卡里斯玛／神力之座，更宽泛一点说是整个尼加拉—王朝—王宫—首都—王国之卡里斯玛／神力之座（表现形式等）。作为一般宗教范畴的世界轴，见 Eliade，1963，pp. 374—379，虽然他的解释不太切合巴厘的材料，在巴厘，这些轴不是分层的，而是竞争的（正文，页 124）。

〔22〕应当再次指出，这些“周”和“年”不是西方意义上的周和年，而是一种十分复杂的置换历的产物，通过不同长度的“名日”循环周期之间的互动，由此确定不同性质的时间类别（注释，页 190，彼处列出了相关参考文献）。乌库与巴厘节日体系，见 Goris，1960b；由吉兰的意义，见 van Eck，1876，p. 12，在 *hoekir* 条目下。

虽然正文中讨论的是作为范例的王室（大宗王侯）家支，但抽象一点看，次级、三级等（“边缘的”）王公层次和更边缘的分支家支（耶罗）的模式也并无二致。其中

227 许多家支都没有作为独立实体的由吉兰宫廷，要么坐落在内宅或王公的起居区，要么更常见地位于它们的交界处（如，Moojen，1926，p. 70，fig. 13；不过，他错误地翻译为“执政官〔*hoofdbewoner*〕”的“居处〔*woning*〕”）。

〔23〕

须弥山

印度教的“须弥山”概念（*Sumeru*，*Mahameru*）——“世界的方形中央山脉……

它矗立在喜马拉雅以北的大地中点，是卵形宇宙的竖轴”，见 Zimmer，1955，vol. 1，pp. 47—48，245。它在印度尼西亚的表现形式（并且试图将之与莲梗联系起来），见 Bosch，1948；参见 Stutterheim，1926；Sthrand Zoetmulder，1968，pp. 308—312；Gonda，1975。

“皮影戏形象”就是所谓的 *gunungan*（“山”）或 *kayon*（“林”），用半透明的三角熟皮制成，在上面画完后代表高山森林，在演出时悬挂起来当作幕布（见 Rassers，1959a，pp. 168—186，但使用此书时尚需谨慎）。“共享的祭品”，用观赏稻米制成的大丘，见 Groneman，1896；Tirtokoesoemo，1931。

阿贡山的意义（诸神实际上被想象为居于它的上方而不是在山上），以及相关的方位体系，见 Swellengrebel，1960；Covarrubias，1956，pp. 4—10；Hooykaas-van Leeuwen Boomkamp，1956。如前所述，阿贡的意思是“伟大的”、“大的”、“主要的”。除阿贡山祭坛外，代表巴厘岛中部其他火山如拜都山或拜都考山（注释，页 192）的类似祭坛也很常见。这些祭坛的图画，带有浮屠状檐顶的小型木制或石垒建筑，见 Covarrubias，1956，opposite p. 266。卜洒吉国庙，见正文，页 40。

这种“须弥”祭坛，见 Moojen，1926，pp. 85—96（虽然他在述及之时并非毫无保留），以及 plates，74，79，88，148，183，184，198，200—202；Goris，1938；Goris，n. d.，plates，4. 31，4. 34，4. 45；Covarrubias，1956，p. 268；van Eerde，1910。“须弥山”檐顶数目（总是奇数）反映神及其地位（这座建筑即献给他）：11 层是湿婆，9 层是梵天或毗湿奴，等等（van Eerde，1910）。它也反映了庙主的地位——注释，页 233。在同一座庙里可能有多个“须弥”坛，而“须弥山”的中心形成了一条上通天界的狭长通 228
道，诸神由此君临庙宇。一座（邦利）王室庙宇中的“须弥”祭坛的图画，见 Lamster，1933，p. 31。

“须弥山”的“自然象征”方面，见齐默尔研究印度的著作（Zimmer，1955，vol. 1，p. 48）；拉塞研究爪哇的著作（Rassers，1959a，pp. 173ff.）；还有莫银（Moojen，1926，pp. 90—92）及冯·德·胡蒲（van der Hoop，转引自 Goris，n. d.，p. 29）研究巴厘的著作。这些学者都认为山脉母题是“前印度的”，甚至是“前雅利安的”；部分史前元象征复合体也反映在埃及金字塔、巴比伦通天塔、巴别塔等之中（参见 Eliade，1954；Wheatley，1971，pp. 414—419）。这些建筑当然都无与伦比，但在解释 19 世纪巴厘人的概念时一无所用。对作为“须弥”意象的爪哇大型遗迹婆罗浮屠（*Borobudur*）的解释，见 Mus，1935，vol. 1，pp. 356ff.；参见 Bernet-Kempers，1959；同上，1976。以这种观点对吴哥窟的解释（它认为整个问题都与密教曼荼罗观念有关），见 Mus，1936；1837。一则（大约）15 或 16 世纪诞生的爪哇神话讲述了须弥山如何从印度和爪哇辗转来到巴厘岛，并让它变得稳固，就是说，这座岛屿不再震荡，然后才有人在岛上定居，见 Pigeaud，1924。

巴厘人门户（劈门或门楼）上的“须弥山”像，见 Moojen，1926，pp. 96—103，及 plates 2，17，18，35，37，43，45，47，51，75，76，87，97，98，109，110，114，115，118，120，140—142，150，151，156，158，159，168，173，174，191，192，195。参见 Covarrubias，

1956，pp. 266—267。在卜洒吉劈门的照片，见 Goris，n. d.，plates4. 19，4. 20；又见 4. 21，一座檐顶门楼，见 4. 22。劈门和门楼图，见 Lamster，1933，p. 21。这两种类型的、作为山脉意象的门户的关系虽然已有很多讨论，但仍未澄清。一种意见认为，外劈门代表须弥山的两半，它之所以是两半的，是湿婆为了邀人通过而劈开的；而内门楼常用石头“须弥”顶封住上部，据说代表着两半山的复合，指已经通过。一种意见认为，劈门代表男女两性的分离，而门楼则代表他们的统一。另一种意见认为，劈门代表神的多样性，而门楼则代表他的全一性（Oneness）。诸如此类。当然，这些不同的解释并非互不相容，因为巴厘的象征机制本来就是极其多义的，多重的；但问题本身仍然晦涩不明。即使语源学考察也无济于事。*Candi*，源于 *Durga*（突迦）的一个名字，是一个爪哇古老词汇“墓碑”，传到巴厘后却失去了这个意思，
229 而 *bentar* 的意思是“高的”、“最高的”。说到 *padaraksa*，它的意思是“哨房”、“要塞”、“守军”（Gonda，1952，pp. 196，198；van Eck，1876，pp. 40，194）。莫银研究巴厘建筑的著作（Moojen，1926）虽然颇为有用，但远为不足，如果想进一步研究的话，就应从巴厘建筑入口的探讨开始——如家庭、宫殿、寺庙等。

〔24〕克立斯及其形制（手柄的形式、锋刃的形状、波纹等），见 Rassers，1959b；Groneman，1910；Jasper and Pirngadie，1930；Meyer，1916—1917；Solyom and Solyom，1978；Carey，1979，n. 58。爪哇的克立斯故事与巴厘相去不远，在 Pigeaud，1938 这本著作中会时有发现；一个巴厘的例子，见 de Zoete and Spies，1938，pp. 299—300；参见 Worsley，1972，p. 21。祖传圣物的总体情况，见（在爪哇称 *pusaka*）Kalff，1923；巴厘的情况，见 Swellengrebel，1947；尤其是 Worsley，1972，pp. 21，52—52，218—219，他进一步讨论了祖传圣物、克立斯、王权符号以及其他任何代表王室正统之物扮演的角色。华力士（或 *pusa*；另一个巴厘常用词是 *kaliliran*）当然不限于武器，它包括任何一种具有宗教重要意义和力量而逐代传承之物，包括总体的传统（如 Rawi，1958 一书所言）。

〔25〕引自 Goris，1960b。尼瓦塔迦瓦沙（*Niwatakawasa*）是魔王，爪哇中世纪史诗《阿周那传》主角阿周那与他展开了殊死搏斗。“起源”或“源点”（*kawitan*）观念在巴厘的整体重要性，见 Geertz and Geertz，1975。

〔26〕“涂培（Tumpek）”实际上指每 35 天循环的一个日子；也就是说，在每第 5 个乌库的最后一天。所有“涂培”都因它们“封闭”了某些事物（也预示着其他某些事物的“开始”）而成为节日，祝颂与其乌库有关的任何物事：旱田、牧畜、皮影戏等。其中一个“涂培”，即 *Tumpek Kuningan*，是巴厘最重要的民间节日，是为了纪念他们那些火
230 化过的祖先在返回凡间度过了一周后，（在几天以前）又重返天界。所有这些可见 Goris，1960b；Sugriwa，1957，pp. 29ff.。正像苏力华提及的（Sugriwa，1957，p. 30），*Tumpek Landep* 与古老的王室家系及其统治者相联，它的重要性在今天虽然已经下降，但仍然可以继续看到。*Tumpek Landep* 在爪哇的对等节日 *Nyiram*，意思是“洗濯”、“沐浴”、“净化”等，见 Gronaman，1905。

〔27〕公众空间（包括公共广场，也称 *bancingah*，从某种意义上讲，这些空间都是它的延

伸)是这样一种场合:一旦开缝锣敲响,那些王宫"外"的人,也就是王国内的仵乌拉子民,都要赶到这里;那些王宫"内"的人,也就是王国内的崩加瓦王侯,也要立刻赶赴到此。当然,这种情况一般发生在盛大庆典活动的场合。但当召集人员参战、国王接见日和王室法庭审判时,也会发生。

外务空间既是君王的起居间,又是理政堂。王室成员的遗体,以及任何王室家庭成员的遗体,在挪到灵室中供公众瞻仰前,都要放在这些房间中预先洗净、包裹、祝颂,并经过其他种种仪式程序。还有,如果君王不需妃嫔侍寝,便在这些房中安歇。也正是在这些房间中,君王打造或撕毁前文所述的结盟、庇护、倚赖关系等纽带——这些空间已经政治化了。

起居空间象征性地围绕在宗庙四周,有各种细致的通礼——根据各类王室妃嫔及其子女的复杂等级差别,以及由衰变型地位模式导致的同样复杂的差别。

最后,在不洁空间中,人、鬼在此相遇,这些场所也举行很多祭礼。但就此事来说,其操作却正好倒了一个个儿。与缩小、消除超人类和人类之对立的拉近做法恰恰相反,在这里,却是要扩大与非人类和兽性的对立,从而拉远距离。确实,巴厘阶序制的全部动力正是凭藉摹仿拉近与上层等级的距离,又凭藉反摹仿来拉开与下层等级的距离(见下文,正文"结论"部分)。巴厘人由此产生的对兽性的恐惧症,见 Batoson and Mead,1942。巴厘人的鬼魂信仰,见 Mershon,1970;Belo,1949;Covarrubias,1956,pp. 320—358,但后一部著作有些令人失望,他将鬼和巫师混为一谈 231
了(参看 de Kat Angelina,1921d)。

〔28〕Bateson,1972b。

〔29〕有多少平民实行火化,难于确定数量,即使是本世纪的数字也难于最后确定。霍伊卡斯(Hooykaas,n. d.)说"可能只有巴厘总人口的十分之一是火化的";Swellengrebel (1960;引自 Bhadra,n. d.)则认为有 30%。由于所有"三贤"都是必须火化的(除了极少一部分人,其他人全部一律火化),经过火化的首陀罗比例从来不会很高,虽然单就人口来说,绝对数量可能是相当可观的。首陀罗和大多数"三贤"通常都要埋在地下过上一段时间,才能挖出来实行火化。但地位重要的王公通常用防腐香料涂抹,保存在菩犁或耶罗的私人宫廷中(即,图 11 中的 23),经过一段相当长的时间后才能火化。婆罗门僧正却绝对不能土葬,火化越快越好,最好不过八天;而另一个极端是一小部分平民(所谓"巴厘土蛮"〔*Bali Agas*〕),根本不火化(Bateson and Mead,1942,pp. 46,232)。在总体上说,家系地位越高,其成员就越有义务实行火葬,同时(在理论上说)火葬时也实行得越快;正因如此,对各个瓦尔纳(*varnas*)都有相应的时间规定(Friederich,1959,p. 84)。火化时间也要考虑到黄历问题(在巴厘一年的 210 天中,只有 12 天适于火葬;Kersten,1947,p. 159),当然,更会基于实际的考虑。

〔30〕Goris,n. d.,p. 126。几乎每个观察者都强调巴厘火葬的惊人规模和庞大开支。科瓦鲁维亚斯(Covarrubias,1956,p. 359)称之为"奢侈浮华的疯狂炫耀",并有些含混地(p. 362)提到"王子们的火葬要花费……大约 25000 美元。"白特生和米德

232 (Bateson and Mead，1942，p. 46)说人们“砸锅卖铁”支付火葬开支。考里斯(Coris，n. d.，p. 128)写到，火葬要花掉人们从祖先那儿得来的“数千盾遗产的绝大部分”。Swellengrebel(1960；转引自 Badjra，n. d)报道说，最近在塔巴南举行的一次火葬花掉了 6—7 千美元。至于 19 世纪 50 年代，弗雷德里希(Friederich，1959，p. 99)写道：

……登巴萨(尼加拉)的死者遗体……已经停放了十五年、甚至二十年之久(仍未火化)……卡西满(Kassiman，一个对抗家系)(的君王)出于政治的考虑，阻止火化，因为那样会有损他的声望；另一个原因是登巴萨在位王子的财产，卡西满大大削减了他的岁入，而要想积累这样一场大型火葬所需的数目，并非数年就能解决。

不过，火葬何时传入巴厘不能确定。(一般认为是在后满者伯夷时代——例如，Covarrubias，1956，p. 360——但他的依据不过是火葬起源是印度教式的。)但不管怎样，巴厘这种火葬制度的精致程度要远超印度，在印度，无论在过去还是现在，火葬都是很简单的。对巴厘和印度仪式的简单比较，见 Crucq，1928，pp. 113—121；参见 Goris，n. d.，pp. 125—130。

只有充分考虑到密教的影响，就像考虑爪哇的王宫传统一样，整个巴厘形式和印度形式之关系的问题方有望橙清。我要感谢莱曼教授(F. Lehman)对这一点的提示。

〔31〕如巴厘的任何物事，具体细节的变体当然是数不胜数的，这些活动(还有此处没有提及的大量相关活动)长达数天之久，在净日那天达到高潮(Wirz，1928；Covarrubias，1956，pp. 363ff.)。一般都用防腐香料涂抹王公尸身，在数月内受到王室奴仆(巴莱艮，见正文，页 63)的悉心照料，这些奴仆也因而被视为“死人”，遭到流放，在更早的时代可能会被杀，并在主公的葬礼上成为殉葬品(见 Friederich，1959，p. 85；Covarrubias，1956，p. 386)。

233 高级僧正一般都不接近死者，除非是地位非常高的死者；净水通常由僧正家支的亲属携带。各种造像也产生了一个十分复杂的体系，充斥着火葬典礼的整个过程中——提线形象、玩偶、木偶、图案、花朵和植物制作物、衣物包——有些代表着灵魂，有些代表着身体，有些甚至代表身体不同部位。虽然这在透彻理解巴厘人关于死亡、精神、死后生活等观念极为关键，在理解巴厘人的人格和表象方面也是如此，但在此不再深究了。对整个主题，尤其可见 Bateson and Mead，1942，pp. 44，239，248—252；Grader，n. d.，pp. 30—39。

次日晚上(礼日)标志着由尸体引起的污染状态(*sebel*)的结束，当晚通常的节目有音乐、舞蹈(一般是战舞〔*baris*〕)、皮影戏、宴会和其他庆祝形式，包括诵读《怖军天界行记》(*Bihma Swarga*)，这个故事讲述了怖军(一位僧正)前往冥界的过程(Covarrubias，1956，p. 375；参见 Hooykaas-van Leeuwen Boomkamp，1956)。仪式污染(*Sebel*)，见 Belo，1970b；它与火葬的联系，见 Friederich(1959，p. 86)，他认为，不仅王室家庭是污染的，“不洁净的”皇宫也是污染的，因为皇宫内停放着尸体，除非等到“火葬结束以后，否则死者的继承人不能在此居住”。王室家系在为死者遗体做礼拜的同时，还要在王朝庙宇(图 11 中的 2)中再做一次(Covarrubias，1956，p. 371)。

〔32〕净水携带者的数量(Friederieh〔1959，p. 89〕看到有“一百多个”，他们携带的净水取自“巴厘最神圣的地方”和“受人尊敬的僧正”)；个人财物的丰富程度(Friederich〔1959，p. 89〕看到了金槟榔盒和“同样是用贵金属制成的”水瓶，还有霍姆士也曾经目睹过的“遍体华饰”的御马)；赋有神力的各种华力士祖物的美誉；乐队的数量，等等——当然，所有这些花样都会有所变化(这也反映了声望的级别)，送葬队伍整体的各个构成部分在一个总体结构中也会有所变化。所有这些事物以及总体的游行秩序，见 Crucq，1928，p. 64；Froederich，1959，p. 89—91；Covarrubias，1956，p. 374；Lamster，1933，pp. 55—57。参见 Franken，1960。

虽然并没有什么真正的证据能够证明，但极有可能的是，首陀罗尸体的火化标志着一种早期风俗转化成了一种象征机制，由此，平民(如寡妇)实际上成为一种祭 234
品。无论情况究竟如何，为王公提供一个下等随从一同火化是一种重要的风俗，极有可能这本是 19 世纪巴厘平民的主要火葬方式。在 19 世纪 30 年代，Covarrubias(1956，p. 363)曾经目睹了一个小王公的火葬典礼，至少有 250 个首陀罗随葬，我自己也曾在 1957 年参加过一次为一个高级僧正举办的、规模巨大的火葬典礼，总共有 460 具首陀罗遗体随葬，都是婆罗门家系的门徒(*sisia*，师夏)(正文，页 37)，分装在 20 座浮屠中。

不同数目的“须弥”檐顶的象征机制同样延续到前文所述(注释，页 227)的宗庙祭坛。围绕谁在其浮屠祭坛中使用几层檐顶的权利，经常纷争不已，这也是引发巴厘古代王公间纠纷的常见原因，有时甚至会酿成战事。对“贵族”浮屠的简明描述，可见 Covarrubias，1956，p. 369；参见 pp. 326—327 注释。一幅水牛兽棺图，同上，1956，facing p. 324。浮屠和棺椁都是木制的，后者由专门木匠挖空一株树干，用丝织品、棕榈叶、镜片、瓷器和盘子等装饰起来，抬动时要用一个巨大的抬架，由 400 甚或 500 人抬在肩上。

〔33〕火葬过程中最为令人惊讶的是，驾崩君王的继承人根本没有扮演任何一个重要角色。在前任火化之前，新王不能作为君王住进王宫，但更耐人寻味的是，在尼加拉中根本没有真正重要的加冕礼——只有一些不起眼的仪式活动。而这种典礼事实上只是由一位王公暂时以特别的僧正身份为他授职(*resi*，见注释，页 215 关于 *Siva-ratri* 的内容，以及 Friederich，1959，pp. 81—82；Korn，1932，p. 144)。只有少数顺利登基的君王才能承担这个仪式。

丧礼结束后，还要举行一系列善后礼(一份名目，可见 Crucq，1928，p. 68)。其中最重要的一项(*ngrorasin*，*memukur*，*njekah*，见 Crucq，1928；Covarrubias，1956，pp. 384—385；C. J. Grader，n. d.，pp. 14，31—35)在葬礼后的第 12 天(有时是第 42 天)举办。它首先要把全部过程重做一遍，只不过规模更小，用一朵花代表死者。 235
它更清楚地重申了同样的主题，以及等级的不可摧毁性，因为这一次它更强调僧正的活动和王室家系，而不是参与的人群，参加这次活动的人群规模很小。

火葬的地位方面也反映在巴厘人关于死后生命的观念中。死者倘若未经火化，仍然是孤魂（*pirata*），它们非常危险，必须经常到他们的墓地献上供品加以抚慰，因为这些灵魂尚未从尸身中解脱出来。火化的死者（*pitara*，是“神〔god〕”这个词的一种形式）则不再是孤魂，而变成了一般意义上的仁慈祖灵，他们住在相应的几重天，并在宗庙中接受后代子孙的祭拜（见 Goris，1960a）。确实，那些传说中的巴厘君王，也就是给给时代及其稍后的众王，在其死后都“神秘消失”，直接飞升天界，没有在凡间留下尸身，也无须火葬，这个过程叫 *moksa*（“尸解”），由梵语词 *moksa* 变来，义为“从任何肉体存在形式的最终解脱或解放”（见 Gonda，1952，pp. 157，240—251）。

至于王室庆典中的首陀罗尸身，他们是在王公大火葬堆周围的小火葬堆上火化的，人们据此认为，他们和王公的尸身一道解脱了。火场（*sema*）的照片，见 Bateson and Mead，1942，plate 96。

结　论

〔1〕括弧内的引文分别引自谢利（James Shirley）、蒲柏（Alexander Pope）和斯威夫特（Jonathan Swift），在《牛津英语词典》中的“state”的衍生词条下。当然，在欧洲其他主要语种里，这个词汇也同样出现了意义的萎缩，如 *état*，*staat*，*stato* 等。对 state 这个词在现代西方意义上作为“一种独立于统治者及被统治者并在某一确定地域内确立最高政治权威的公共权力形式”之产生过程的富有意义的讨论，见 Q. Skinner，1978，尤其是 pp. 349—358（引自 p. 353）。马基雅维利在多大程度上有关于国家的“公共权力”思想，在此不予讨论（我同意赫克斯特〔Hexter，1957〕的看法，他并没有）。斯金纳认为，从政治理论来说，关键转变出现在法国人文主义学者纪尧姆・比代（*Guillaume Budé*）于 1547 年所撰《论王子教育》一书（Q. Skinner，1978，pp. 354—355）。

236 〔2〕Donne，引自《牛津英语词典》“state”条下。

〔3〕对东南亚“神圣王权”的总体讨论，见 Coedès，1968 及 1911；Mabbett，1969；Sherman，n. d.。巴厘的情况，见 Worsley，1975。梵语外来词 *raja* 及其各种变化形式在印度教东南亚是描述国王的最常用词汇（见 Gonda，1973，pp. 130，224，228），当然也还有许多其他词汇（如 *prabu*，*patih* 等），在印度尼西亚，最重要的词汇是 *ratu*，源于马来亚—波利尼西亚语词 *datu*，*datuk*，即“首领”。“神圣王权”在印度尼西亚的穆斯林王国中同样延续下来，但经过了些许修正，如 Moertono，1968；Brakel，1975。当然，“两个身体”指的是坎特罗维奇研究西方“中世纪政治神学”的伟大著作（Kantorowitz，1957），这部著作对当前研究的理论取向产生了至为深远的影响。一位印度历史学家对东南亚“神圣王权”之实在或至少是本质的考察（在我看来颇有些牵强，不能令人信服，且印度学色彩过于浓重），见 Kulke，1978（参看 Fillozat，1966，对此我同样持保留意见）。

〔4〕与地方相比，君王对“sovereignty〔君权，主权〕”（无论如何，在表现这种观念方面，这是一个相当笨拙的词汇）的谋求在多大程度上是普遍的，这是可以争议的。当然，它

已经引发了争论。布里格斯(Briggs,1978)不同意戈岱司(Coedès,1968)的看法,他争论说,"高棉帝国开国之君"阇耶跋摩二世(公元802—850年)自称是*Chakravartin*("转轮圣王"),但他并没有在"他自己的帝国"之外谋求主权。不过,布里格斯用以支持这个观点的证据——即占婆王国在875年,爪哇王国在760年也举行了同样的典礼——在我看来,却正好支持了下述观点:无论由西方立场来看是如何地抵牾,但在印度教东南亚,对普遍主权的正当谋求不仅不被看作是不合逻辑的,而且是万物正常秩序的一部分。类似的"多元君权(polykraton)"(*kraton*,即"王宫")即(爪哇)印度教国家之实质的概念,见van Naerssen,1976,他写道:"我仍然不能确信,在早期印度爪哇曾经只有一个君主。就我们占有的历史资料而言,可以断定有过几个彼此 237
独立的统治者,其中几位拥有"摩诃拉甲"名号(*maharaja*,大王),而别的则没有这种名号。然而,这并不必然得出结论说,前者因为作为摩诃拉甲而知名,他们就是至高统治者。将至高权威归于一个统治者仅仅是因为碑刻曾提到他是一个摩诃拉甲,同时又否认其他可能曾经拥有统治权的人的权威,否则就会与在其早期历史阶段中的印度—爪哇时代的社会结构显得不相一致。"当然,重要的并非是哪个统治者的真实"权力"、"主权"或"权威"有多大,因为在这个后来时段中是极难估量的,重要的是他谋求何物,以及他如何(无论是通过头衔、仪式还是别的什么)谋求它们。

许多为君王们采用的梵语名字都反映了普世的谋求动机:如*Wisnumurti*("现世毗湿奴"),*Sakalabuwanamandalaswaranindita*("现世大成帝君"),*Dewasinga*("神武大狮"),*Sareswara*("万民帝君"),*Sang Amurwaburni*("治世帝君"),*Wisnuwardana*("大毗湿奴"),*Narasinga*("人中之狮"),*Bumi-Nata*("世界帝君"),*Cakranegara*("转轮帝君"),*Suryadiraja*("大日王"),简直无穷无尽(Gonda,1973,pp.331—337;这些词汇采用了印尼标准拼法)。在巴厘,那些有名可稽的最早(即从10世纪中叶开始)的君王的名字都以"*-varmadeva*"结尾,大义为"英武之神"(Coedès,1968,p.129);即便到了19世纪,虽然"地位衰微",克伦孔君王仍称"提毗阿贡"(*Dewa Agung*,"伟大的神"),吉安雅君王则称"提毗曼吉"(*Dewa Manggis*,"祥和之神"),诸如此类。对于这种王权的圣王/治世王观念,14世纪爪哇人持有的重要看法,即有*déwa prabhū*("神君")称号的君王被明确指为湿婆化身(*bhaṭara girinnātha sakala*),见Canto 1 of the *Negarakertagama* in Pigeaud,1960—1963,vol.1,p.3;vol.3,pp.3—4。

在此应强调指出,出于众所周知的原因,这项研究只是根据需要间或使用一些比较资料;对东南亚其他古代政体,至今仍然没有系统的考察。对于这些政体的研究包括:Leach,1954;Tambiah,1976;Vella,1957;Quaritch-Wales,1934;Rabibhadana,1960;Briggs,1951;Maspero,1928;Woodside,1971;Gullick,1958;Reid and Castles,1975;Lombard,1967;Siddique,1977;Schrieke,1957;Pigeaud,1960—1963;Rouffaer,1931;Moertono,1968;Ricklefs,1974;Andaya,1975;Kiefer,1972;Hall and Whitmore,1976。Michael Agung Thwin对缅甸的重要研究,Shelly Errington,Jan 238
Wisseman和Anthony Day对印度尼西亚的重要研究即将完成。

〔5〕此处对印度国王与婆罗门关系的描述，还有事实上经过发挥的整个思路，均受益于路易·杜蒙的大著(Dumont，1970a，pp. 72—79，168—170，以及 1970c 和 1970d；参见 Hocart，1936；Dumézil，1948)。杜蒙写道：

> 由于我们生活于一个平权社会中，我们会倾向于将阶序社会想象为命令型权力的等级性配置——一如在军队中——而不是诸多地位的分级渐变。我们可能会顺便注意到，这两个方面的结合并不存在于很多社会中，因为有许多君主的例子可以表明，威严可与闲逸(idleness)相伴共存。但在印度，这两个方面却绝对是彼此分离的。……
>
> (在印度)国王在宗教职能方面倚赖僧正，他不能担任自己的献祭者，而必须把一位僧正"推到自己前面"……**如此一来**，他失去了阶序性优势，仅为自己保留了权力。……
>
> 通过这种分离，印度国王的职责就**世俗化**了。正是从这一点开始，分化发生了，从宗教世界中分离出一个与宗教相对的场域或领域，它大致对应于我们所称的政治。相对于价值和规范的领域，它是一个暴力或权势的领域。相对于婆罗门的"达摩"或宇宙秩序，它是一个利益的领域，即"日迦他"(*artha*)。(Dumont，1970d，pp. 67—68，着重号为原文所有；印度"达摩"和"日迦他"更广泛的情况，见 Dumont，1970c)

安德森考察了一种与此迥异的方式，在爪哇，"利益或权势领域"(在这里称 *pamrih*，"目的"，"计划"，"潜在目标"，而不称"日迦他"，它只有"财富"、"财产"的意思)是基于君主的角色来构想的——也就是说，首先是他内在的平衡，然后是他的神性，最后是他的权力逐次分离出去——见 Anderson，1972。巴厘的达摩和王权，见 Worsley，1972，p. 43。

239　无论这是否标志着印度和印度尼西亚在王朝职能和僧正职能如何关联的观念方面是迥然相异的，都应考虑到下述事实：早在婆罗门种姓印度教在印度确立之前，印度教观念和印度教制度向印度尼西亚的大规模"传播"早就开始了。或者，是否这种对立实际上应归于两种文明自"传播"后各自独立的历史进程(或在何种程度上应归于这两种因素的共同作用)，这问题仍悬而待决。我对社会变迁如何发生这个问题的看法，促使我更认可第二种因素而非第一种因素，但必需的论证工作仍未能展开。一些引人入胜、却未能让人最终信服的，即对婆罗门和婆罗门教在"印度文明流传"到印度尼西亚的过程中所扮演角色的推测("从一开始，首先是将婆罗门僧正召唤到印度尼西亚。……印度僧正群体召唤到东方……以便用巫术的、祭仪的手段将王朝利益合法化")，可见于 van Leur，1955，pp. 96—104。在与印度密切接触的时代过去以后，神圣王权在印度尼西亚得到了充分的发展，支持这种观点的证据，见 van Naerssen，1976。印度婆罗门教的演化，及其对佛教和耆那教"遁世修行者"价值观的吸收，见 Dumont，1970a，pp. 146—151。

〔6〕引自 Dumont,1970d,在这部著作中,他进一步探讨了各种东方王权的区别。

巴厘政治制度的印度教外表实际上使得向东的(及向北的)太平洋地区的比较参照没有太大的意义了,而向西边(即荷兰人所谓 *Voor-Indinë*〔"原印度"〕)则不存在这个问题。这种考察将有助于阐明那些激活巴厘政治组织的等级和权威等基本概念;而且,虽然在这里没有明确说明,对这类制度之实质的大致了解已经极大地影响了我的叙述。对波利尼西亚政治形式的评论,见 Goldman,1970;日本天皇,见 Jansen,1977。

〔7〕引文(它多少反映了西方的流行假设,说某物之为装饰,意思是锦上添花)来自 Worsley,1975,p. 111。相关编年史著作《卜来伦志》(*Babad Buleleng*)的部分——包 240
括论述"君王诸宝中,无出其右者"的篇章,见 Worsley,1972,pp. 152—157。(沃斯利对国王—僧正关系的论述在 pp. 5,14,42—43,46—47,51,52,73,77,81 诸处,这些论述是该书中关于这个问题的最精彩部分。其他讨论,见 Friederich,1959,pp. 105—107;Korn,1960,p. 150;Korn,1932,pp. 140ff.,369ff.;Swellengrebel,1960,pp. 64—65;Covarrubias,1965,p. 55。又见正文,页 36。)大象是 19 世纪爪哇最典范的梭罗王赐赠的礼物(Worsley,1972,p. 29)。僧正与君王的嘎麦兰乐队的等同(君王本人也这样等同)是借助乐器(大都是铁琴)奏出的乐音,也就是说,是借助这些乐音的精神效果(它们在恶人心中激起"痛苦"之感等),而不是它们的物理属性(Worsley,1972,p. 31)。神兵铸造术在王室僧正中不是一种普遍的业绩,虽然它看起来是一件很平常的事情。然而,以复杂的巴厘历法进行数字占卦的知识(C. Geertz,1973h;参看 Worsley,1972,p. 81,僧正决定开战日期)却是僧正们的必备技能。"扈从"不是佧乌拉("臣民",见正文,页 63),而是"师夏"("门徒",见正文,页 37)。僧正没有佧乌拉,在巴厘,就他们本身的权利来说,没有哪个婆罗门(在神话意义上,除了尚未降为刹帝利的满者伯夷开国诸王)能够手握政治重权。19 世纪的僧正当然也不会例外。国王—林伽(克立斯)—僧正三者一体的观念基础,见正文页 105 和注释页 221。沃斯利(Worsley,1975,p. 111)也强调说,《卜来伦志》中的国王—僧正关系不是个人间的纽带,而是"两个氏族(即,家支)间的"纽带,因之,如正文页 34 归纳的,它是一种"门客关系"。("他们的协议包括他们的子辈和孙辈",书中写道,"因此他们将继续以父辈为榜样塑造自己。"见 Worsley,1975,pp. 155—157。)这种关系的延续过程得见于下述事实,即塔巴南的王室僧正"家系"(伽利雅·帕塞卡,Griya Paseka)在 1847 年与今日没有什么两样(Friederich,1959,p. 107)。关于名号的问题,君王的名号是 *Ki Gusti Ngurah Panji Sakti*;僧正的头衔是 *Sri Bagawanta Sakti Ngurah*(见 Worsley,1972,pp. 154—156;"*Ngurah*",见后文注释,页 246)。如正文,页 37 提到的,用于王室僧正的词汇有 *purohita*(辅罗喜陀),"前列之人"(Dumont,1970d,p. 54);*bagawanta*(白嘉梵陀),"一个尊重的、神圣的人"(Gonda,1973,p. 421);以及 *guru loka*,"世界的老师"(Friederich,1959,p. 106)。最后,应当再次强调,一个王室 241
可以而且往往不止有一位王室僧正。

我们还应记住,正文中所有僧正都是指婆罗门僧正(*padanda*),虽然在巴厘还有其他几种僧正,大多数是非婆罗门庙祝(*pemangku*,“婆莽古”;见注释,页 157)。一种考察,见 Hooykaas,1973a,pp. 11—18;参见 Hooykaas,1960 and 1964b。此外,因为只有一小部分婆罗门僧正是“白嘉梵陀”,也只有少数婆罗门才是僧正。(据霍伊卡斯〔Hooykaas,1964a,p. 9〕估计,他们目前的总数当然远较 19 世纪为少,大概“只有几百个”。僧正需要国王的正式允许才能献祭,他们的妻子也像僧正一样,作为超凡的性别,她们担任祭祀副手,有时也会继承他的角色。)僧正的主要仪式活动就是备制净水(*tirta*),所有重要祭仪中必不可少之物,见注释,页 221。仪礼(*maweda*;以真言(*mantra*)和修行(*mudra*)、调息、凝神等方法,“洁净和腾出己身以请太阳神〔湿婆〕降身”〔Hooykaas,1973a,p. 148〕),见 Covarrubias,1956,pp. 300—304。参见 Korn,1960;Hooykaas,1966 and 1973b1;Goudriaan and Hooykaas,1971;Gonda,1975。

最后,在巴厘还存在(与婆罗门教徒或湿婆信徒不同的)少数佛门僧正,有时也在王室庆典中扮演角色。见 Hooykaas,1973b;van Eerde,1910;Regeg,n. d. (d)。对印度教印度尼西亚的佛教和湿婆教关系的简要综述,见 Gonda,1975(巴厘的情况,可见 pp. 40—42)。

〔8〕*Dharma* 的各种译法,见 Gonda(他称这词是“无法翻译的”),1973,pp. 127,157,304,410,537。

在尼加拉的司法机构中,婆罗门僧正的角色固然相当重要,但至今也未能说清。(对有关著作中仅见内容的综述,见 Korn,1932,pp. 370—375 及所列文献,当然,p. 374 的观点,即婆罗门在塔巴南司法系统中并不重要,却是不对的。参见 Fraser,1910,但使用时尚需慎重。)

242 在很大程度上,混乱源于下述事实:这个体系是建立在一整套从“精美(*halus*)”到“粗糙(*kasar*)”的等级构造之上,而不是建立在官职金字塔之上——它是一个阶序制度,而不是官僚机构。在所有这些构造中(需再次提请注意的是,它们也随地变通,实际应用时也非常灵活,不是僵化不变的),有四个是最重要的:*kerta*,*jaksa*,*kanca* 和 *jejeneng*。*Kerta* 源于梵语中的“良好秩序”、“安全”、“安静”(Gonda,1973,pp. 228,515),如宫达十分细心地指出的,它意味着“王子及其法官经常请教的古老经典导师和经师”。*Jaksa* 源于一个意思是“监督”(同上,1973,p. 387)的词根,在不同情况下,常译为“法官”、“监察官”、“律师”、“司法公务员”或“法庭书记员”,各种译法都伴随着语义的不确定性,这也表明,西方的分类不能恰到好处地与之契合,最佳译法是适度含混地译为如“一个参与司法审理的人”。*Kanca*,在这个语境中的意思是“助理”、“助手”或“发言人”(在一般意义上,它的意思是“朋友”;而在口语中则指“配偶”),它首先是、更是一个比 *jaksa* 更“糙”的词,就像 *jaksa* 比 *kerta* 更“糙”一样;它通常指某类辩护人、执达员或书记员。最后,*jejeneng*,源出义为“站立”、“树立”的词根,是这个司法序列中的最后一个角色,最适用的人通常都是巴莱艮,他们出面捉拿罪犯,带到法庭(*kertagosa*、*rajajaksa*、*pejaksan*),并执行判决等。正如答伦、菩犁、大耶罗、耶罗、乌玛和拜客兰伽,或如卡高陀、帕帝、崩加瓦、庄头、作乌拉和巴莱良，这些词也将社会领域（“司法实施”）呈现为一个精神不平等的体系，而非任务与责任的体系。

当然，婆罗门，尤其是婆罗门僧正，他们在这个体系中较高的、更“精美（*halus*）”的范围内活动，特别是担任“古老经典的导师和经师”（*kerta*）。（经常征询的经典，见Friederich，1959，pp. 29—30；Fraser，1910，pp. 9—12；Gonda，1973，p. 279。对整个东南亚的“印度源头的法律经典”的综合精湛评论，包括对其内容的描述，见 Hooker，1978——印度尼西亚的情况，在 pp. 210—215 处——参见 Lekkerkerker，1918。）在塔巴南，这些人主要来自一个婆罗门家系，而非白嘉梵陀鸡西，后者似乎从未充任这种角色，即图 2 中的伽利雅·雅客沙（*Griya Jaksa*）。王室其他高等成员大多出自两个首陀罗“秘书令”家系，丹金婆艮效力于大菩犁，马康金效力于卡来伦菩犁（见地图 2 和 3，页 93，和注释，页 167），虽然也有极少数人来自地方上与王室世系并无关联的“三贤”家支。法庭审判通常在悬挂于王宫前开缝锣旁边的尖顶阁中进行（见图 11 243
中的 5、21。这种亭阁的照片——通常兼备着“国王的公共御座”，这在小王宫中十分常见，图 11 中的 9——见 Moojen，1926，plate 40）。不过，有时他们也在王宫的露天庭院中判案（图 11 中的 17）。

哪些案件会提交到尼加拉法庭，哪些案件由德萨司法机构（村庄法庭、水社法庭）主持审理，仍不十分清楚，虽然必定有大量刑事案和民事案都是在地方层次上审理的。崩加瓦或庄头的罪案都在国王或次级国王的法庭上审理；而涉及婆罗门的罪案只在最高国王的法庭上审理。只要有可能，菩犁或耶罗的罪案也都在最高国王的法庭上判决。（所有崩加瓦家系都有法庭，但至少在塔巴南，惟有国王和次级国王的法庭才是真正重要的。有时被判决者会想办法从一个审判该案的王公法庭试图逃避到另一个王公的法庭，这有时会在耶罗间引发纠纷。）大多数村民犯下的案子经常是首先由地方裁判，然后将犯人移交到王公那里接受惩罚。但大多数尼加拉层次的案件，至少以我从访谈人记忆中搜集的案例推断，大都是一些政治案（叛乱、骚乱、阴谋），地位/污染犯罪（种姓混杂婚姻、仪式亵渎、性堕落），或“三贤”的财产纠纷（财产继承争端、债权、偷盗）。

尼加拉法庭仲裁程序（见 Korn，1932，pp. 375—401；Raffles，1830，vol. 2，pp. ccxxvi—ccxxvii；Gonda，1973，pp. 281—289）更难以重构，这是由于它本身就散乱无章——起诉和辩护、誓言—考验、罚款、取证都一股脑地涌来，一齐堆放在合议“法官们”面前。（有时，如果牵连到不同王公的子民，几个仲裁法庭的法官们会共坐一堂。庄头通常作为 *jaksa*/*kanca* 的“代言人”出场，因为佧乌拉在他们之下；若是一桩民事案，还可能导致他们同时“代表”两造。）这个过程惟一可以确定的是，所有裁决都由法庭所属的王公作出，他的决定是不可驳回的，无论各种 *kerta*、*jaksa*、*kanca* 等提出什么建议。刑事案的惩罚按照种姓级别行使——种姓越高，惩罚就越严厉——由此，罚金数额也根据种姓级别之降落等级而相应变化（通过贬低到奴仆的地位）；不同形式的肉刑（放在烈日下曝晒、折断肢体、挖眼）；流放到努沙半岛或者龙目；直至 244
判处死刑，通常是在墓地中刺死，不过，几种犯下污染罪（*apahkrama*）的罪犯——

如,与婆罗门女子通奸,或跨种姓通婚——要扔进大海淹死(C. J. Grader, n. d., p. 12;注释,页 246)。在尼加拉仲裁法庭中,印度源头的经典不是唯一的裁判依据;皇家敕令(*paswara*)也是法律的重要来源(Fraser, 1910, pp. 12—13; Liefrinck, 1915; Utrecht, 1962, pp. 128ff.)。事实上,即便印度教经典本身也没有将僧正而是将国王"放在法律世界的中心"。

> 与印度相比,〔这些经典〕更是国王权力之正当性的根基……。我们从这些经典中获得的深刻印象是……它们的主要特征是关乎王室权力的实质,以及怎样获得权力……权力集中于中心和统治者,〔而且〕世俗权力的理想形式是一个世界帝国,所有实体都在其中融为一体。(Hooker, 1978)

〔9〕该引文摘引自 Worsley, 1972, pp. 51, 42。(当然,国王与僧正的"理想关系"映照出神与国王的关系。)有关经典在 pp. 154—155。

> 现在,帕丹陀·沙提·奴拉〔对国王〕的感情是如此深厚,因为他回想起了以往他还在爪哇岛上的那段时光,那时没有任何别人与他共享亲密的友情。在罗摩沙那〔的家中〕,他们两个人亲密无间,在从未间断过的友情中,他们彼此都关心对方的好坏,共历患难;一个人的好运就是两个人的好运;一个人的不幸就是两个人的不幸,他们如同亲兄弟那样生活,由此也成了整个世界的楷模。

245 〔10〕*Druwé*(或 *dué*)是梵语借词,意思是"财产"、"财物"、"财富"、"物品",见 Gonda, 1973, pp. 89, 121, 296, 471; Korn, 1932, pp. 112, 227, 229, 301, 304, 564, 569。*Druwé* 最常用的用法,尤其在 *druwé dalem* 这词中,指所谓"培作涂(*pecatu*)"土地(注释,页 176),这块土地要向王室承担某种义务,对"废置的"(未开垦的)土地也必须承担义务(Liefrinck, 1886—1887)。但这个词用于指国王与灌溉用水、市场与贸易特区以及臣民的关系,又指国王与自然地貌如湖、山,或文化物体如乐队、面具或庙宇的关系。但它又可以与国王完全无关,指村庄、水社或风俗村落的公有财产,还指专门供养寺庙的土地,此外,当然(经常采用其"粗糙的"变体,即 *gelah*)也指这类个人私有财产。

〔11〕领地所有权观点的最著名例证(虽然它只涉及爪哇)来自莱佛士:"在爪哇,土地所有权统一归政府……〔而〕那些由法律赋予的并受政府保障的个人财产权却从未听说"(Raffles, 1830, vol. 1, p. 137;参见 p. 139)。一个相反观点的例证来自列夫林克:"个人权利……是如此发达,其状况与欧洲财产权观念毫无区别"(转引自 Korn, 1932, p. 542,我的英文表述不甚确切地译自一段很难翻译的荷兰句子的一部分:"*der rechten der individuen hebben zich zoo sterk geprononceerd dat...zij evenwel in den grond der zaak slechts weinig zijn onderscheiden van de eigendomsrechten volgens Europeesche begrippen*")。"莫非神有",见 Goris, 1960a;"村落",

见 van der Heijden，1924—1925。“所有权”论争的各个方面，见 Korn，1932，pp. 530—619；Happe，1919；Liefrinck，1877；van Stein Callenfels，1947—1948。这些互有出入的观点，事实上也是论争本身，恰如“村落共同体”/“东方专制主义”的论争（正文，页 45），在很大程度上反映了在殖民政策该如何应对方面的观点分歧（“直接的”对“间接的”，或“自由的”对“保守的”）（见 Fumivall，1944；1948）。

我们必须强调（因为有些人会这样认为），此处和后面部分的表述都决不意味着下述观点：这些资源从来不是被攫取的，但实际上它们经常是巧取豪夺来的，或者说，政治权力甚至暴力在这个过程中根本不起作用。对于这种问题，有一句爪哇 246
谚语说得好：“我们的财产，白天归国王，晚上归盗贼。”

〔12〕土地资源，见正文，页 66ff.，注释，页 174ff；水利资源，见正文，页 69ff.，注释，页 182ff.。在这里没有更多涉及家庭、家户/家院，它们也拥有不同程度的所有权，这是因为，虽然这在总体上都是很重要的，它们与国家组织的关系却与我们此处的讨论基本无关。见 Geertz and Geertz，1975。在“用益权”意义上有关“占有”的巴厘常用词汇 *bukti*，见 Gonda，1973，p. 282。

〔13〕地方层次的“神圣空间”，见正文，页 51，及注释，页 156。“化育万物的大地……”，见注释，页 157。

〔14〕*Ngurah* 这个词（如霍伊卡斯指出的，它在 Geertz and Geertz，1975，p. 129 处过于疏忽地译成了“洁净〔pure〕”）经常指一位负有“保护大地”职责的神灵（见 Grader，1939 及 1960b；Swellengrebel，1960；Goris，1938 ）。当用在王公身上时，指的是他作为（自然）领土的“监护人”或“保护人”的角色，也就是 *Ngurah Gumi*（*gumi*，“土地”，“世界”），更常见的说法是 *Ngurah Adato*。由于 *Ngurah* 也是“遮蔽、庇护之物（*palindonga*）、遮伞（*payong*）和天空的苍穹……，王子们大都拥有这个名号；他们荫蔽、保护着大土，”见 Friederich，1959，p. 123，n. 86。（Friederich 还说它是“Wesyan 种族”的标志，但这是不正确的。）苑囿是巴厘人类环境的一个常见表象，也是它的模型、神境或“天界”的一个表象，一个雄辩例证可以再次见于满者伯夷史诗《哈淹武禄颂》（*Negarakertagama*）：“彼南亩之浩浩兮，其唯上林之静美。夫崇山之矗矗兮，茂林之郁郁。〔王〕闲余以信步兮，若夫高蹈而无忧”（Pigeaud，1960—1963，vol. 1，p. 4，vol. 3，p. 21）。

天灾（*merana*，指流行病、庄稼瘟疫、地震、火山喷发、洪水、飓风等）爆发时，国 247
王充任领土的仪式“护卫人”，见 C. J. Grader，n. d.。葛雷德的研究中使用的材料，是由孔恩收集的，但在其死后没有整理出版，这些材料涉及王公们在为田鼠举行的一次奇异的模拟火葬（*abenan bikul*）中扮演的角色，这个仪式是为了终结、祛除天灾。人们认为天灾的根本缘由是有人做下了污染领土的“坏事（*apahkrama*）”而犯下过失——跨种姓私通、通奸、乱伦、由不合规矩的种姓之人承担僧正职责举行祭礼——而最贴近的起因是未火化亡人（*pirata*，相对于 *pitara*，后者指火化的、“解脱的”亡人；注释，页 235）的鬼魂在作怪。这些孤魂由于不能超升天界与神相会，就四处游荡人间，惑乱生者。模拟葬（孔恩材料中记录的最后一次是于 1937 年举行的，但我又听说了另外的多次，是在1965年政治大屠杀事件后——但此前有一次火山大喷发)“尽可能地”摹仿了“真实的”王室火葬仪式(正如棕榈纸礼书*Jamatatwa*所列出的种种要求那样)。两具鼠尸(其中一只被认为是白化种)如同国王和王后般穿戴起来，称“吉灵耶罗”、“旋转王”、“转机”、“迷向”等。它们安放在一座(三层)浮屠中，大量随从老鼠的尸体(或仅仅是一些鼠皮或鼠尾)安放于小塔中。所有尸体都埋葬于相应等级的兽棺里；人们像通常那样排成一列，婆罗门僧正也扮演着通常的角色；也有一系列通常的善后典礼，人们也如往常一样举手加额向死者行礼，诸如此类(见正文，页117)。整个事件都在国王庇护下进行，他也像通常那样调集财富，承担了全部花费。田鼠灵魂的解脱既扳正了尼加拉共同体遭受污染的地位(*panes bumi*——与德萨共同体层次上的污染状态相比较而言，这是一个“热世界”——注释，页155)，也取悦了未解脱的亡灵。如此一来，这被认为是作为“保护人”(*ngurah*)的国王和本领土的首席崩加瓦及大僧正的首要责任。(国王在殿前坐在*Balai Tegeh*即“公共御座”上目睹了全部过程——正文，图11；他的出场是最重要的。)虽然这种仪式极有可能是为了应付鼠疫发起的，是在由鼠疫引发的情境中操作的，但到了19世纪，模拟葬已经可以，并确实用来应付任何尼加拉范围的灾祸
248 (孔恩提供的一个最充分的案例是应对地震的)，甚至用来应付灾祸的威胁，这种威胁会通过领土污染预兆如三胞胎的诞生，或者是人、兽的异常诞生显示出来。一些由作为尼加拉共同体领袖的国王指导的、通常在国庙(*Pura Penataran*)中举行的其他领土净化仪式(参见下文，本注)，在葛雷德的综述中也有提及，C. J. Grader, n. d., pp. 17, 25, 43，全巴厘范围的净化仪式也是如此，见Besakih, pp. 46, 48, 49, 51；见正文，页40，和注释，页151。当发生污染时，诸神将不会如期在合适场合中君临神庙中的“宝座”(林吉)；仪式的目的由此被想象为*pengentig linggih*，意思是“让宝座(也是让地位阶序——见正文，页123)变安全”。

一种推测性的(在我看来，也是不合理的)理论认为，“印度—爪哇”王公的“土地保护人”特征是“满者伯夷征服”的遗迹，在此过程中他们改造了一个早期的由“巴厘土蛮”组成、实行土地崇拜的统治阶级，见Korn, 1932, p. 153；参见Friederich, 1959, pp. 142—143。在较窄的意义上，*druwe raja*(或*druwe dalem*)指这类王公占有的土地(Kom, 1932, pp. 229, 301, 564, 659)，但它经常用于指他与整个领土的精神关系；而如果每一种用法都是“隐喻的”，那么它是前者，而不是后者(注释，页244)。国王在放水礼中的角色，见正文，页81，和注释，页192；国庙，见正文，页40。

正如有村落祝颂德萨共同体的“议会庙”(*Pura Balai Agung*，正文，页52；注释，页157)，在国家层次上，也有由王公发起的庙宇，即“国庙”(*Pura Panataran*)，用于祝颂尼加拉共同体。(“在国庙中，凭藉宗教手段，整个领土的鲜活一体状态得以纪念、庆祝、维持和保障……王室‘国庙’既是为了确保大地之王应受的尊敬，也是为了国家的宗教集会。”——Goris, 1960a)由于庙中藏有纪念先王的石林伽，高力士据此认为，国庙“在其本身之中包含着村落层次上的‘脐庙’和‘议会庙’的双重特征”，但是，与村议会庙即“伟大的法庭庙宇”一样，国庙(“国家庙宇之首”)仍然是一

座未能得到充分理解的巴厘神庙，这主要是由于相关的“德萨共同体”和“尼加拉共同体”的概念仍未得到充分的理解——确实，从总体上说，仍是一种误解——这是由于研究者无不急于将巴厘文化中的“印度—爪哇”因素与“本土”因素区分开来。

〔15〕用经济学术语说，在波兰尼所说的意义上（Polanyi，et al.，1957），王室庆典是一种 249
庞大的再分配交易体系，因为调集的物品要么由全体庆祝者在现场消费一空，要么（在相当大的程度上）由他们各自带回家。账目当然不曾有过的；但由最近的事实，更重要的是由从前的参与者的观点和描述，我们不难看到，经济剩余没有经由庆典制度大量流入王室。事实上，用物质术语说，总体上，王公们更多将大量财富投入其中，失远大于得。维修宫殿和（不太经常发生的）建造国庙确实使用了经由政治途径调集的人力、物力；但这仅是一次相当于锉齿或火葬等的仪式活动，通常以一次献祭（*mlaspas*）典礼就能完成。小路、道路等的修建和维修，如水利灌溉事务或村庙，是地方的公业。

所有这些决不是说，王公们不从子民那里盘剥物质财富，也不是说这种盘剥就不繁重了；而是说，他们主要是通过前文所述（正文，页67）税收、收获物分成和占有权契约等方式，而通过庆典制度的抽取只是边际性的，它的功用只是夸富，而不是聚财。分配模式的一幅典型图景，见 G. Geertz，1960，pp. 11—16 对爪哇“和谐祭”*slametan*）的描述，在其中这些庆典只是极力夸大的和精心炮制的场面。

〔16〕引自 Goudriaan and Hooykaas，1971，pp. 78—79 提供的一篇咒文。那个译为“Self（我）”的词是梵语词 *atma*，常译为“魂”或“心”；在这里，它与“空（*sūnya*）”（Gonda，1973，pp. 78—79）合而为一，作为身体这个复合意象的一部分，正如它作为天神（心中的毗湿奴喉中的自在天）的组成部分，关于这一点，即头脑或囟门处的“大梵”，在此只是一种高度概括的、摘要式表述。葬礼中“中心—巅峰处的平静，底层—边缘处的混乱”的想象，见正文，页118；在美术中的反映，见 Bateson，1972b。当然，“礼仪姿势”指的是上文（注释，页218）讨论过的“莲花坐”。巴厘更广泛的等级、礼节与 250
个人“匿名化倾向”的关联，见 C. Geertz，1973h。再次强调指出，指仪式或庆典的常用词是 *karya*，“（一件）工作”；指王室庆典的词是 *karya gde*，即“（一件）伟大的工作”。

〔17〕“生自真言的大梵”引自上一条注释中所举的真言；“无助、低下、卑屈的”则引自《哈淹武禄颂》（Pigeaud，1960—1963，vol. 1，p. 3；vol. 3，p. 4，当然，此处“国家的全体子民”指的是“爪哇〔*sayawabhümi*〕”；但是，由于现在应该明朗的原因，这种所指只是附带的）。在巴厘，描述“禅定”的最常见词汇是 nadi，大概意思是“成为”、“存在”、“表演”、“附身”、“创生”（见 Belo，1960，pp. 201，254；van Eck，1876〔under dadi〕；Kusuma，1956a。参看 Pigeaud，1960—1963，vol. 5，p. 204（在 dadi 下面））。

对于诸神的内观，与身体部位、颜色、方位等相联，广泛流行于巴厘各层次的仪式当中，但只有在王室典礼中才极为发达。典型的（梵语）惯常程式是 *bayú-śabda-idep*，由于找不到更好的译法，一般勉强译为“action-word-thought（动作—言语—思想）”（见 Hooykaas，1964a，pp. 26ff.，158ff.，204，213，223；1966，pp. 14ff.；Gonda

1973,pp. 102,384,518。这个程式在巴厘皮影戏中的角色,它本身就是一个主题,虽然远非一个不相干的主题,见 Hooykaas,1973c,pp. 19,29,31,33,36,57,99,125)。*Bayú* 的原义是"风"或"息",在巴厘口语中是"暴力"或"力量",而它指冥想修行者必"做"之事——结大手印,敬献祭品,调整气息。ś abda,巴厘口语中为 *suara*,原义是"声响"、"声调"、"声音"、"言说",以及"陈说",还有"语词",指冥想修行者必"说"之事——祈祷、圣歌、咒语。还有 *iḍep*,是三个词汇中最难、最重要的一个,大概意思是"内视"、"视想"、"想象","图现",也是动词,冥想修行者必须如我们所说的"bring to mind("想起",直译就是'带到头脑之中'。——译者注)","cause to appear in his consciousness('使某物在意识中显现'。——译者注)"——这种丰富的内在感悟力,这是唯有一种与王权符号湿婆—林伽祝颂有关的形象及典型仪式指令(注释,页 221)才能激起的。

欲行修持,当先定息。尔后将心入静。置湿婆于眉间,诵真言曰:〔此处略,无
251 法翻译〕。观想湿婆,五首五面,每面三目,身生十臂;遍身华饰,戴头饰,耳环,项链,并花布一幅,〔一条〕蛇形颈饰,披印度布,佩臂镯,腰环,踝镯;〔湿婆〕作慈悲注视,持神兵,细身法相,放大光芒,照彻三界,目注东方。尔后观想己身坐紫金莲台。诵真言曰:〔略〕。尔后观想阿难陀龙王,以尾绕紫金莲台;其首扬起,观相慈悲。诵真言曰:〔略〕。观想紫金莲花,徐徐绽开。诵十四字真言曰:〔略〕。尔后于紫金莲心,持梵天手印,持湿婆手印,于此间诸方,诵神兵真言。尔后结梵天手印,结湿婆手印,诵神兵真言。尔后〔结〕梵天手印,湿婆手印,于此间诸方,诵神兵真言。尔后引湿婆神,于紫金莲台端坐,诵神兵真言。诵十字真言曰〔略〕,于是显细身湿婆法相。细身湿婆,驻心中紫金莲台。尔后继行修持,将先定息:〔尔后以真言置身各处,发、喉、头、唇、脸、舌、颈、心、腹、脐、林伽、双足,逐一停当。〕。尔后入定,观想己身现圆满法相。诵敬意真言,以身证神。诵真言曰:〔略〕。如是至此,乃成梵我一如。(Hooykaas,1964a,pp. 170—171;引文句读有所改变。)

其他例子,见 Hooykaas,1966,pp. 61ff.,85ff.,90ff.,125ff.;及注释,页 220。Hooykaas 在不同地方将 *iḍep* 译为"思索"、"想象"、"构想"、"凝思"、"意想"甚至"相信",而在巴厘口语中它的意思是"希望"、"渴求",这都表明了这个概念带来的
252 困难。还应注意,除在此处及正文中提及的阳性代词之外,诸神经常是男女同体的——"想象男女同体的湿婆神和乌摩女神"(Hooykaas,1966,p. 85);"想象神是半男半女的/湿婆/帕瓦蒂(*Parvati*,汉译又名"乌摩"或'雪山天女')"(同前揭书,p. 91;参见 Hooykaas,1964a,pp. 140,168)——当然,也可以想象为女性:乌摩、娑罗室伐底(*Sarasvati*,汉译又名"辩才天女")、突迦(*Durga*,汉译又名"难近母")和室利(*Sri*,梵语全称为 *śrī-mahā-devī*〔室利摩诃提毗〕,汉译又名"吉祥天女"等)。所有这些都进一步与"衰变型地位"再生产的神话关联起来,它从雌雄同体—无性别到异性连体双生子,到异性双生子,再到连体双生子等,恰如从神降为人,然后又降

成动物单性状(见 Belo 1970b;Mershon,1971,pp. 29—31;Geertz and Geertz,1975,虽然这个主题对理解巴厘文化十分重要,但尚未得到充分的研究);它在王室仪式中表现为,国王通常都由在一群副妻环绕下的主妻相伴出现。见 Hooykaas,1964a,pp. 138—140。僧正之妻的象征如出一辙,见上,注释,页 239。湿婆作为“他”的显相(*sekti*)和“显化”的妃嫔们——也就是说,作为“他”的副本,正如君王的妃嫔也是王公的“显化”一样——见正文,页 106。巴厘仪式中男女两性在造像体系中的合一,见注释,页 218,221。

〔18〕引自 Worsley(1972,pp. 46,80),这是日—月的转义(p. 45)。对巴厘战争的精辟描述,与对战争的史诗式描述恰好相反,根本不曾有过,从参战访谈人的讲述判断,它们大都是只使用长剑与短刀的小型战斗,在出现少许伤亡后,胜方会主动退出战场。战事的典礼意义可见于编年著作(如,Worsley,1972,pp. 156—159,163—165,168—173,177—181,228—230,231),著名武士舞如“巴利施”(*baris*,见 Covarrubias,1956,pp. 226,230—232;de Zoete and Spies,1938,pp. 56—64,165—174,以及 plates 13—22,74—76),当然还有皮影戏(Hooykaas,1973c),当然,目前尚未出现系统的研究,而我们对于战场具体战术知识也仅是概括性的,主要来自荷兰战争资料的仓促印象(如,Artzenius,1874;19 世纪爪哇重要战事中的巴厘战士,见 Garey,1979,n. 58)。出于这种理由,在这里,我重新组织、编辑了我与一位从前的塔巴南庄头就他所知的战事所作的长篇谈话。

一旦开战,国王(卡高陀)通过崩加瓦和庄头征召战士。每个人都集合到战场附近,跟随自己的庄头后面,庄头又跟在他所属的崩加瓦后面。例如,须巴蔑耶罗(访谈人的崩加瓦)的所有佧乌拉都集中在一处,共同作战。每个耶罗(即崩加瓦)都有一个人(诸多庄头中的一个)指挥着这支军队,称“佩克蓝”(*pecalan*)。在大菩犁王宫中担任这个职务的人称“大佩克蓝”,总体指挥军队;但他绝不是是全局战略意义上的将军。 253

卡高陀制订总体作战计划,部署全局战略,至少在理论上如此;但在访谈人的经验中,实际上是没有战略部署的:战争十分短暂,开战也是突如其来,以至于根本不可能制订计划。主要武器是矛(*tombak*)和短刀(*kris*)。火枪十分少见。没有弓箭(虽然有时候也可能使用),马匹也不用于战斗。(如果一个崩加瓦骑马上战场,他就跳下来战斗。)每个战士都携带一把矛和一把短刀,这都归他所有,但没有盾。战斗打得一团糟,每个人都掂量自己的勇气,寻找或多或少的对手拼杀,强者奋勇当先,弱者蜗行牛步。战斗大都在自然边界处,通常是一条河流。双方都想据河而守,结果往往都是在渡河未济时打响战斗。平民与君主穿着都一样,虽然崩加瓦们可能会在赶来参加战斗时头上打一把阳伞。每个人都穿着白色莎笼,恰如今日村中僧正们所穿,通常没有上衣。平民们和跟随其后的庄头们承担了大部分打斗。

崩加瓦极少亲自参加战斗,他们只是从庄头们那里听取军情,有谁勇冠三军,有谁畏缩不前。在一个例子中,当〔他的家系〕在同明关威苦斗时,农民们要么血染沙场,要么临阵脱逃,崩加瓦们不得不加入战斗。他们与明关威农民相互拼杀,不再顾及什么种姓不种姓了。会有一些人潜入敌国刺探情报,但伏击战极少发生。

254 斥候(*petelik*)只是搞清楚敌人在何处排兵布阵,有多少人,然后回报给崩加瓦。卡来伦"副王"的王公,也不会出去参加战斗,除非形势已经不可收拾。在访谈人的回忆中,卡高陀仅仅出去过一次,那时马儿贾已被明关威攻占;但他只走到同戎(一个中途的村落),人们就不肯让他亲征了,他们说根本无此必要。

有些专业士兵(*juru bedil*)拥有少量火枪,他们排在前锋。在一线战斗的人受到下述事实的激励:如果他们没有被杀,会首先得到被占领土的官职,并得到更多的黄金、牛等。当巴塘与卡帕拉开战时,他们〔巴塘〕拥有一些武吉人为雇佣军。卡帕拉失利了,武吉人首先冲进这一地区,掠走了全部财物。在塔巴南,一些雇佣军也是武吉人,他们直接依附于大菩犁。事实上,无论如何,都是佧乌拉在履行(*ngayah*,这个词还用于向宫廷庆典的仪式献供)战斗任务。

我问战争能够持续多长,他说,他亲身参战的明关威—塔巴南战争持续了两天,当一两个人阵亡时,他们就息战了。他认为,两个国王一定是达成了战斗不要过于残酷的约定,因为没有哪一方真正试图打垮对方。他说,塔巴南王在战斗结束后说,战斗就是仪式献祭(*caru*),正如你在"默日"(*nyepi*)祭鬼一样。不愿激烈战斗也许是因为双方都在想敌人拥有太多兵力,而自己将遭遇太多抵抗。当马儿贾被明关威占领时,战争已经持续了整整一个月,至少有60人死于非命。这是他耳闻的最惨重的一次。国王、牺牲者的崩加瓦和他的庄头出钱火化了那些阵亡的人。

印度教神明如湿婆/迦罗,乌摩/难近母的两面性即温和与暴戾是众所周知的。巴厘的情况,见 Covarrubias,1956,pp. 316—318;Hooykaas,1964a,pp. 43—92;Belo,1949。王室司法仪式方面,见上,注释,页241。

255 〔19〕就尼加拉而言,颇有讽刺意味的是,荷兰统治的最直接后果是将尼加拉转变成了一种封建(或准封建)结构,而这是它根本不曾有过的。那些在"浦浦坛"中存活下来的、最高层的本土精英成员(核心世系的高等国王及其近亲亲属)都被强制流放,一个个迁往别处,他们由此离开了老对手,即紧处于最高层次下的王室成员(副王及其近亲——见正文,页60),变为高级地方王公。荷兰人考虑到需要借高等王公之手实行统治,于是将他们转化成了高级公务员,即"代理土官"。(在塔巴南,卡来伦王被委以这种职务。后来,到20世纪中叶,征服的狂热已经逐渐冷却,而民族主义热情开始高涨时,荷兰人召回了许多被流放的继承人——在塔巴南,磨秀丹菩犁的一个年轻王公,他是亡故国王及王子最亲近的幸存者——并将他们恢复为摄政王而作为所谓"自治"〔*Zelfbestuur*〕的一个步骤。)因为荷兰人已经取消了庄头制而代之以直接控制,所以这些新近官僚化的王公们发现自己陷入了两难困境:他们希望(大众也这样希望)继续举办剧场国家仪式,但从前那种承担这项任务的政治制度却已不复存在了。正是由于这个原因,通过把以前落在佧乌拉(正文,页65)肩上的仪式(而非军事)役务放在他们的分益佃农即土地佃户身上,这个难题才得以解决;如此一来,役务和租佃制就第一次内在地联系起来了。

有些仪式花费,尤其是不得不支付"王国净化"仪式(注释,页246)的花费,经税官加给水社(C. J. Grader, n. d., pp. 8—9,15,20,22,26,57—58;见后注)。荷兰政府有时也资助这些活动中的王公们，尤其那些受命担任摄政王的王公(同上，n. d.，pp. 10，27，41，60)。连烟贩子(同上，n. d.，p. 12)和斗鸡者(同上，n. d.，p. 42)有时也要课税，以资助这些活动。

同样，大税官们(正文，页67)也转变为公务员式灌溉税管理人，六个主要南部尼加拉每一个都分配到一个管理人，这六个尼加拉现在已经成为界限分明的行政区划(卡琅噶森、克伦孔、邦利、吉安雅、巴塘、塔巴南；北方的两个，卜来伦及任抹，转变得要更早一些——注释，页140)。一般税官都作为他们下面的次级区域即"管区"管理人；水社也系统化了，主要通过合并方式；而少量由中央政府规划的现代工 256
程(堤坝、水库)也建造完毕。因而，一个由(不很强大的)水利官员们掌管的(并非很强有力的)"治水型官僚机构"就产生了，这也是开天辟地头一遭。

在商业方面，华人店铺和集市贸易扩展成港口商业，而租赁型商业则被禁止；虽然尤其在独立后，地主制似乎不再是支持尼加拉活动的有力保障，但仍然有一些王公作为半官方企业家进入了商界(对这方面较为充分的讨论，见 C. Geertz，1960b)。

其他一些由殖民主义的最终到来引发的全面变迁也同样出现了，如：名号等级的稳固化与种姓区分的日益重要；村落功能群体演变为地域管理村落(由荷兰人任命的本地官员掌管，大都是被称为庄头的首陀罗)，一些演变为地域分区(由荷兰人任命的本地官员掌管，它们称为崩加瓦，基本都是"三贤")；世俗法庭的建立；当然，还有战争的彻底消除。结果，到殖民时代终结之时，尼加拉至少在组织上已经在韦伯所说的意义上理性化了，当然同时仍然以或多或少的传统形式保持了大量的典范庆典活动。随着日本入侵，战后独立，以及集权军事统治的强加，典范方面就自然处于进一步的压制之下。但印度尼西亚《时代周刊》1977年10月3日报道说，一次吉安雅王室婚礼持续了4天之久，聚集了15,000多人，耗费数万元之巨；而《国际先驱论坛报》(巴黎)1979年2月12日描述了为乌布王公举行的1979年火化葬礼，它吸引了大约10万人——其中有3,000人是游客，每人付25美元"订座"——并造起了一座36英尺高的浮屠。直至今日，剧场国家也没有彻底消失。

〔20〕"高潮的缺失"，作为巴厘生活中的一个普遍主题，见 Bateson and Mead，1942；参看 C. Geertz，1973c and 1973h。

〔21〕毫无疑问，如果能够恢复更多的巴厘"编年"史，关于历史连续性的想象就会更少一点大一统的意味，而内生发展阶段将会取代简单的凝固感。但这并不是说，一切都 257
从未改变，或这些变化本身没有意义，可是，由于密切的域外接触(尤其是与西方的接触，但当然这一接触不是唯一的)而在东南亚其他地区发生的深层转型，在巴厘南方直到本世纪转折时期却依然没有开始，政治生活的文化参数(也就是说，它在其中运转的话语框架)在总体上依然是相当稳定的。不管在这个框架中发生了多大巨变，它的整体形式却仍然是变动甚微的。对这里涉及的、与泰国(在那里，类似的域外接触要更早、更深，并且一直没有中断过)相关的大多数问题，以及对东南亚"印度教"国家历史的静态观中隐含的危险的精彩讨论，见 Keyes，1978。

这些日期只是象征性的，描述满者伯夷的"入侵"(正文，页14)和荷兰的"入侵"时间(正文，页11)。

词　汇　表

直到1972年，印度尼西亚（以及巴厘）词汇仍然是依据有别于今天官方发音的正字法发音的（殖民时代的荷兰学者经常用个人“自造”正字法）。因此，本书和词汇表中的本土词汇都依照官方标准，而与近期著作都有所不同。最重要的差别包括：*c* 代 *tj*（如 *manca* 代 *mantja*）；*j* 代 *dj*（如 *banjar* 代 *bandjar*）；*y* 代 *j*（如 *pengayah* 代 *pengajah*）。

Abèn　又作 *abènan*，*ngaèen*。火化，葬礼。

Abènan bikul　为祛除天灾举办的田鼠模拟火葬（见 Merana）。

Adat（阿达）　风俗，习惯的，习惯法（见 Desa adat，Bendesa adat，Negara adat，Ngurah）。

Apahkrama　直译“过失行为”；有可能造成领土污染并引发天灾的严重疏忽（见 Panas bumi，Merana）。

Awig-awig　（风俗共同体、村落、水社、庙会等的）基本法，通常刻在棕榈叶纸上（见 Kertasima，Lontar，Adat）。

Badé　浮屠（见 Abènn Meru）。

Bagawanta（白嘉梵陀）　又作 *purohita*，*guru loka*。担负一个王公，尤其是大王公之仪式役务的婆罗门僧正（见 Padanda，Siwa，Sisia）。

Banjar（班家）　村庄；基本的地方政治共同体（见 Subak，Pemaksan）。

Banten　仪式献祭。

Batur（拜都）　王公的族庙（见 Dadia）。

Bedugul　又作 *catu*，*tugu*。向诸神献祭的小祭坛，通常是石头。

Bekelan（拜客兰）　受同一个庄头管理的所有人。

Bendesa adat　地方习惯法共同体的礼生（见 Adat，Desa adat，Pemaksan，Pura Balai Agung）。

Besakih（卜洒吉）　全巴厘国庙，坐落在阿贡圣山的斜坡上（见 Sad Kahyangan，Meru）。

Brahmana（婆罗门）　巴厘四个“种姓”中最高的“种姓”，由其中产生大僧正（见 Triwangsa，Warna，Padanda，Griya，Satria，Wesia，Sudra）。

Buwana　“世界”。

Buwana agung　“大世界”；外在的“实在”，物质世界，宏观宇宙。

Buwana alit　“小世界”；人的内在生命，非物质世界，微观宇宙。

Cakorda(卡高陀)　又作 *ratu*，*raja*，*prabu* 等。大王公、“国王”的名号(见 Pemadé Punggawa)。

Dadia(家支)　父系亲属集团；也指这个集团供奉神化祖先的寺庙(见 Batur)。

Dalem(答伦)　直译为“内”，“彀内”。通常指大王或“国王”，他的住处，宫廷或家系(见 Jero，Jaba)。

Desa(德萨)　“乡村”，“村落”。描述农村居民及其生活方式的常用词(见 Desa adat，Negara)。

Desa adat(德萨阿达)　界定一个神圣空间并受一系列习惯法制约的地方社区(见 Adat，Bendesa adat，Pemaksan，Pura Balai Agung，Negara adat)。

Dewa(提毗)　神。

Dewi　女神。

Druwé　又作 *dué*。(某物)“被占有”。描述王公及其领土之间的“精神”关系或“庇护”关系(见 Ngurah，Nagara adat)。

Gdé　又作 *agung*。大，伟大，庞大。表示地位上升之义时的修饰语，尤其在和国家相关的语境中(见 Puri gdé，Jero gdé，Sedahan gée，Karya éde)。

Gèlgèl(给给)　14 世纪的巴厘王国。巴厘原初的典范国家，被认为系由爪哇王和僧正立国，曾经是巴厘其他大国从中析分的统一王国(见 Majapahit)。

Griya　婆罗门僧正的住宅，他的家院(见 Dalem，Puri，Jero，Umah)。

Halus 或 alus　(比较而言)高雅的、文明的、有礼的、体面的、平和的(见 Kasar)。

Jaba　直译为“局外”。表明相对于国家、社会、经验、实在、神性之中心的较低地位与较远距离。描述第四个“种姓”和置身于巴厘外部世界的常用词(见 Jero，Dalem，Sudra，Triwangsa)。

Jaksa　非婆罗门司法官员；法官，检察官，辩护人。

Jero　直译为“局内”。用以(经常作为名号)表明相对于国家、社会、经验、真实、神性之中心较高的地位与密切关系。描述三个上层“种姓”、王室世界和王公的居处及其家院的常用词(见 Jaba，Dalem，Triwangsa，Jero gdé)。

Jero gdé　主要王公的居处和家院；主要王公本人(见 Punggawa)。

Kahyangan　“伟大的”寺庙(见 Pura，Kahyangan tiga，Sad Kahyangan)。

Kahyangan Tiga　三个主要“村落”寺庙：源庙、亡灵庙和大议会庙(见 Pura Pusèh，Pura Dalem，Pura Balai Agung)。

Kasar　(相对而言)不高雅的、粗俗的、不文明的、不懂礼节的、不体面的、粗鲁的(见 Halus)。

Karya　直译为“工作”。用以表明关于支持和搬演一场庆典的活动；因此，庆典即属此类。

Karya gdé　直译为“伟大的工作”；国家庆典和支持并搬演国家庆典的活动(见 Karya，Raja karya)。

Kawula　“服从者”；有义务为某一王公提供庆典—军事性服务的人(见 Punggawa，Perbekel,Parekan,Pengayah,Dalem,Karya gdé,Raja karya)。

Kebandaran　藩商特区(见 Subandar)。

Kèpèng　用以作为交换媒介和重量单位的铅制或铜制的中国圆形方孔铜钱(见 Timbang)。

Kerta　婆罗门法官(见 Jaksa)。

Kertasima　又作 *awig-awig subak*。水社的基本法(见 Awig-awig,Subak)。Kesedahan　又作 bukti pajeg。在国家统一税收者管辖下的水利税区(见 Sedahan,Pajeg)。

Krama　直译为“方式”、“方法”、“途径”、“样式”。指个体的和集体的“成员”(成员身份)或“公民”(公民资格),如在 *krama banjar* 中指“村庄成员,成员资格”,在 *krama subak* 中指“水社成员,成员资格”。

Lingga　男根意象;湿婆(Siva)、神圣王权、神圣能量的象征。

Linggih　直译为“座位”。通常表示等级、身份、地位、地方、名号、“种姓”。又指当神灵君临庙中时所坐的祭坛(见 Odalan,Padmasana)。

Lontar　又作 *rontal*。棕榈叶纸。

Majapahit　14 世纪的爪哇王国,巴厘人视为他们的国家层面的政治组织和文化的源头(见 Gèlgèl,Negara)。

Manca　直译为“手”(更直接的意思是,“五”);指大王公(见 Punggawa,Parekan)。

Mantra(曼荼罗)　仪式中的真言(见 Mudra)。

Merana　天灾(见 Apahkrama,Panas bumi,Abèn bikul)。

Meru(须弥山,成梅鲁山)　印度圣山和世界之轴;神的住所。也指寺庙房顶和浮屠的模拟庙宇房顶的塔顶,在巴厘,它等同于阿贡圣山(Mt. Agung)(见 Besakih,Badé)。

Metatah　锉齿,锉齿礼。

Moksa　“解脱”。死后没有留下尸体,直升天界(见 Pitara)。

Mudra(母陀罗)　仪式中的手印(见 Mantra)。

Murti　形式、形体、显相;表示神性中相对于动态面相的存在面相(见 Sekti)。

Negara　国家、领土、首都、王宫、城镇。描述超凡的、超地方的政治权威和相关社会与文化形式的常用词(见 Desa,Negara adat)。

Negara adat　界定一个神圣空间、并受一系列习惯法制约的地区或超地区共同体(见 Adat,Desa adat,Ngurah,Sad Kahyangan)。

Ngurah　守卫者、监护人、保护人。一个在角色上被认为是一个地区习惯法共同体之庆典首领的最高王公(见 Negara adat,Pura Penataran,Desa adat)。

Odalan　定期寺庙庆典,在此期间,神灵从天界君临下界接受庙宇会众的敬拜(见 Pura,Pernaksan)。

Padanda　又作 *pandita*。正式任命的婆罗门僧正(见 Pemangku,Bagawanta,Sima)。

Padmasana　莲台。指神的宝座和在寺庙、仪式中的造像代表物;也指被认为是当神降临时作为主座的、安置在庙中的某种祭坛(见 Odalan,Linggih)。

Padmi　又作 *parameswari*。王公,尤其是最高王公的来自同一种姓的主妻(见 Penawing)。

pajeg　税收，税种。

pajeg padi，实物农业税（见 Sedahan，Kesedahan）。

Panas bumi　直译为“热地”；人类过失造成的领土污染（见 Sebel，Apahkrama，Merana）。

Parekan　王公的仆从。也用以隐喻性地描述王公及其最高王公的关系（见 Kawula，Perbekel，Punggawa）。

Pecatu　承担劳役义务的可耕地（见 Pengayah）。

Pekandelan　王公仆从的住所（见 Parekan）。

Pekarangan　平民的庭院或围地；国家体系中的地方单位（见 Perbekel，Umah）。

Pemadé　“次要的”或“低等的”国王（见 Cakorda）。

Pemaksan　一群庙会会众，负责庙宇的日常维护和当神降临时的祭拜活动；也指一个既定德萨共同体的全体成员（见 Pura，Odalan，Pura Balai Agung，Banjar，Subak）。

Pemangku　非婆罗门庙祝（见 Padanda）。

Penawing　王公的低种姓副妻（见 Wargi，Padmi）。

Pwngayah　贡献给王公、村落、水社、庙宇等的仪式役务或实物役务。

Perbekel　国家体系中的最基层政治官员，负责附属于某王公的一定数量的家院成员的仪式动员或军事动员（见 unggawa，Kawula，Parekan，Bekelan，Pekarangan）。

Pirata　未火化的亡灵（见 Pitara，Pura dalem）。

Pitara　直译为“神”；火化的、“解脱的”死者（见 Pirata，Pura dalem）。

Punggawa　一片领土的王公（见 Perbekel，Kawula，Parekan，Manca，Cakrorda）。

Puputan　直译为“了局”；仪式化的、因整个王朝遭到军事失败而导致的牺牲/自杀。

Pura　寺庙（见 Kahyangan）。

Pura Balai Agung　（诸神的）“大议庙”；增强地方习惯法共同体的土地和人口丰产的村庙（见 Kahyangan tiga，Desa adat，Pemaksan）。

Pura Dalem　“内庙”；为取悦于地方上未火化亡灵的村庙（见 Kahyangan Tiga，Pirata）。

Pura Penataran　“国庙”；保障作为一个习惯法/神圣空间共同体之王国的统一和繁荣的国家庙宇（见 Negara Adat，Ngurah）。

Pura Pusèh　“脐庙”；为纪念地方居地之肇源和开基祖的村庙（见 Kahyangan Tiga）。

Pura Ulun Carik　又作 *pura subak*。“稻田庙之首”；水社的土地庙（见 Subak）。

Puri　王公的居处、宫殿和家院（见 Jero，Jero gdé，Puri gdé，Dalem，Griya）。

Puri gdé　最高王公的宫殿和家院（见 Dalem）。

Raja karya　直译为“王公的工作”；国家庆典役务，或对这种庆典的实物捐献（见 Karya gdé）。

Rukun　和谐，差异的共同解决，社会的稳固性。

Sad Kahyangan　六神宫；保障本岛及其全体人民之繁荣的全巴厘庙（见 Besakih，Kahyangan Tiga）。

Satria（刹帝利）　四个“种姓”中的次等“种姓”，由其中产生大多数较高王公（见 Brahmana，Wesia，Sudra，Triwangsa，Warna，Jero）。

Sebel　村落、家庭等的仪式污染状态(见 Panas,bumi)。

Sedahan　交付王公的农业税和租金的征收人(见 Pajeg,Kesedahan)。

Sedahan gdé,或 sedahan agung　“伟大的”或“大的”税官;收取须交付王公,尤其是最高王公的人头税或租金的征收人。

Seka　为执行特定社会职能而组织起来的任何群体。

Seka yèh　水社中负责水利系统维修工作的群体(见 Subak)。

Sekti　精神能量,卡里斯玛;神灵的动态面相(见 Murti)。

Sembah　向神、王公、上等人表示敬意的姿势。

Singkeh(新客)　在中国出生后才来印尼的华人(相对于娘惹〔*peranakan*〕,印尼土生华人)。

Sisia　婆罗门僧正的“门徒”,可从僧正那里得到净水(见 Siwa,Tirta,Padanda)。

Siwa　湿婆(*Siva*),巴厘的印度主神,与太阳相同一;又指婆罗门僧正,人们可从他那里得到净水(见 Surya,Sisia,Padanda,Tirta)。

Subak　水社;基本的地方耕作单位(见 Banjar,Pemaksan,Seka yèh,Tenah,Tebih,Tèmpèk,Pura Ulun Carik)。

Subandar　藩商长(见 Kebandaran)。

Sudra(首陀罗)　巴厘四个“种姓”中最低一个“种姓”(见 Brahmana,Satria,Wesia,Jaba,Warna)。

Surya(苏里耶)　太阳;与湿婆同一(见 Siwa)。

Tebih　直译为“片”、“块”;水稻梯田(见 Subak)。

Tenah　在一个水社内部的(水、土地、种子、稻米的)基本计算单位(见 subak)。

Tèmpèk　水社的主要次级区域(见 Subak)。

Tèn-tèn　小型早市。

Timbang　以铜钱为基准的绝对重量标准(参见 Kèpèng)。

Tirta　僧正备制的净水(见 Siwa,Sisia,Padanda)。

Triwangsan(三贤)　直译为“三种人”;巴厘四个“种姓”中的三个上层“种姓”,有别于第四个“种姓”的群体(见 Brahmana,Satria,Wesia,Sudra,Warna,Jero,Jaba)。

Ukiran　直译为“山脉之地”;代表着世界轴心的宫殿的内部廷殿,藏有王朝神圣祖传宝物,并定期接受祭拜(见 Meru,Waris)。

Umah(乌玛)　平民的居处,家户(见 Griya,Dalem,Puri,Jero)。

Wargi(瓦吉)　通过从较低地位的群体向较高地位的群体输送妻子而在这两种不平等地位之间建立的政治关系(见 Penawing)。

Waris　又作 *pusaka*,*kaliliran*。祖传圣物(见 Ukiran)。

Warna(瓦尔纳)　又作 *wangsa*。直译为“颜色”;指巴厘四种主要地位类别(从梵语词 *varna* 变来),在西方著作中通常称为“caste(卡斯特,种姓)”(见 Brahmana,Satria,Wesia,Sudra,Triwangsa)。

Wesia(吠舍)　巴厘“种姓”的第三等级(见 Brahmana,Satria,Sudra,Warna,Triwangsa)。

Wong　人类。

参 考 文 献

荷兰语刊物缩写

TBG *Tijdschrift voor Indische Taal-, Land- en Volkenkunde uitgegeven door het Bataviaasche Genootschap van Kunsten en Wetenschappen*

TLV *Bijdragen tot de Taal-, Land- en Volkenkunde van de Koninklijke Instituut*

TNI *Tijdschrift voor Nederlandsch Indië*

Adams, R. McC.

1966 *The Evolution of Urban Society, Early Mesopotamia and Prehispanic Mexico*. Chicago.

Adatrechtbundels

1924 *Adatrechtbundels XXIII*. The Hague.

1931 *Adatrechtbundels XXXIV*. The Hague.

1934 *Adatrechtbundels XXXVII*. Leiden.

American Heritage

1969 *The American Heritage Dictionary of the English Language*. Boston and New York.

Andaya, L. Y.

1975 *The Kingdom of Johor, 1641-1728*. Kuala Lumpur.

Anderson, B.

1972 "The Idea of Power in Javanese Culture." In Holt, 1972, pp. 1-70.

Anonymous

1849 "Een Feest en Gianjar op Bali." *TNI* 1:421-429.

Ardana, I Gusti Gdé

1971 *Pengertian Pura di Bali*. Den Pasar (Bali).

Arntzenius, J.O.H.

1874 *De Derde Balische Expeditie*. The Hague.

Astawa, T. B.

1970 *Pokok-pokok Sedjarah Perkembangan Parisada Hindu Dharma*. Den Pasar (Bali): Sekretariat Parisada.

Bagus, I Gusti Ngurah

n.d. *A short note on the Modern Hindu Movements in Balinese Society*. Den Pasar (Bali): Universitas Udayana.

1969a (ed.) *Kedudukan Serta Perlunja Peningkatan Mutu Pewajangan Bali*. Den Pasar (Bali).

1969b *Pertentangan Kasta Dalam Bentuk Baru Pada Masjarakat Bali*. Den Pasar (Bali).

Banner, H. S.

1927 *Romantic Java*. London.

Barton, R. F.

1922 *Ifugao Economics*. University of California Publications in American Archaeology and Ethnography, vol. 15, no. 5. Berkeley.

Basham, A. L.

1952 *The Wonder That Was India*. London.

Basso, K., and H. Selby

1976 *Approaches to Symbolic Anthropology*. Albuquerque.

Bateson, G.

1937 "An Old Temple and a New Myth." *Djawa* 17:291-308.

1972a *Steps to an Ecology of Mind*. New York.

1972b "Style, Grace, and Primitive Art." In Bateson, 1972a, pp. 128-152.

Bateson, G., and M. Mead

1942 *Balinese Character: A Photographic Analysis*. Special Publications of the New York Academy of Sciences, vol. 2. New York.

Baum, V.

1937 *A Tale of Bali*. Garden City.

Belo, J.

1936 "A Study of the Balinese Family." *American Anthropologist* 38:12-31.

1949 *Bali: Rangda and Barong*. American Ethnological Society Monographs, no. 16. Locust Valley (N.Y.).

1953 *Bali: Temple Festival*. American Ethnological Society Monographs, no. 22. Locust Valley (N.Y.).

1960 *Trance in Bali*. New York.
1970a (ed.) *Traditional Balinese Culture*. New York.
1970b "A Study of Customs Pertaining to Twins in Bali." 1st ed. 1935. In Belo, 1970a, pp. 3-57.
1970c "The Balinese Temper." In Belo, 1970a, pp. 85-110.

Benda, H.
1962 "The Structure of South-East Asian History." *Journal of Southeast Asian History* 3:104-138.

Ben David, J., and T. N. Clarke (eds.)
1977 *Culture and Its Creators*. Chicago.

Berg, C. C.
1922 *Babad Bla-Batuh, de Geschiedenis van een Taak der Familie Jelantik*. Santpoort (Neth.).
1927 *De Middle Javaansche Historische Traditie*. Santpoort (Neth.).
1929 *Kindung Pamancañgah, de Geschiedenis van het rijk van Gèlgèl, critisch uitgeven*. Santpoort (Neth.).
1939 "Javaansche Geschiedschrijving." In Stapel, 1939, vol. 2, pp. 5-148.
1950 "Kertenegara, de Miskende Empire-Builder." *Orientatie* 34:3-32.
1951a *De Evolutie der Javaanse Geschiedschrijving*. Verhandelingen der Koninklijke Nederlandse Akademie van Wetenschappen, afd. Letterkunde, n.s., vol. 14, no. 2. Amsterdam.
1951b "De Sadeng-Oorlog en de Mythe van Groot-Majapahit." *Indonesie* 5:385-422.
1961a "Javanese Historiography—A Synopsis of Its Evolution." In Hall, 1961, pp. 12-23.
1961b "The Work of Professor Krom." In Hall, 1961, pp. 164-171.
1965 "The Javanese Picture of the Past." In Soedjatmoko et al., 1965, pp. 87-117.

Bernet-Kempers, A. J.
1959 *Ancient Indonesian Art*. The Hague.
1976 *Ageless Borobudar*. Wassenaar (Neth.).

Bernstein, R. J.
1976 *The Restructuring of Social and Political Theory*. New York and London.

Bhadra, I. Wajan
n.d. "Karangan Tentang Agama Hindu Bali." Mimeo. Singaradja (Bali).
Birkelbach, A. W., Jr.
1973 "The Subak Association." *Indonesia* 16:153-169.
Bloch, M. (ed.)
1975 *Political Language and Oratory in Traditional Society*. London.
1977 "The Past and the Present in the Present." *Man* 12:278-292.
van Bloemen Waanders, P. L.
1859 "Aanteekeningen Omtrent de Zeden en Gebruiken der Balinezen, Inzonderheid die van Boeleleng." *TBG* 8:105-279.
Boekian, I. Dewa Poetoe
1936 "Kayoebii: Een Oud-Balische Bergdesa." *TBG* 76:127-176.
Boon, J. A.
1973 "Dynastic Dynamics, Caste and Kinship in Bali Now." Ph.D. diss., Dept. of Anthropology, University of Chicago.
1976 "The Balinese Marriage Predicament: Individual, Strategical, Cultural." *American Ethnologist* 3:191-214.
1977 *The Anthropological Romance of Bali, 1597-1972*. Cambridge (U.K.), London, Melbourne, and New York.
Bosch, F.D.K.
1924 "Het Lingga-Heilegdom van Dinaja." *TBG* 64:227-286.
1948 *De Gouden Kiem, Inleiding in de Indische Symboliek*. Amsterdam and Brussels.
1956 "C. C. Berg and Ancient Javanese History." *TLV* 92:1-24.
1961a *Selected Studies in Indonesian Archaeology*. The Hague.
1961b "The Problem of the Hindu Colonisation of Indonesia." 1st ed. 1946. In Bosch, 1961a, pp. 3-22.
Brakel, L. F.
1975 "State and Statecraft in 17th-Century Aceh." In Reid and Castles, 1975, pp. 56-60.
Briggs, L. P.
1951 *The Ancient Khmer Empire*. Philadelphia.
1978 "The Hinduized States of Southeast Asia: A Review." *Far Eastern Quarterly* 7:376-393.
Brissenden, R.

1976 "Patterns of Trade and Maritime Society Before the Coming of the Europeans." In McKay, 1976, pp. 65-97.

van den Broek, H. A.

1834 "Verlag Nopens het Eiland Bali." *Tijdschrift van Oost-Indië* 1:158-236.

Burger, D. H.

1948-50 "Structuurveranderingen in de Javaanse Samenleving." *Indonesië* 2:281-298, 521-537; 3:1-18, 101-123, 225-250, 381-389, 512-534.

Carey, P.

1979 *An Account of the Outbreak of the Javanese War*. Kuala Lumpur.

de Casparis, J. G.

1956 *Selected Inscriptions from the Seventh to the Ninth Century, A.D.* Bandung (Indonesia).

1961 "Historical Writing on Indonesia (Early Period)." In Hall, 1961, pp. 121-163.

Castles, L.

1967 *Religion, Politics, and Economic Behavior in Java: The Kudus Cigarette Industry*. Yale Southeast Asia Program, Cultural Report Series, no. 15. New Haven.

Clarke, G.

1954 *Elements of Ecology*. New York.

Coedès, G.

1911 "Note sur l'apothéose au Cambodge." *Bulletin de la Commission Archéologique de L'Indochine*, pp. 38-49.

1948 *Les États Hindouises d'Indochine et d'Indonesie*. Paris.

1968 *The Indianized States of Southeast Asia* Trans. of Coedès, 1948. Honolulu.

Cool, W.

1896 *De Lombok Expeditie*. The Hague.

Cooley, F. L.

1962 *Ambonese Adat: A General Description*. Yale Southeast Asia Program, Cultural Report Series, no. 10. New Haven.

Covarrubias, M.

1956 *The Island of Bali*. New York.

Cowan, C. D., and O. W. Wolters (eds.)

1976 *Southeast Asian History and Historiography*. Ithaca (N.Y.)

and London.
Crucq, K. C.
1928 *Bijdrage tot de Kennis van het Balische Doodenritueel.* Santpoort (Neth.).
Dalton, G.
1971 *Economic Anthropology of Development, Essays on Tribal and Peasant Economies.* New York.
1978 "Comments on Ports of Trade." *The Norwegian Anthropological Review*, vol. 11, no. 2.
Damais, L-C.
1951-69 *Études d'épigraphie Indonésienne, Études balinaises, javanaises, soumatranaises.* Bulletin de l'École Français de Extrême-Orient. Paris.
Du Bois, C.
1959 *Social Forces in Southeast Asia.* Cambridge (Mass.).
Dumézil, G.
1948 *Mitra-Varuna.* Paris.
Dumont, L.
1970a *Homo Hierarchicus.* Chicago.
1970b *Religion/Politics and History in India.* Paris and The Hague.
1970c "World Renunciation in Indian Religions." In Dumont, 1970b, pp. 33-61.
1970d "The Conception of Kingship in Ancient India." In Dumont, 1970b, pp. 62-88.
van Eck, R.
1876 *Eerste Proeve van een Balineesche-Hollandsch Woordenboek.* Utrecht (Neth.).
1878-80 "Schetsen van het eiland Bali." *TNI* 7 (pt. 2, 1878): 85-130, 165-213, 325-356, 405-430; 8 (pt. 1, 1879):36-60, 104-134, 286-305, 365-387; 9 (pt. 1):1-39, 102-132, 195-221, 401-429; (pt. 2, 1880):1-18, 81-96.
van Eck, R., and F. A. Liefrinck
1876 "Kerta-Sima, of gemeente- en waterschaps-wetten op Bali." *TBG* 23:161-257.
van Eerde, J. C.
1910 "Hindu-Javaansche en Balische Eredienst." *TLV* 65:1-39.
1921 "Dewa Manggis V." *Onze Eeuw*, pp. 31-56.

Eliade, M.

1954 *The Myth of the Eternal Return*. New York.

1963 *Patterns in Comparative Religion*. Cleveland and New York.

Encyclopaedië

1917 *Encyclopaedië van Nederlandsch Indië*. The Hague and Leiden.

Fillozat, J.

1966 "New Researches on the Relations between India and Cambodia." *Indicaa* 3:95-106.

Franken, A. J.

1960 "The Festival of Jayaprana at Kaliangĕt." In Swellengrebel et al., 1960, pp. 235-265.

Fraser, J.

1910 "De Inheemsche Rechtspraak op Bali." *De Indische Gids* (July), pp. 1-40.

Friederich, R.

1847 "De Oesana Bali." *TNI* 9:245-373.

1959 *The Civilization and Culture of Bali*. 1st ed. 1876-78. Calcutta.

Furnivall, J. S.

1944 *Netherlands India: A Study of a Plural Economy*. Cambridge (U.K.).

1948 *Colonial Policy and Practice*. Cambridge (U.K.).

Gadamer, H-G.

1976 *Philosophical Hermeneutics*. Berkeley.

Geertz, C.

1956 "The Development of the Javanese Economy: A Sociocultural Approach." Mimeo. Center for International Studies, Massachusetts Institute of Technology. Cambridge.

1959 "Form and Variation in Balinese Village Structure." *American Anthropologist* 61:991-1012.

1960 *The Religion of Java*. Glencoe, (Ill.).

1961 Review of J. L. Swellengrebel et al., 1960. *TLV* 117:498-502.

1962 "Social Change and Economic Modernization in Two Indonesian Towns: A Case in Point." In Hagen, 1962, pp. 385-407.

1963a *Agricultural Involution: The Processes of Ecological*

Change in Indonesia. Berkeley.
1963b *Peddlers and Princes: Social Development and Economic Change in Two Indonesian Towns.* Chicago.
1964 "Tihingan: A Balinese Village." *TLV* 120:1-33.
1965 *The Social History of an Indonesian Town.* Cambridge (Mass.).
1968 *Islam Observed.* New Haven.
1972a "The Wet and the Dry: Traditional Irrigation in Bali and Morocco." *Human Ecology* 1:34-39.
1972b "Religious Change and Social Order in Soeharto's Indonesia." *Asia* 27:62-84.
1973a *The Interpretation of Cultures.* New York.
1973b "Thick Description: Toward an Interpretive Theory of Culture." In C. Geertz, 1973a, pp. 3-30.
1973c "Religion As a Cultural System." In C. Geertz, 1973a, pp. 87-125.
1973d "Ethos, World View, and the Analysis of Sacred Symbols." In C. Geertz, 1973a, pp. 126-141.
1973e "'Internal Conversion' in Contemporary Bali." In C. Geertz, 1973a, pp. 170-192.
1973f "Ideology As a Cultural System." In C. Geertz, 1973a, pp. 193-233.
1973g "Politics Past, Politics Present: Some Notes on the Uses of Anthropology in Understanding New States." In C. Geertz, 1973a, pp. 327-341.
1973h "Person, Time, and Conduct in Bali." In C. Geertz, 1973a, pp. 360-411.
1973i "Deep Play: Notes on the Balinese Cockfight." In C. Geertz, 1973a, pp. 412-453.
1975 "Common Sense as a Cultural System." *Antioch Review* 33:5-26.
1976a "'From the Native's Point of View,' On the Nature of Anthropological Understanding." In Basso and Selby, 1976, pp. 221-237.
1976b "Art as a Cultural System." *MLN* 91:1473-1499.
1977a "Centers, Kings and Charisma: Reflections on the Symbolics of Power." In Ben David and Clarke, 1977, pp. 150-171.
1977b "Found in Translation: On the Social History of the

Moral Imagination." *The Georgia Review* 31:788-810.

Geertz, H.

1959 "The Balinese Village." In G. W. Skinner, 1959, pp. 24-33.

Geertz, H. and C. Geertz

1975 *Kinship in Bali*. Chicago.

Gerdin, I.

1977 *The Balinese "Sidikara": Ancestors, Kinship, and Rank*. Dept. of Social Anthropology, Working Papers, no. 15. Gothenburg (Sweden).

Geria, I. Putu

1957 *Gaguritan Rusak Buleleng*. Den Pasar (Bali).

van Geuns, M.

1906 *Door Badoeng en Tabanan, Een en Ander Over Bali en Zijne Bewoners*. Soerabaja (Neth. East Indies).

Giddens, A.

1976 *New Rules of Sociological Method: A Positive Critique of Interpretive Sociologies*. New York.

Giesey, R. E.

1960 *The Royal Funeral Ceremony in Renaissance France*. Geneva (Switz.).

Glamann, K.

1958 *Dutch-Asiatic Trade, 1620-1740*. Copenhagen and The Hague.

Goldman, I.

1970 *Ancient Polynesian Society*. Chicago.

Gonda, J.

1952 *Sanskrit in Indonesia*. Nagpur (India).

1973 *Sanskrit in Indonesia*. 2nd ed. New Delhi.

1975 "The Indian Religions in Pre-Islamic Indonesia." In *Religionen*, vol. 2, pt. 3, pp. 1-54. Leiden.

Goris, R.

n.d. *Bali: Atlas Kebudajaan*. Djakarta.

1926 *Bijdrage tot de Kennis der Oud-Javaansche en Balineesche Theologie*. Leiden.

1931 "Secten op Bali." *Mededeelingen van de Kirtya Liefrinck-Van der Tuuk* 3:37-53.

1937 "De Poera Besakih, Bali's rijkstempel." *Djawa* 17:261-280.

1938 "Bali's Tempelwezen." *Djawa* 18:30-48.

1954 *Prasasti Bali*. 2 vols. Bandung (Indonesia).
1960a "The Religious Character of the Village Community." 1st ed. 1935. In Swellengrebel et al., 1960, pp. 77-100.
1960b "Holidays and Holy Days." 1st ed. 1933. In Swellengrebel et al., 1960, pp. 115-129.
1960c "The Position of the Blacksmiths." 1st ed. 1929. In Swellengrebel et al., 1960, pp. 289-299.
Goudriaan T., and C. Hooykaas
1971 *Stuti and Stava (Bauddha, Śaiva, and Vaiṣṇava) of Balinese Brahman Priests*. Verhandelingen der Koninklijke Nederlandse Akademie van Wetenschappen, afd. Letterkunde, no. 76. Amsterdam.
de Graaf, H. J.
1949 *Geschiedenis van Indonesië*. The Hague and Bandung (Indonesia).
Grader, C.
1939 "De Poera Pemajoen van Bandjar Tegal." *Djawa* 19:330-367.
Grader, C. J.
n.d. "Abènan Bikul." Unpublished stencil, Bijlage 27, V. E. Korn papers, Koninklijk Instituut voor Taal-, Land-, en Volkenkunde. Leiden.
1960a "The Irrigation System in the Region of Jembrana." In Swellengrebel et al., 1960, pp. 268-288.
1960b "The State Temples of Mengwi." In Swellengrebel et al., 1960, pp. 157-186.
Grist, D. H.
1959 *Rice*. London.
Groneman, J.
1896 "De garebegs te Ngajogyakarta." *TLV* 46:49-152.
1905 "Het Njiram, of de Jaarlijkse Reinigning van de Erfwapens en andere Poesakas in Midden-Java." *Internationale Archiv für Ethnographie* 17:81-90.
1910 "Der Kris der Javaner." *Internationale Archiv für Ethnographie* 19:155-158.
Gullick, J. M.
1958 *Indigenous Political Systems of Western Malaya*. London.
Gunning, H.C.J., and A. J. van der Heijden

1926 "Het Petjatoe en Ambstvelden Probleem in Zuid-Bali." *TBG* 66:319-394.
Hagen, E.
1962 *On the Theory of Social Change*. Homewood (Ill.).
Hall, D.G.E.
1955 *A History of South-East Asia*. London.
1961 (ed.) *Historians of South-East Asia*. London.
Hall, K. R., and J. K. Whitmore
1976 *Explorations in Early Southeast Asian History: The Origins of Southeast Asian Statecraft*. Ann Arbor.
Hanna, W. A.
1971 *Bali and the West*. American Universities Field Service, Southeast Asia Series, vol. 19, nos. 12, 14.
1976 *Bali Profile, People, Events, Circumstances, 1001-1976*. New York.
Happé, P.L.E.
1919 "Een Beschouwing over het Zuid-Balische Soebakwezen en zijn Verwording in Verband met de Voorgenomen Vorming van Waterschappen in N.I." *Indische Gids* 41:183-200.
Harrison, B.
1954 *South-East Asia, a Short History*. London.
van der Heijden, A. J.
1924-25 "Het Waterschaps wezen in het Voormalige Zuid-Balische Rijks Badoeng en Mengwi." *Koloniale Studien* 8:266-275; 9:425-438.
von Heine-Geldern, R.
1930 "Weltbild und Bauform in Südostasien." *Weiner Beitrage zur Kunst- und Kulturgeschichte Asiens* 4:28-78.
1942 "Conceptions of State and Kingship in Southeast Asia." *Far Eastern Quarterly* 2:15-30.
Helms, L. V.
1882 *Pioneering in the Far East and Journeys to California in 1849 and to the White Sea in 1848*. London.
Hexter, J.
1957 "*Il principe* and *lo stato*." *Studies in the Renaissance* 4:113-138.
Hobart, M. M.
1975 "Orators and Patrons: Two Types of Political Leader in

Balinese Village Society." In Bloch, 1975, pp. 65-92.
Hocart, A. M.
1936 *Kings and Councillors*. Cairo.
van Hoëvell, W. R.
1849-54 *Reis over Java, Madura en Bali in het Midden van 1847*. 3 vols. Amsterdam.
Holt, C. (ed.)
1972 *Culture and Politics in Indonesia*. Ithaca (N.Y.).
Hooker, M. B.
1978 "Law Texts of Southeast Asia." *The Journal of Asian Studies* 37:201-219.
Hooykaas, C.
n.d. "Hinduism of Bali." *The Adyar Library Bulletin*, pp. 270-280.
1958 *The Lay of the Jaya Prana*. London.
1960 "Two Exorcist Priests in Bali." *Man* 60:231.
1964a *Āgama Tīrtha, Five Studies in Hindu-Balinese Religion*. Verhandelingen der Koninklijke Nederlandse Akademie van Wetenschappen, afd. Letterkunde, vol. 70, no. 4. Amsterdam.
1964b "Weda and Sisya, Rsi and Bhujangga in Present-Day Bali." *TLV* 120:231-244.
1966 *Surya-Sevana, The Way to God of a Balinese Siva Priest*. Verhandelingen der Koninklijke Nederlandse Akademie van Wetenschappen, afd. Letterkunde, vol. 72, no. 3. Amsterdam.
1973a *Religion in Bali*. Leiden.
1973b *Balinese Bauddha Brahmans*. Amsterdam.
1973c *Kama and Kala, Materials for the Study of the Shadow Play in Bali*. Verhandelingen der Koninklijke Nederlandse Akademie van Wetenschappen, afd. Letterkunde, vol. 79.
1977 *A Balinese Temple Festival*. The Hague.
Hooykaas [-van Leeuwen Boomkamp], J. H.
1956 "The Balinese Realm of Death." *TLV* 112:74-87.
1961 *Ritual Purification of a Balinese Temple*. Verhandelingen der Koninklijke Nederlandse Akademie van Wetenschappen, afd. Letterkunde, vol. 68, no. 4. Amsterdam.
Hunger, F.W.F.
1932 "Adatdesa's en Gouvernements-desas in Zuid-Bali." *Koloniale Studien* 6:603-616.

1933 "Balische Deelbouw Contracten Gewijzigd als Gevolg der Huidige Crisis." *Koloniale Studien* 18 (April).

Hunt, R. C., and E. Hunt

1976 "Canal Irrigation and Local Social Organization." *Current Anthropology* 17:389-411.

Jacobs, J.

1883 *Eenigen Tijd onder De Baliers.* Batavia (Neth. East Indies).

Jansen, M. B.

1977 "Monarchy and Modernization in Japan." *Journal of Asian Studies* 36:611-622.

Jasper, J. E., and Mas Pirngadie

1930 *De Indandsche Kunstnijverheid in Nederlandsch Indië.* Vol. 5. The Hague.

Jones, R. B.

1971 *Thai Titles and Ranks.* Cornell University Southeast Asia Data Paper, no. 81.

Juynboll, H. H.

1923 *Oudjavaansch-Nederlandsche Woordenlijst.* Leiden.

van der Kaaden, W. F.

1937 "Beschrijving van de Poeri Agung te Gianjar." *Djawa* 17:392-407.

Kalff, S.

1923 "Javaansche Pusaka." *Djawa,* vol. 3.

Kamus

1975 *Kamus Indonesia-Bali.* Jakarta.

Kantorowicz, E.

1957 *The King's Two Bodies: A Study in Medieval Political Theology.* Princeton.

de Kat Angelino, P.

1921a "De Amstvelden en de Petjatoe-Pengajah in Gianjar." *Koloniaal Tijdschrift* 10:225-265.

1921b "De Robans en Parekans op Bali." *Koloniaal Tijdschrift* 10:590-608.

1921c "Over de Smeden en eenige andere Ambachtslieden op Bali." *TBG* 60:207-265; 61:370-424.

1921d "De Léak op Bali." *TBG* 60:1-44.

de Kat Angelino, P., and T. de Kleen

1923 *Mudras Auf Bali; Handlungen der Priester.* Hagen im Westfalen (Ger.).

Kersten, J.

1947 *Bali.* 3rd ed. Eindhoven (Neth.).

Keyes, C.

1978 "Structure and History in the Study of the Relationships between Theravada Buddhism and Political Order." *Numen* 25:156-170.

Kiefer, T.

1972 "The Tausug Polity and the Sultanate of Sulus: A Segmentary State in the Southern Philippines." *Sulu Studies* 1:19-69.

Koentjaraningrat, R. M.

1961 *Some Social-Anthropological Observations on Gotong Rojong Practices in Two Villages of Central Java.* Cornell University Monograph Series, Modern Indonesia Project. Ithaca (N.Y.).

1965 "Use of Anthropological Methods in Indonesian Historiography." In Soedjatmoko et al., 1965, pp. 299-325.

Kol, H. H.

1913 *Weg met het Opium.* n.p.

Korn, V. E.

1922 *Balische Overeenkomsten.* The Hague.

1923 "Hoe er Nieuw Licht werd Geworpen op het Balische Soebakwezen." *Koloniaal Tijdschrift* 12:324-332.

1927 "Balische Bevloeings-tunnels." *Koloniale Studien* 11:351-382.

1932 *Het Adatrecht van Bali.* 2nd ed. The Hague.

1933 *De Dorpsrepubliek Tnganan Pagringsingan.* Santpoort (Neth.).

1960 "The Consecration of a Priest." 1st ed. 1928. In Swellengrebel et al., 1960, pp. 133-153.

van der Kraan, A.

1973 "The Nature of Balinese Rule on Lombok." In Reid and Castles, 1973, pp. 91-107.

Krom, N. J.

1931 *Hindoe-Javaansche Geschiedenis.* 2nd ed. The Hague.

Kruyt, A. C.

1906 *Het Animisme in den Indischen Archipel*. The Hague.

Kulke, H.

1978 *The Devaraja Cult*. Cornell University Southeast Asia Data Paper no. 108. Ithaca (N.Y.).

Kusuma, I Gusti Ananda

1956a *Kamus Bali-Indonesia*. Den Pasar (Bali).

1956b *Kamus Indonesia-Bali*. Den Pasar (Bali).

Lamster, J. C.

1933 *Landschap, Bevolking, Godsdienst, Gebruiken en Gewoonten, Architectuur en Kunst van het Eiland Bali*. Haarlem (Neth.).

Lansing, J. S.

1977 "*Rama's Kingdoms: Social Supportive Mechanisms for the Arts in Bali*." Ph.D. diss., Dept. of Anthropology, University of Michigan.

Leach, E. R.

1954 *Political Systems of Highland Burma*. London.

1959 "Hydraulic Society in Ceylon." *Past and Present* 15:2-25.

1960 "The Frontiers of Burma." *Comparative Studies in Society and History* 3:49-68.

LeClair, E., and H. Schneider

1968 *Economic Anthropology*. New York.

Lekkerkerker, T. C.

1918 *Hindoe Recht in Indonesië*. The Hague.

van Leur, J. C.

1955 *Indonesian Trade and Society*. The Hague and Bandung (Indonesia).

Liefrinck, F. A.

1877 "Nota Betreffende den Economische Toestand van het Rijk Bangli, Eiland Bali." *TBG* 24:180-200.

1886-87 "De Rijstcultuur op Bali." *Indische Gids*, pt. 2 (1886), pp. 1033-1059, 1213-1237, 1557-1568; pt. 1 (1887), pp. 17-30, 182-189, 364-385, 515-552.

1915 *De Landsverordeningen der Balische Vorsten van Lombok*. 2 vols. The Hague.

1921 *Nog Eenige Verordeningen en Overeenkomsten van Balische Vorsten*. The Hague.

1927 *Bali en Lombok*. Amsterdam.

Lombard, D.
1967 *Le Sultanate d'Atjeh au temps d'Iskandar Muda (1607-1636)*. Paris.
Mabbett, I. W.
1969 "Devaraja." *Journal of Southeast Asian History* 10:202-223.
Maspero, G.
1928 *Le Royaume de Champa*. Paris.
Masselman, G.
1963 *The Cradle of Colonialism*. New Haven.
McKay, E. (ed.)
1976 *Studies in Indonesian History*. Carlton (Victoria, Australia).
McPhee, C.
1970 "The Balinese Wayang Kulit and Its Music." 1st ed. 1936. In Belo, 1970a, pp. 146-197.
Mead, M.
1970 "The Strolling Players in the Mountains of Bali." 1st ed. 1939. In Belo, 1970a, pp. 137-145.
Meilink-Roelofsz, M.A.P.
1962 *Asian Trade and European Influence in the Indonesian Archipelago between 1500 and about 1630*. The Hague.
Mershon, K. E.
1970 "Five Great Elementals, Panchă Mahă Bută." In Belo, 1970a, pp. 57-66.
1971 *Seven Plus Seven, Mysterious Life-Rituals in Bali*. New York.
Meyer, J. J.
1916-17 "Een Javaansch handschrift over Pamor-motieven." *Nederlandsch Indië, Oud en Nieuw*, vol. 1.
Middleton, J., and D. Tait (eds.)
1958 *Tribes Without Rulers*. London.
Millon, R.
1962 "Variations in Social Response to the Practice of Irrigation Agriculture." In Woodbury, 1962, pp. 55-58.
Mishra, R.
1973 *Lintasan Peristiwa Puputan Bandung*. Den Pasar (Bali).
1976 *Puputan Badung, Kutipan dan Terjemahan Lontar Bhu-*

wana Winasa. Den Pasar (Bali).
Moertono, S.
1968 *State and Statecraft in Old Java*. Cornell University Monograph Series, Southeast Asia Program. Ithaca (N.Y.).
Moojen, P.
1920 *Bali, Verslag en Voorstellen aan de Regeering van Nederlandsch Indië*. Batavia (Neth. East Indies).
1926 *Kunst op Bali, Inleidende Studie tot de Bouwkunst*. The Hague.
"Muntwezen"
1934 "Muntwezen." In Adatrechtbundels, 1934, pp. 492-496.
Mus, P.
1935 *Barabadur*. Paris and Hanoi.
1936 "Symbolism à Angkor Thom. Le 'grand miracle' du Bayon." In *Académie des Inscriptions et Belles-Lettres: Comptes rendus-des Séances*, pp. 57-68.
1937 "Angkor in the Time of Jayavarman VII." *Indian Arts and Letters* 11:65-75.
van Naerssen, F. H.
1976 "Tribute to the God and Tribute to the King." In Cowan and Wolters, 1976, pp. 285-295.
van Naerssen, F. H., Th. Pigeaud, and P. Voorhoeve
1977 *Catalogue of Indonesian Manuscripts*. Pt. 2. The Royal Library, Copenhagen.
Nielsen, A. K.
1928 *Leven en Avonturen van een Oostinjevaarder op Bali*. Amsterdam.
Nieuwenkamp, W.O.J.
1906-10 *Bali en Lombok*. n.p.
Njoka
1957 *Peladjaran Sedjarah Bali*. Den Pasar (Bali).
Nypels, G.
1897 *De Expeditien Naar Bali in 1846, 1848, 1849 en 1868*. Haarlem (Neth.).
Oxford English Dictionary
1971 *The Compact Edition of the Oxford English Dictionary*. Oxford.
Pané, S.

1956 *Sedjarah Indonesia*. 2 vols. Djakarta.
Parisada
1970 *Sambutan dan Hasil Keputusan Sabha, Kongress II, Parisada Hindu Dharma Seluruh Indonesia*. Den Pasar (Bali): Parisada Hindu Dharma, Kabupaten Badung.
Peddlemars, M.
1932 "Monographie van de Desa Wongaja Gdé." *Mededeling Gezaghebbers Binnenland Bestuur*, no. 15, pp. 25-30.
1933 "Balische Deelbouw Contracten Gewijzigd Als Gevolg der Huidige Crisis." *Koloniale Studien* 18 (December).
Phillips, P., and G. Willey
1953 "Method and Theory in American Archeology, Part I." *American Anthropologist* 55:615-633.
Pigeaud, Th.
n.d. *Javaans-Nederlands Handwordenboek*. Groningen (Neth.).
1924 *De Tantu Panggĕlaran*. The Hague.
1938 *Javaanse Volksvertoningen, Bijdrage tot de Beschrijving van Land en Volk*. Batavia (Neth. East Indies).
1960-63 *Java in the 14th Century*. 5 vols. The Hague.
Polanyi, K.
1963 "Ports of Trade in Early Societies." *The Journal of Economic History* 23:30-45.
1966 *Dahomey and the Slave Trade*. Seattle and London.
1977 *The Livelihood of Man*. Ed. Harry W. Pearson. New York.
Polanyi, K., et al.
1957 *Trade and Markets in Early Empires: Economies in History and Theory*. Glencoe (Ill.).
Purnadi Purbatjaraka
1961 "Shahbandars in the Archipelago." *Journal of Southeast Asian History* 2:1-9.
Quaritch-Wales, H. G.
1934 *Ancient Siamese Government and Administration*. London.
1974 *The Making of Greater India*. 3rd ed., rev. (1st ed. 1951). London.
Rabibhadana, A.
1960 *The Organization of Thai Society in the Early Bangkok Period, 1782-1873*. Ithaca (N.Y.).
Radnitsky, G.

1970 *Contemporary Schools of Metascience*. New York.
Raffles, T. S.
1830 *The History of Java*. 2 vols. London.
Raka, I Gusti Gdé
1955 *Monografi Pulau Bali*. Djakarta.
Rassers, W. H.
1959a *Panji the Culture Hero: A Structural Study of Religion in Java*. The Hague.
1959b "On the Javanese Kris." 1st ed. 1938. In Rassers, 1959a, pp. 217-298.
Ravenholt, A.
1973 "Man-Land-Productivity Microdynamics in Rural Bali." American Universities Field Staff, Southeast Asia Series, vol. 21, no. 4.
Rawi, I Ketut Bambang Gdé
1958 *Pusaka Agama Hindu Bali*. Den Pasar (Bali).
Regeg, Ida Anak Agung Madé
n.d.(a) *Babad Bali Radjiya*. 2 vols. Klungkung (Bali).
n.d.(b) *Babad Pasek Suberata*. Klungkung (Bali).
n.d.(c) *Babad Pasek Gelgel*. Klungkung (Bali).
n.d.(d) *Siva-Buda*. Klungkung (Bali).
Reid, A., and L. Castles (eds.)
1975 *Pre-Colonial State Systems in Southeast Asia*. Monographs of the Malayan Branch of the Royal Asiatic Society, no. 6. Kuala Lumpur.
Resink, G. J.
1968 *Indonesia's History Between the Myths*. The Hague.
Ricklefs, M. C.
1974 *Jogjakarta under Sultan Mangkubumi, 1749-1792: A History of the Division of Java*. London.
1978 *Modern Javanese Historical Tradition*. London.
Rickner, R.
1972 "*Theatre as Ritual: Artaud's Theatre of Cruelty and the Balinese Barong*." Ph.D. diss., University of Hawaii.
Ricoeur, P.
1970 *Freud and Philosophy*. New Haven.
Rouffaer, G. P.

1931 *Vorstenlanden*. In Adatrechtbundels, 1931, pp. 233-378.
Scheltema, A.M.P.A.
1931 *Deelbouw in Nederlandsch-Indië*. Wageningen (Neth.).
Schrieke, B.J.O.
1955 *Selected Writings*. The Hague and Bandung (Indonesia).
1957 *Ruler and Realm in Early Java*. The Hague and Bandung (Indonesia).
Schwartz, H.J.E.F.
1901 "Dagverhal van Eine Reis van den Resident van Bali en Lombok." *TBG* 42:108-158, 554-560.
Shastri, N. D., Pandit
1963 *Sedjarah Bali Dwipa*. Den Pasar (Bali).
Sherman, G.
n.d. "On the Iconographic Evidence of an Ankorian Sacred Historiography." Unpublished paper. Cornell University.
Siddique, S.
1977 "Relics of the Past? A Sociological Study of the Sultanates of Cirebon, West Java." Ph.D. diss., Universität Bielefeld.
Simpen, W. I.
1958a *Babad Mengwi*. Den Pasar (Bali).
1958b *Sedjarah Perang Keradjaan Badung Menentang Kaum Pendjadjah Belanda*. Den Pasar (Bali).
Skinner, G. W. (ed.)
1959 *Local, Ethnic, and National Loyalties in Village Indonesia: A Symposium*. Yale University Cultural Report Series. New Haven.
Skinner, Q.
1978 *The Foundations of Modern Political Thought*. 2 vols. Cambridge (U.K.).
Soedjatmoko et al. (eds.)
1965 *An Introduction to Indonesian Historiography*. Ithaca (N.Y.).
Soekawati, Tjokorde Gdé Rake
1924 "Legende over der Oorsprong van de Rijst en Godsdienstige gebruiken bij den Rijstbouw onder de Baliers."
Solyom, G. and B. Solyom
1978 *The World of the Javanese Kris*. Honolulu.
Southall, A.

1954 *Alur Society*. Cambridge (U.K.).
Stapel, F. W. (ed.)
1938-40 *Gescheidenis van Nederlandsche Indie*. 5 vols. Amsterdam.
van Stein Callenfels, P. V.
1925 *Epigriphica Balica*. Verhandelen van het Bataviaasche Genootschap van Kunsten en Wetenschappen, vol. 66, no. 3.
1947-48 "De Rechten der Vorsten op Bali." *Indonesië* 1:193-208.
Stingl, H.
1970 "Zur Instistitution des Obersten Bewässerungsbeamten in Buleleng (Nord-Bali)." *Jahrbuch des Museums für Volkerkunde zu Leipzig*, vol. 27. Akademie-Verlag, Berlin.
Stöhr, W., and P. Zoetmulder
1968 *Les Religions D'Indonesie*. Paris.
Stuart-Fox, D. J.
1974 *The Art of the Balinese Offering*. Jogjakarta.
Stutterheim, W. F.
1926 "Oost-Java en de Hemelberg." *Djawa* 6:333-349.
1929 *Oudheden van Bali*. Singaradja (Bali).
1932 *Het Hinduisme in den Archipel*. Groningen (Neth.).
1935 *Indian Influences in Old Balinese Art*. London.
1948 *De Kraton van Madjapahit*. Den Haag.
Sudhana, I Njoman
1972 *Awig-Awig Desa Adat di Bali*. Den Pasar (Bali).
Sudharsana, I Gusti Bagus
1967 *Mengapa Hari Raya Njepi Djatuh pada Bulan Kasanga*. Den Pasar (Bali).
Sugriwa, I Gusti Bagus
n.d. *Smreti Sudaya, Ḥindu Bali*. Den Pasar (Bali).
1957a *Hari Raya Bali Hindu*. Den Pasar (Bali).
1957b *Babad Pasek*. Den Pasar (Bali).
1958 *Pracasti Pandé*. Den Pasar (Bali).
Swellengrebel, J. L.
1947 "Een Vorstenwijding op Bali." *Mededelingen van het Rijksmuseum voor Volkenkunde*, no. 2. Leiden.
1948 *Kerk en Tempel op Bali*. The Hague.
1960 "Introduction." In Swellengrebel et al., 1960, pp. 1-76.
Swellengrebel, J. L., et al.

1960 *Bali: Life, Thought and Ritual*. The Hague and Bandung (Indonesia).
1969 *Bali: Further Studies in Life, Thought and Ritual*. The Hague.

Tabanan
n.d. "Babad Arya Tabanan." Typescript in Udayana University Library. Den Pasar (Bali).

Tambiah, S. J.
1976 *World Conquerer and World Renouncer*. Cambridge (U.K.).

Tarling, N.
1962 *Anglo-Dutch Rivalry in the Malay World, 1780-1824*. Sydney.

Tate, D.J.M.
1971 *The Making of Modern South-East Asia*. Vol. 1. New York, London, and Melbourne.

Taylor, C.
1971 "Interpretation and the Sciences of Man." *The Review of Metaphysics* 25:3-51.

Tirtokoesoemo, R. S.
1931 *De Garabegs in het Sultanaat Jogjakarta*.

Tonkes, H.
1888 *Volkskunde von Bali*. Halle-Witterberg (Ger.).

Turner, V.
1967 *The Forest of Symbols*. Ithaca (N.Y.).

van der Tuuk, H.
1897-1912 *Kawi-Balineesch-Nederlandsch Woordenboek*. 4 vols. Batavia (Neth. East Indies).

Utrecht, E.
1962 *Sedjarah Hukum Internasional di Bali dan Lombok*. [Jakarta?].

Vella, W. F.
1957 *Siam under Rama III, 1824-57*. Locust Valley (N.Y.).

van Vleming, J. L.
1925 *Het Chineesche Zakenleven in Nederlandsch-Indië*. Dienst der Belasting in Nederlandsch-Indië, ser. no. 730. Batavia (Neth. East Indies).

van Vlijmen, B.R.F.
1875 *Bali 1868*. Amsterdam.

van Vollenhoven, C.

1918-33 *Het Adatrecht van Nederlandsch-Indië*. 3 vols. Leiden.

Vroklage, B.A.G.

1937 "Tandvijlfeest op Bali." *De Katholieke Missien* 10: 189-192.

Wertheim, W. F.

1959 *Indonesian Society in Transition*. The Hague and Bandung (Indonesia).

1965 "The Sociological Approach." In Soedjatmoko et al., 1965, pp. 344-355.

Wheatley, P.

1961 *The Golden Khersonese*. Kuala Lumpur.

1971 *The Pivot of the Four Quarters*. Chicago.

Wilken, G. A.

1912a *De Verspreide Geschriften van Prof. Dr. G. A. Wilken*. 4 vols. The Hague.

1912b "Het Animisme bij de Volken van den Indischen Archipel." 1st ed. 1884-85. In Wilken, 1912a, vol. 2, pp. 1-287.

Willey, G., and P. Phillips

1955 "Method and Theory in American Archeology, Part II." *American Anthropologist* 57:723-819.

Willinck, G. D.

1909 *Het Rechtsleven bij de Minangkabausche Maliers*. Leiden.

Wilson, H. H.

1892 *Works, II*. London.

Wirz, P.

1927 "Der Reisbau und die Reisbaukulte auf Bali und Lombok." *TBG* [Batavia] 67:217-345.

1928 *Der Totenkult auf Bali*. Stuttgart.

Wittfogel, K.

1957 *Oriental Despotism*. New Haven.

Wolters, O. W.

1967 *Early Indonesian Commerce: A Study of the Origins of Śrivijaja*. Ithaca (N.Y.).

1970 *The Fall of Śrivijaja in Malay History*. Ithaca (N.Y.).

Woodbury, R. (ed.)

1962 *Civilizations in Desert Lands*. Dept. of Anthropology, University of Utah, Anthropology Paper no. 62. Salt Lake City.

Woodside, A.
1971 *Vietnam and the Chinese Model: A Comparative Study of Nguyen and Ch'ing Civil Government in the First Half of the Nineteenth Century*. Cambridge (Mass.).
Worsley, P. J.
1972 *Babad Buleleng, A Balinese Dynastic Genealogy*. The Hague.
1975 "Preliminary Remarks on the Concept of Kingship in the *Babad Buleleng*." In Reid and Castles, 1975, pp. 108-113.
Zimmer, H.
1955 *The Art of Indian Asia, Its Mythology and Transformations*. 2 vols. New York.
de Zoete, B., and W. Spies
1938 *Dance and Drama in Bali*. London.
Zoetmulder, P. J.
1965 "The Significance of the Study of Culture and Religion for Indonesian Historiography." In Soedjatmoko et al., 1965, pp. 326-343.
Zollinger, H.
1849 "Reis over de eilenden Bali en Lombok, 1846." *TBG*, vol. 23.

索　引

（只在引文中出现的人名未列入索引，索引页码为原书页码，即本书边码）

重 译 记

这个版本是对旧译本的修订。20 年前的 1997 年冬，王铭铭教授将格尔茨的这部著作交由我翻译，两年后由上海人民出版社印行。那时我刚刚由文学转入人类学，无论对社会学和人类学等理论的学习，还是对格尔茨著述的阅读，都是一个新学徒。那个译本自然是错讹百出。在此后十几年间，越到后来，每每想到它在一些大学中仍被老师们用作教学读物，想到它仍在误人子弟，都不由"战战惶惶，汗出如浆"。译事艰难，自不必说，但这不能成为托辞。

念念不忘，必有回响。李霞编审给了我一个机会。几年前，她约我重新修订，放入高丙中教授主编的"汉译人类学名著丛书"中。感谢她的信任，我把这次修订视为一个改过的场合。虽然由于我自己的原因，这项工作断断续续进行了好几年，才得以完成，但总算对她有了一个迟到的交代。

感谢杨德睿兄赐"代译序"。任何译事无不以助益学术为旨归，而不以崇仰作者为目的。他的代译序简明扼要地总结了本书的贡献与缺陷，大有助于读者的阅读和借鉴。不止如此，在重译本书时，我更受益于他翻译的《地方知识》。一个好译本和一个坏译本的差别当然在于错讹的多寡，但更在于是否以我们自己的学术身心体悟为契机，践行"跨文化翻译"这项志业，而不是只完成了一个活计。在这个意义上，德睿兄惠我良多。

在一些关键处的理解和翻译方面，李康兄给了我精到的建议，他的译文质量之高，一直是我虽不能至而心向往之的境界。王德岩兄在印度典籍和术语翻译方面都给予我很多线索，我一再地给他"找麻烦"，但这始终是我们交往中的常态。白中林、宋淑敏两位负责这本书的编辑工作，在不少地方，都提出了细致的修改意见。与他们诸位交往多年，感谢之词，实属多余。

有些比较重要的引文或术语等，我以脚注的方式给出了出处，或力所能及的简单解说。讹误在所难免，文责当然自负。读者诸君若愿指出这个译本中的错误，我将不胜感激：指谬既是教益，更是激励。

格尔茨教授的几部代表作，除《农业内卷化》外，《文化的解释》（纳日碧力戈等 1999 年译本）、《地方知识》（杨德睿 2014 年译本）都已有很好的汉译本。此外，尚有《追寻事实》（林经纬 2011 年译本）、《论著与生活》（方静文、黄剑波 2013 年译本）、《烛幽之光》（甘会斌 2013 年译本）、《斯人斯世：格尔茨遗文集》（甘会斌 2016 年译本）数种。译介格尔茨论著之甘苦滋味，我想每位译者都会心有戚戚吧。更何况，我受益于以上各位或熟识、或未曾谋面的译者何止一时，谨向他们致敬。

2006 年前后，格尔茨教授正在筹划一项关于“新兴国家”的大型研究计划，李放春、陈慧彬贤伉俪居间联系中国的人类学者，我有幸忝列潜在的合作对象。方当沟通之时，孰料有一日放春忽然打电话来说，格尔茨教授心脏手术失败。乍闻之下，不由黯然心伤，按我们的传统说法，他已近“耄耋”，但仍时时读到他的新作，识见之高远自不必说，以一古稀老翁之笔力，其行文义理之缜密，气势之纵横，辞采之华美，丝毫不输于年轻一代，真可谓不知老之将至。然而，哲人已去。谨以这个译本献给已在天国的克利福德·格尔茨教授，并纪念斯人斯世。

赵丙祥

2017 年 11 月于北京

图书在版编目(CIP)数据

尼加拉：十九世纪巴厘剧场国家/(美)克利福德·格尔茨著；赵丙祥译.—北京：商务印书馆，2017
(汉译人类学名著丛书)
ISBN 978-7-100-15681-3

Ⅰ.①尼… Ⅱ.①克…②赵… Ⅲ.①巴厘人—文化人类学—研究 Ⅳ.①K342.8

中国版本图书馆CIP数据核字(2017)第317449号

汉译人类学名著丛书

尼加拉

——十九世纪巴厘剧场国家

〔美〕克利福德·格尔茨 著

赵丙祥 译

商 务 印 书 馆 出 版
(北京王府井大街36号 邮政编码100710)
商 务 印 书 馆 发 行
北 京 冠 中 印 刷 厂 印 刷
ISBN 978-7-100-15681-3

2018年6月第1版 开本787×960 1/16
2018年6月北京第1次印刷 印张16

定价：45.00元